幼児学用語集

小田　豊・山崎　晃 監修

七木田敦・杉村伸一郎・中坪史典
松井剛太・河野利津子 編集

北大路書房

はしがき

　最近，面白い現象というと失礼になるのかもしれませんが，大学の教員養成にかかわって学部名や学科名が過去には無かった名称が増えてきていると思われませんか？　従来は，子どもの教育にかかわる学部といえば教育学部が一般的でしたが，学科（課程）名にしても幼稚園教員養成課程とか小学校・中学校教員養成課程といった学校種を被せたものが多かったのですが，現在では，例えば子ども学部，子ども教育学部，こども発達教育学部等々教育対象や内容・方法を想起させる名称が増えてきて，学科名にしても子ども支援学科とか子どもケア学科といった子どもの教育事情を直接的に体現するような名称が目につくようになってきています。また，子ども学会，子ども社会学会といった子ども学への問いかけをする学際的な新しい学会も生まれてきています。

　実は，今回の「幼児学用語集」はこうした状況の変化を受け，17年前に出版された「ちょっと変わった幼児用語集」の後継本として新たに編集されたものです。前身本は広島大学教育学部名誉教授の森楙先生の退官の記念を兼ねた出版でした。森先生は，広島大学大学院教育学研究科付属幼年教育研究施設の発足（1966年4月）から5年を経て着任されましたが，ご苦労の多かった創設当初からのメンバーだったと考えてよいと思います。創設時，日本で初めての子ども学（幼児学を含む）を提起する研究施設として「子ども学研究施設」とか「幼児学研究施設」という名称も考えられたようですが，当時の文部省によって受け入れられなかったと側聞しています。その主たる理由は，当時，子ども学，幼児学といった概念が学問として成立していないのではないかと指摘され，教育学ならびに心理学の立場から幼年教育の総合的・実証的研究を推進することを前提とした学部を持たない日本で初めての幼児期から児童期への子どもを対象とする研究施設として誕生が許されたといわれています。学部を持たない代わりに直接的な研究の場として附属幼稚園を施設内に置くことを許され，幼年教育研究施設は，学部を持たなかったことで子どもに興味を持つあらゆる学際分野の方々が発足当時から参集し，教育学や心理学に止まらず医学や保健体育の方はもちろん社会学部や法学部等々多彩な領域出身者が集い，学

i

はしがき

び，子ども学，幼児学の体系づくりに向けて豊かでユニークな研究施設へと進化してきています。その成果の一端が先の新しい学部，学科名に表れているのかもしれません。

しかし，森先生が前身本の「はしがき」でも述べておられるように「幼児を対象にした学際的な研究，未分化な存在である幼児は特に，全体として総合的に理解しなければならない」ことは言うまでもありません。しかも研究的・分析的には「こころ・からだ・社会・文化などの側面」と，さらには，こころは認知面，感情面，道徳面，性格面をも網羅し，その一つ，一つが分かち難く融合していなければならないと考えることも重要でしょう。たしかに今，子ども学，幼児学という概念は大きくは前進してきていますが，未だわかっているようでわかっていないのが現実だと言わざるを得ません。そこで，本書の編集作業にあたっても，新しい幼児学という研究システムの構築の上に体系づけられた用語集を考えなければならないのではと真剣に悩みました。しかし，能力の問題が一番の理由ですが，今回の継続本においても森先生が提起された幼児学の体系になるであろうとされた7つのカテゴリー（遊び，こころ，からだ，内容・方法，制度・政策，社会・文化，基礎概念）を基礎におきながら，今回の編集委員会ではこれまでの子ども学・幼児学研究の成果を精査し，新たに遊びと学び，発達，障害，保育内容・方法，子どもの生活，家庭・家族，社会文化の7つのカテゴリーに再編成した分類，配列で世に問うことになりました。執筆者は，広島大学教育学部幼年研究施設が発足して40余年を経過，修了生も多く輩出し，大学やさまざまな研究機関等で活躍していることを踏まえ，修了生を中心にしながら，これまで幼年教育研究施設において何らかの学び，研究・研修に繋がっている方々にも参加していただくことにしました。

ところで唐突ですが，最近，小学生の間で「辞書引き学習」というのが盛んになっているといわれています。子どもたちの主体性を生かした学習方法の一つとして注目されているようです。一時期，子どもたちの辞書離れが言われ，書棚のお飾りとなっていたものが，今や辞書の購入者も増え，書棚の飾りではなく子どもたち自身の新しい学習のツールとして多いに辞書がもてはやされ，活用されているというのです。自分の辞書に調べた事柄に付箋を貼り，付箋の量だけでなく調べ学習の内容の質も競っているとも聞きます。子どもたちが未知の事柄等を辞書で引くだけではなく，辞書を通して読む活動が盛んになっていることは嬉しいニュースです。この学習方法が提起された当初は，辞書を弄んでいるのではとられ，面白い辞書の活用方法ではあるが学習方法としては「変わっている」として受け入れられなかったようです。子どもたちが辞書を読むのが「面白い」といっているということに託けるわけではありませんが，本書の前身本も「ちょっと変わった幼児学用語集」という名称でした。森先生が，当時十分には認められなかった「幼児学，子ども学」という概念等に対して，洒落を含め，皮肉っぽい名称をつけられたのだと聞いてい

はしがき

ます。今回の継続本も「変わっているが面白い」といってさまざまに活用いただければ幸いです。

　最後に，本書の編集作業を始めた頃から中心的に活動して下さっていた河野利律子先生が逝去なさっことは痛恨の極みです。心より完成できたことへの感謝とともに哀悼の意を奉げます。また，継続本を快くお引き受けくださった北大路書房の奥野浩之さんにも，厚く謝意を表したいと思います。

2013年　7月
監修者を代表して　小田　豊

監修者

小田　豊（聖徳大学）
山崎　晃（広島文化学園大学）

編集委員

七木田　敦（広島大学）
杉村伸一郎（広島大学）
河野利津子（元 比治山大学）
中坪　史典（広島大学）
松井　剛太（香川大学）

執筆者（五十音順）

青井　倫子（愛媛大学）
青木　克仁（安田女子大学）
飯野　祐樹（弘前大学）
池田　尚子（那覇市立天久幼稚園）
石橋　尚子（椙山女学園大学）
伊藤　順子（元 宮城教育大学）
稲田　素子（立教大学）
入江　慶太（川崎医療福祉大学）
上田　七生（元 慶應義塾大学）
上田　敏丈（名古屋市立大学）
上地亜矢子（発達神経クリニックプロップ）
上村　眞生（西南女学院大学）
越中　康治（宮城教育大学）
大田　紀子（山口学芸大学）
大野　歩（大分大学）

大元　千種（筑紫女学園大学）
岡田たつみ（帝京大学）
岡花祈一郎（福岡女学院大学）
岡本美智子（元 聖心女子専門学校）
奥山　優佳（東北文教大学短期大学部）
小津草太郎（久留米大学）
鍛治　礼子（日出学園幼稚園）
片山　美香（岡山大学）
川合　紀宗（広島大学）
北野　幸子（神戸大学）
金　　俊華（近畿大学九州短期大学）
樟本　千里（岡山県立大学）
久保田　力（相模女子大学）
倉石　一郎（京都大学）
倉盛美穂子（福山市立大学）

黒川　久美（社会福祉法人麦の芽福祉会）
香曽我部琢（宮城教育大学）
小山　優子（島根県立大学短期大学部）
坂田　和子（福岡女学院大学）
佐藤　智恵（神戸親和女子大学）
芝崎　美和（新見公立短期大学）
芝崎　良典（くらしき作陽大学）
柴山　真琴（大妻女子大学）
島津　礼子（広島大学［院生］）
白石　敏行（山口大学）
白川　佳子（共立女子大学）
白銀　夏樹（関西学院大学）
新宅　博明（安田女子大学［非常勤］）
水津　幸恵（お茶の水女子大学［院生］）
杉村　智子（帝塚山大学）
鈴木　一代（埼玉学園大学）
鈴木　正敏（兵庫教育大学）
滝口　圭子（金沢大学）
武内　裕明（弘前大学）
田爪　宏二（京都教育大学）
立元　真（宮崎大学）
田中　沙織（広島女学院大学）
田中　理絵（山口大学）
天童　睦子（宮城学院女子大学）
富田　昌平（三重大学）
塘　利枝子（同志社女子大学）
長尾　史英（元　飯田女子短期大学）
中島　紀子（聖カタリナ大学短期大学部）
中西さやか（名寄市立大学）
中野由美子（元　目白大学［非常勤］）
七木田方美（比治山大学短期大学部）
西原　明史（安田女子大学）

西山　修（岡山大学）
野原ひでの（岡山障害者職業センター）
朴　信永（椙山女学園大学）
畠山　美穂（甲南女子大学）
原野　明子（福島大学）
平田香奈子（鈴峯女子短期大学）
福井　敏雄（元　くらしき作陽大学）
藤田由美子（福岡大学）
星山　麻木（明星大学）
増田　貴人（弘前大学）
松田　杏里（児童自立支援施設熊本県立清
　　　　　　水が丘学園）
松田　信夫（山口大学）
真鍋　健（千葉大学）
真宮美奈子（鎌倉女子大学）
丸山　愛子（日本赤十字広島看護大学）
水内　豊和（富山大学）
三宅　志穂（神戸女学院大学）
三吉　愛子（広島修道大学［非常勤］）
向井　藍子（元　広島市教育委員会）
八島美菜子（広島文化学園大学）
山内　紀幸（山梨学院短期大学）
山田　千明（山梨県立大学）
山田　浩之（広島大学）
湯澤　美紀（ノートルダム清心女子大学）
湯地　宏樹（鳴門教育大学）
横山　順一（山口県立大学）
吉田　茂孝（大阪教育大学）
吉田　貴子（花園大学）
若林　紀乃（名古屋大学心の発達支援研究
　　　　　　実践センター）
若松　昭彦（広島大学）

凡　例

1. 本書は,「遊びと学び」「発達」「障害」「保育内容・方法」「子どもの生活」「家庭・家族」「社会文化」の7カテゴリーに区分された387項目（大項目49, 小項目338）と41の人名項目, 合わせて428の項目を収録している。

2. 各カテゴリーは, さらに5〜8つの下位項目（49の大項目）に分けられ, それぞれに解説がされている（「目次」参照）。

3. 「目次」の後には, 小項目と人名項目を50音順で配列した「用語一覧」を掲載した。

4. 外来の専門用語は慣用の訳語に従って表記し, 必要に応じて欧文原語を付した。

5. 年号は西暦を用い, 必要なときに元号を添えた。

6. 外国人名についてはカタカナ表記を原則としたが, 適宜, 欧文原語を付した。

7. 末尾には索引を付し, その際, 索引項目のうち本文で項目として取り上げているものについては, 該当ページを太字で示した。

8. 項目の選択にあたっては, 既刊の保育ならびに教育関係の用語辞典を参照し, 基本的な項目だけを取り上げた。したがって保育士試験や幼稚園教諭採用試験等の準備の参考書として利用できる。

目 次

はしがき
執筆者一覧
凡例
用語一覧

1章 遊びと学び ―― 1
1．子どもの遊びと生活……3
2．遊びにより育つ……7
3．遊びの発達と理論……11
4．子どもの学びと発達……16
5．子どもの能力の芽生え……19
6．幼児期の保育と教育……22

2章 発 達 ―― 27
1．発達とは……29
2．発達の理論……32
3．乳児期の運動・知覚・認知の発達……36
4．思考と記憶の発達……40
5．象徴機能の発達……44
6．気質と愛着……48
7．自我の発達……52
8．社会性の発達……56

3章 障 害 ―― 63
1．障害児保育とは……65
2．知的障害・言語障害……70
3．感覚器の障害・身体障害……75
4．自閉症……80
5．多動な子ども……85
6．園内体制の整備……90
7．保護者との連携……95
8．小学校への接続のために……100

4章 保育内容・方法 ―― 105
1．カリキュラム……107

2．記録と評価……111
　　3．幼稚園教育要領の変遷……116
　　4．保育所保育指針の変遷……120
　　5．保育の理念・主義……124
　　6．保育の形態……128
　　7．保育メディア……132
　　8．海外の保育……136

5章　子どもの生活 ──────────── 141
　　1．健康……143
　　2．しつけ，生活習慣……147
　　3．行事……151
　　4．園具・教具……155
　　5．食育……159
　　6．子どもを取り巻く環境……163
　　7．子どもの事故……167
　　8．子どもの権利……171

6章　家庭・家族 ──────────── 175
　　1．現代の家庭と教育……177
　　2．保育サービスと子育て支援……182
　　3．少子高齢化……188
　　4．親子関係……194
　　5．子ども家庭福祉……200
　　6．集団保育……207

7章　社会文化 ──────────── 213
　　1．文化と教育……215
　　2．子どもと文化……220
　　3．社会の中の家族と教育……225
　　4．グローバル化社会の教育……228
　　5．21世紀の教育課題（人類共通の課題）……233

人名（日本人／外国人）……239
事項索引……249
人名索引……263

用語一覧（五十音順）

あ
- アイザックス　242
- 愛着　50
- 赤沢鐘美　239
- 赤ちゃんポスト　206
- 預かり保育　186
- 遊びが育つ環境　8
- 遊びと社会性　8
- 遊びと情緒　9
- 遊びと人格形成　10
- 遊びと創造性　9
- 遊びと知的能力　10
- 遊びの古典理論　14
- 遊びの発達　58
- 後伸びする力　18
- アリエス　242
- アレルギー　160
- 安全マップ　170
- アンチバイアス・カリキュラム　109

い
- 生きる力の基礎　18
- 育児雑誌　179
- 育児ストレス　195
- 育児の孤立化　178
- 育児法　217
- 移行期　218
- 伊沢修二　239
- 石井十次　239
- 石井亮一　239
- イタール　242
- 一時保育　186
- 一斉保育　129
- 遺伝説　30
- 糸賀一雄　240
- 異年齢保育　210
- 居場所　224

う
- 異文化理解　229
- インクルージョン　67
- ヴィゴツキー理論　34
- 運動会　154

え
- 栄養指導　160
- AD/HD（注意欠如・多動症）　86
- AD/HDの薬物療法　86
- エコラリア　81
- SIDS　168
- エピソード記録　114
- 絵本，紙芝居　133
- エリクソンの心理社会的段階　35
- 園外保育　152
- 園具・教具の整備　157
- 遠足　153
- 延滞模倣　45
- 園と家庭の連携　208
- 園内研修　93

お
- 応答的環境　166
- オーエン　242
- オーベルラン　242
- 親業　197
- 親教育　199
- 恩物　156

か
- 外国人学校　231
- カイヨワ　242
- カウンセリングマインド　92
- 賀川豊彦　240
- 核家族化　178
- 学習の芽生え　21
- 覚醒－追求としての遊び説　15

x

用語一覧

隠れたカリキュラム　109
仮想現実　237
家族崩壊　226
かたづけ　148
楽器　134
家庭・地域の教育力　178
家庭的保育（保育ママ）　184
身体を動かす遊び　4
感覚運動期　38
環境教育　236
環境説　30
観察学習　61
緘黙　74

き
記憶方略　43
気質　49
吃音　73
城戸幡太郎　240
気晴らし説　14
規範意識の芽生え　20
ギブソン　243
きまり　223
虐待防止　98
休日保育　187
休養説　13
教科と領域　108
共感性　58
きょうだいへの支援　99
協同する経験　4
協同的な学び　17
キリスト教保育　125
キルパトリック　243
「キレる」子ども　89
筋疾患　77

く
倉橋惣三　240
クレーン現象　84

け
ケイ　243
言語発達遅滞　72
原始反射　37

こ
誤飲　168
高機能自閉症　83
公共性　227
合計特殊出生率　189
攻撃性　59
公正さ（フェアネス）　222
行動観察と記録　68
効用説　12
交流および共同学習　103
コーナー保育　158
コールバーグ　243
刻印づけ　31
「国際協力」（国際協力のための心構え）　234
国際結婚　196
国際児　229
心の理論　43
孤食　162
午睡　150
子育てサークル　185
こだわり　82
ごっこ遊びからの発達　12
子ども観　216
子ども期　216
子ども虐待ホットライン　173
子ども・子育てビジョン　191
子ども集団の小規模化　6
子どもの意見表明権　172
子どもの権利条約　172
子どもの権利としての幼児教育　23
子どもの最善の利益　173
子ども白書　174
小西信八　240
個別の指導計画　68
コミュニティ　219

用語一覧

コメニウス　243
混合保育　130
コンサルテーション　94
コンピュータ　135

さ
サヴァン症候群　84
里親養育　201
サポートブック　96
沢柳政太郎　240
三項関係　46
三色食品群　160
三間の減少　166

し
支援シート　91
ジェンダー・リテラシー　236
支援チーム　94
視覚障害　76
自己意識　53
思考力の芽生え　20
自己主張　59
自己制御　54
自己中心性　42
自己中心的言語　47
次世代育成支援対策　189
自然体験　179
自尊感情　89
実践　218
児童委員　202
児童館　204
児童虐待　203
児童相談所（児相）　204
児童手当　202
児童養護施設　205
自閉スペクトラム症　83
市民（性）教育　232
社会的参照　57
就学指導　101
就学前準備としての幼児教育　23
就学連絡協議会　102

宗教と保育　235
重度重複障害　79
自由保育　129
シュタイナー　244
シュタイナー教育（保育）　126
出席停止となる病気　146
馴化・脱馴化　39
小一プロブレム　104
障害　66
障害受容　97
障害のある子どもと遊び　69
障害理解教育　69
少子化社会対策　190
象徴遊び　45
情動と感情　53
情報公開　238
食育基本法　161
食中毒　169
食品添加物　161
事例研究　115
親権　201
神社保育　125
新生児微笑　57
新生児模倣　37
身体活動量　150
人的環境としての保育者　165

す
スキナーの新行動主義　33
ストレンジ・シチュエーション法　50
砂場　165

せ
生活の連続性　5
生活発表会　153
性役割　55
生理的早産　31
関信三　241
世代間交流　193
セルフマネジメント　88
選好注視　39

xii

用語一覧

そ
- 前操作期　41
- 先天性代謝異常　73
- 専門機関連携　97
- 早期教育　179
- 早期療育　78
- 相互作用説　31
- 創発的カリキュラム　108
- ソーシャルスキルトレーニング　87
- ソーンダイク　244
- 祖父母の育児　180

た
- 第一反抗期　54
- 体験の多様性と関連性　5
- 体内リズム　149
- ダウン症児の保育　72
- 縦割り保育　130
- 多文化教育　231

ち
- 地域子育て支援センター事業　183
- 父親の育児　197
- 知的障害について　71
- 知能（検査）　71
- 聴覚障害　76
- 長時間保育　186
- （超）早期教育　66

つ
- 通過儀礼　217
- 通級指導教室　103
- 積み木　157

て
- 手遊び　134
- TEACCH自閉症プログラム　81
- DAP　137
- DV（ドメスティック・バイオレンス）　203
- ティーム保育　130
- 定期健康診断　91
- DINKS（ディンクス）　192
- デス・エデュケーション　164
- テ・ファリキ　139
- デューイ　244
- DEWKS（デュークス）　180
- テレビ　135
- てんかん　74

と
- トイレトレーニング　149
- 同化と調節　38
- 道徳性　60
- 童話　133
- トータルコミュニケーション　78
- ドキュメンテーション　114
- 特別支援教育　101
- 特別支援教育コーディネーター　102
- 留岡幸助　241

な
- 内的ワーキングモデル　51
- 仲間集団　60
- 仲間文化　221

に
- 二次障害の予防　88
- 入園式・卒園式　152
- 乳児院　205
- 乳幼児期からの外国語教育　230
- 乳幼児健康診査　144
- 認知的制約　47

の
- 能記と所記　46
- 脳性まひ　77
- 能力ー効力説　15
- 野口幽香　241

は
- バイリンガル教育　230
- バセドウ　244
- 発育測定　144
- 発達課題　33
- 発達に即した指導　67
- 発達や学びの連続性　17

用語一覧

早寝早起き朝ごはん　148

ひ　ピアジェ理論　34
　　PDCAサイクル　93
　　非営利団体（NPO）　235
　　ビオトープ　164
　　人見知りと分離不安　49
　　ひとり親家庭　195
　　一人っ子　190
　　肥満度（カウプ指数）　162
　　ヒヤリハット　169
　　表現力の芽生え　21
　　病児・病後児保育　186
　　病児保育　144
　　貧困問題　234

ふ　ファミリー・サポート・センター　183
　　ファミリー・フレンドリー企業　191
　　ファンタジー　222
　　フィールドワーク　219
　　フーコー　244
　　複合家族　226
　　福祉サービス第三者評価事業　212
　　輻輳説　30
　　仏教保育　125
　　ブルーナー　244
　　ブルデュー　245
　　フレーベル　245
　　フレーベル主義　125
　　フロイト理論　35
　　プロジェクト・アプローチ　138
　　プロジェクト・スペクトラム　139
　　文化化／社会化　221
　　文化的多様性を認める保育教材　232

へ　ペアレンティング　196
　　ペアレントトレーニング　87
　　ベイトソン　245

壁面構成　157
ペスタロッチー　245
ヘッド・スタート　137
ベビーシッター　185

ほ　保育カウンセラー　92
　　保育環境評価スケール（ECERS）　113
　　保育カンファレンス　112
　　保育者の専門性　211
　　保育者の倫理　210
　　1965年以前の保育所の保育内容　121
　　1965年「保育所保育指針」　122
　　1990年「保育所保育指針」　122
　　1999年「保育所保育指針」　123
　　2008年「保育所保育指針」　123
　　保育の長時間化　25
　　「保育要領」時代の保育内容　117
　　ホイジンガ　245
　　放課後児童クラブ（学童保育）　184
　　防災マニュアル　170
　　ポートフォリオ　113
　　保護者会　211
　　保護者参観　153
　　保護者の会　96
　　保護者の精神的課題　99
　　保護者の保育参加　212
　　母子健康手帳　145
　　母子密着化　198
　　母性神話　198
　　母性剥奪　51
　　保存　41
　　保幼小連携　104

ま　マインド・ブラインドネス　82
　　松野クララ　241
　　マラグッティ　246

み　ミード，G.H.　246
　　ミード，M.　246

xiv

	見えない教育方法　110		1998年「幼稚園教育要領」　118
	未熟な親　195		2008年「幼稚園教育要領」　119
む	無認可保育所　209		幼稚園と保育所との関係について（通達）　121
め	メディア・リテラシー　237		（幼稚園における）学校評価　112
	メディア環境　180		幼稚園・保育所等でのバリアフリー　79
も	モンテッソーリ教具　156		幼保一体化　209
	モンテッソーリ・メソッド　126		余剰エネルギー説　13
や	夜尿症　145	り	領域固有性　42
ゆ	友情（フレンドシップ）　222	る	ルーティン（日常的営み）　223
			ルソー　246
よ	養育態度　55	れ	レッジョ・エミリア・アプローチ　138
	養護と教育　208		連絡帳・園だより　98
	幼児教育の義務化　24		
	幼児教育の無償化　24	ろ	ロック　246
	1956年「幼稚園教育要領」　117		
	1964年「幼稚園教育要領」　117	わ	ワーク・ライフ・バランス　192
	1989年「幼稚園教育要領」　118		

1章　遊びと学び

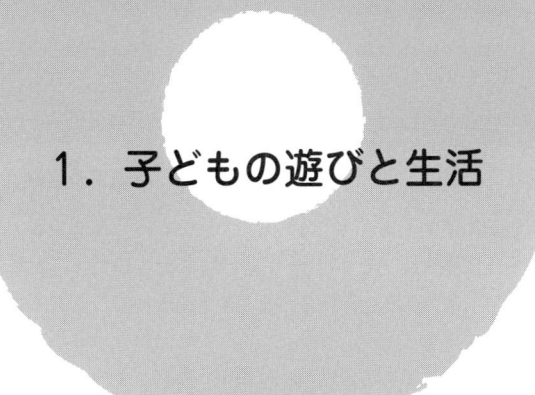

1．子どもの遊びと生活

　幼児期においては，遊びと生活を通して多様な体験を関連させ，積み重ねることが大切であり，小学校以降の教育は，そうした幼児期の豊かな体験を基盤として学習を展開していくことになる。幼児期の子どもの遊びと生活について，「幼稚園教育要領」（平成20（2008）年3月告示）をふまえて言及する。
　第1に，体を動かす遊びである。幼児期における生活リズムの乱れや，小中高校生の運動機能の低下などが指摘される中，幼児が思いっ切り身体を動かして遊ぶことは，その後の空腹感や疲労感を誘発し，食欲や睡眠など，生活リズムの向上につながる。幼児がさまざまな遊びを通して，多種多様な身体の部位を動かすことの心地よさを味わう体験を保証することが求められている。
　第2に，協同的な遊びである。子ども同士で共通の目的を見出し，それを実現するために，互いに協力し合い，アイディアを出し合い，工夫し合い，ぶつかり合い，話し合いながら，折り合いをつけていく。複数で遊ぶときには，ルールを作り，それを尊重する。そうした人とのかかわりを通して，自信を持ったり，また，自分の気持ちや行動を調整する力を育てることが重要である。
　第3に，コミュニケーションである。情報社会の進行や親子関係の希薄化のもと，家庭における言葉のコミュニケーションも乏しくなってきていることが指摘されている。相手の話を注意して聞く経験，自分の気持ちをどのような言葉で表現すれば伝わるのかを考える経験を育てることが大切である。
　第4に，多様な体験と体験間の関連である。幼児期の子どもにおいては，遊びと生活の中でさまざまな体験が学びへ発展する。一つひとつの遊びや体験ごとに個別に幼児が学ぶ生活をおくることだけでなく，その学びが次の学びにつながるように関連する生活をおくることが求められる。
　第5に，食育である。遊びや生活の充実がもたらす空腹感や疲労感をもって食事をとる。その際，ただ好きなものを食べるだけでなく，さまざまなものを食べること，決まった時間に，友達と一緒に食べる喜びや楽しさを味わうことが大切であり，基本的な食育習慣は，子どもの遊びと生活を支える要素となる。

（中坪）

身体を動かす遊び

体力は、人間の活動の源であり、健康の維持増進のみならず、意欲や気力といった精神面の充実と大きくかかわっており、「生きる力」の重要な要素となっている。しかし、運動能力調査等によれば、子どもを取り巻く社会環境や生活の様式の変化により、小学校以上の子どもたちの体力の低下も指摘されている。また、積極的に運動する子どもと、そうでない子どもの二極化がすすんでいる。それは、とりもなおさず幼児期においても同様である。子どもたちの体力低下は、将来的に国民全体の体力低下につながり、ひいては社会全体の活力や文化を支える力の喪失にもつながりかねない。

幼児期には、子ども自身が体を動かして遊ぶことが楽しいと実感し、自ら体を動かして遊びたいという欲求をもち、主体的に体を動かして遊ぶ態度を育てることが大切である。そして、身体を動かす遊びによって他者と関わりをもったり、がんばったりするなどを通して充実感や有能感、葛藤などを味わうことが、精神面の発達にも重要な意味をもつ。幼児期に十分に身体を動かして遊ぶことの楽しさを多く経験することが、小学校以降の運動に対する興味、関心、意欲にもつながっていくのである。そのため、子ども自身が興味や意欲を持って心身を動かして遊ぶような環境を意識して整えることが大切である。　　　　　　（奥山）

 協同する経験

子どもは、自分自身が自己発揮することで自ら行動するようになり、人間関係の深まりに沿って、子ども同士がやってみたいことが交わり、共通の目的が生まれていくのである。その共通の目的に向かって仲間と力を合わせて取り組むことで、1人ではできないような活動の展開が可能になる。その際に、お互いの考えを出し合いながら意見を戦わせたり、譲歩したり、新たな考えを生み出したりなどといった人とのかかわりを学びながら、子どもたちには、役割分担をしたり、さまざまな工夫をしたり、他者と協力をしたりなどする方法が培われていくのである。この経験こそが「協同する経験」である。この経験は、5歳児（年長）の後半頃には可能となっていく活動である。そのためにも、年少の段階から、発達に応じてこのような経験をする活動を少しずつ取り入れていくように配慮しなければならない。また、共通の目的は、保育者が与えるのではなく、さまざまな環境との出会いの中で子どもたちが自ら何をしたいのかを見つけていくことによってできるということにも留意しなければならない。そのため、保育者は、子どもが主体的にさまざまな遊びが展開できるように、環境を構成し、人間関係にも配慮しながら援助していくことが必要である。そして、この共同する経験によって培われたさまざまな力が、小学校以降の集団での学習や生活の基礎となっていくのである。　　　　　　（奥山）

生活の連続性

　幼児は家庭で培った基盤をもとにして，保育者や他の幼児とかかわり合い，さまざまな遊びを通して，成長していく。つまり，幼児期の子どもは，家庭だけ，あるいは幼稚園・保育所だけではなく，子どもを取り巻くすべての人々が協力し，互いに連携を密にすることで，より豊かな人間性を育成することが可能なのである。生活の連続性とは，このような家庭と園，地域を構成する人々が相互に連携することによって生じる，幼児の成長を共に見取るゆるやかなつながりを示す。

　特に，幼稚園・保育所と家庭との連携については，幼稚園教育要領では，領域「健康」において，家庭での生活習慣に配慮して，幼児の自立心を尊重しつつ，他児とかかわりながら基本的な生活習慣を身に付けるよう，保育者に生活の連続性を意識するよう示している。さらに，地域の教育力が低下している現状を受けて，子育て支援の中核拠点としての役割が幼稚園に求められている。領域「人間関係」では，高齢者や地域の人々と触れ合う機会を設けるよう明記され，保育者に地域との生活の連続性をふまえた保育実践の重要性について示された。また，平成20年改訂の保育所保育指針の「改訂の要点」には，「保育所の役割の明確化」として，保護者への支援が明記され，保護者の養育力に結びつく支援や地域の資源を活用し，保育所に生活の連続性を意識した支援が求められていることが示された。

（香曽我部）

体験の多様性と関連性

　教育要領にも示されているように，幼児期の教育は環境を通して行われ，幼児は環境の中での遊びを通して，自発的にさまざまな体験をすることで成長していく。そのため，保育者はただ単に幼児がいろいろな体験をする機会を行事として与えるのではなく，幼児が遊ぶ中で，環境に埋め込まれたさまざまな体験の中から，自らが望む体験を取捨選択して遊びを深めていくような保育を展開することが望まれる。体験の多様性とは，幼児が自ら選ぶ自発性が尊重され，かつ偏りがない豊富な選択肢が保障された状態を示す。

　また，保育者は遊びにおける幼児の思いやそこでの学びを理解しようとするあまり，幼児が得たさまざまな体験の一つひとつを独立したものとしてとらえる意識が強かった。しかし，近年，遊びにおける学びについての議論が高まるなかで，幼児の学びをさらに深め，意味のある体験にしていくためには，体験の一つひとつにおける幼児の学びを点としてとらえるのではなく，遊びや生活の中で展開される体験と体験とを関連づけることで幼児の学びを線としてとらえることが求められている。例えば，砂遊びをしている子どもたちが，クラス活動で保育者が読んだ絵本のイメージがきっかけとなって，砂場で絵本に出てきたスープ作りを始め，さらに育てている花を使って色水のレストランごっこへと展開していく，このような遊びと生活における学びのつながりを示す。体験の関連性とは，日常において次々と繰り広げられる多種多様な体験

が保育者によって関連づけられた状態を示す。　　　　　　　　　　　（香曽我部）

子ども集団の小規模化

　子どもは，おおむね3歳以降になると，大人よりも子ども同士の遊びを好むようになる。仲間との遊びの中で自分とは異なる他者の存在を経験し理解していく。同時に自己を相対化し，自己抑制力を身に付け，他者と共存していくことを学ぶ。そして，複数の他者と相互的なかかわりを通して，規範や役割を身に付けていく。つまり子どもは，子ども集団の中で社会化されるのである。

　かつては日常生活の中に当たり前のように存在していた子ども集団だが，現代日本においては第三次産業への移行，都市化，犯罪の多発，自然破壊や交通事情による遊び場減少などのため，近隣での子ども集団が成立しにくくなった。また，少子化によりきょうだい連れで遊ぶことが激減した。さらに，学年が上がるほど学習塾やお稽古事（習い事）に通う率が高くなり，異年齢集団が形成されにくい。子どもたちは集団遊びの醍醐味を知らず，室内でゲームなどの個人的な遊びに興じることが多くなっている。

　集団の構成員が多い場合は，関係が複雑になり，複雑な相互作用が発生し，対立や葛藤が増加し，多様な他者性を経験する。しかし，小規模集団では，相互作用の相手が少なく，多様な他者性を経験するわけではない。つまり，子ども集団の小規模化は，自己を客観的にとらえる力や，人間関係能力低下の一因であると考えられる。集団の小規模化が進む現状において，多人数集団での遊びを体験し，人とかかわる力を育てることは，保育の重要な課題である。

　　　　　　　　　　　　　　　（岡田）

2．遊びにより育つ

　乳幼児期の子どもだけでなく，すべての年齢の人々が遊びによって多くの事柄を学習することは疑いのないところである。これまで遊びは勉強や労働と比べられることが多かったが，次第に遊びによる学習という考え方が理解されるようになってきた。遊びの重要性は，幼稚園教育要領に内容の取扱いの事項として「幼児の自発的な活動としての遊びは，心身の調和のとれた発達の基礎を培う重要な学習であることを考慮して，遊びを通しての指導を中心として第2章に示すねらいが総合的に達成されるようにすること。」と記されていることからも理解できる。つまりさまざまな遊びの中で，体を動かす楽しさを味わい，安全についての構えを身に付け，自分の体を大切にしようとする気持ちが育つようにすることと遊びの中で周囲の環境とかかわりをもって育つことが大切だといえる。遊びを通して学習するための条件としては，①自発的な自己活動であること，②総合的であること，③無意図的であること，があげられる。

　遊びは，自由で，自発的で，自己目的的で，喜び・楽しさ・緊張感をもった活動であり，それらはどんな時でも保障されなければならない。子ども自身が自発的に選択し，自分のもっている力をすべて使って活動することこそ遊びであり，時間的にも空間的にも心理的にも自由であることが必要な条件となる。そのような真の遊びを通して，子どもが本来もっている潜在能力や発達可能性が引き出され，伸ばされることになる。従って，遊びによる教育とは，子ども自身のためのものであり，子どもの，子どもによる，子どものための活動こそが大切にされる内容でなければならない。保育において，保育者が特定の知識や技能を獲得させる目的で遊ばせること，保育者が子どもの遊びの意図とは別に，教育的目的達成のための遊びを押しつけること，子どもの意思に反して遊ばせることは真の遊びとはいえない。子ども自身が自分で目的を見つけ，自由に，自発的に遊びを決定し，楽しく遊びに没頭している姿こそが真の遊び活動の姿なのである。先生が「さあ，皆さん楽しい○○遊びをしましょう」という一斉の言葉かけや働きかけにより始められた活動はとても遊びとはいえないことになる。

（山崎）

遊びが育つ環境

　環境とは，物的環境，人的環境，自然や社会の事象，雰囲気，時間，空間など，子どもを取り巻く状況のすべてをさす。遊びが育つ環境とは，子どもが興味・関心や意欲をもって主体的に関わることができ，自身で遊びを生み出せる環境のことである。

　遊びが子どもによって主体的に展開される環境の条件として，森楙は，次の4つをあげている。第1は，「時間的，空間的制約からの自由」である。拘束されない自由な広い空間と，満足するまで遊べる時間の保障である。第2は，「不確実性の要素を含む可変的なもの」である。新奇性，複雑性，応答性，多様性などがあることで，子どもの興味や意欲が持続する。第3は，「低構造なもの」である。積み木，粘土，砂，空き箱などの遊具や素材は，多様に変化するため，創造的な活動を長時間維持できるという。第4は，「許容的・支持的集団的風土」である。自分の考えをオープンに出せる人間関係が重要であり，大人の受容，共感，援助，見守りが必要である。

　保育所や幼稚園においては，園具・教具や素材の種類，その配置の仕方，数量や，子どもの発達，興味や関心，生活の流れ，子ども同士の関係づくりなどに配慮することも大切である。

　遊びが育つ環境の保障には，遊びのとらえ方や子ども理解の仕方が大いに関係する。遊びの主体は子どもであり，子どもと共に遊びやその環境を創ろうとする姿勢が重要といえる。　　　　　　　　　（真宮）

 遊びと社会性

　社会性とは，社会の成員として望ましい行動様式を身につけ，人間関係を円滑に維持する能力や資質のことである。遊びを通して，乳幼児期は，自己主張や自己抑制，協調性，責任感など，人間関係に必要な社会性の基礎を身につける。

　その出発点となる乳児期では，子どものサインを，大人がタイミングよく慎重に受け止めることが重要である。1歳頃になると，自ら「いないいないばあ」をしたり，要求したりするようになる。その後，年齢が進むに伴い，言葉や運動能力が発達し，友達への興味が生まれてくる。しかし，3歳未満までの遊びは，場所を共有しているものの，1人で遊ぶ姿が多くみられる。3歳頃になると，玩具の貸し借りなどのやりとりを含む社会的遊びをするようになる。「ごっこ遊び」などの日常生活を再現した遊びを通して社会性が発達していく。

　4歳頃には，友達との活発な関わりが展開し，人を思いやり，我慢ができるようになる。さらに役割を決めて協力して遊べるようになり，「ごっこ遊び」にストーリーがみられるようになる。これは，社会の規範や役割を理解し，協調して遊べる社会性が身についてきたことを示すものである。6歳頃には，リーダーが出現し，自分達でルールを決めてグループで遊べるようになり，社会的諸能力がさらに身につく。

　このように，遊びは，子どもの社会性を育てる重要な教育的機能をもっている。人間関係に必要な社会性の基礎を育むような，遊び環境の充実が求められる。　（真宮）

遊びと情緒

　情緒とは，刺激を受けることで生み出される，喜び，悲しみ，怒り，恐れ，驚きなどの強い感情をさす。乳幼児期の遊びは，感情を分化させ，調整し，表出の仕方を学ぶ教育機能をもっている。

　乳児期の遊びは，情緒が安定し，生理的に満たされた快の状態で発生し，成立する。特定の大人との継続的な関わりや，鮮やかな色彩の物や感触のよい物との接触によって，しだいにやりとりを楽しむ遊びへと変化する。このような遊びの成立は，子どもが自分の情緒の表出を適切に統制できるようになってきた証といえる。

　1歳児は，歩行ができるようになると行動範囲が広がり，手や体の動きが巧みになるため，遊びへの自発性が高まる時期である。喜びや愛情，怒り，嫌悪などの基本的な情緒が発達するが，その表わし方が直接的で，未熟であることが特徴といえる。2～3歳頃は，自分でやりたい気持ちが芽生え，好奇心も旺盛になる。癇癪を起こしやすい時期でもある。

　幼児期後半では，友達との遊びを楽しみながら，自分の感情を抑制できるようになり始める。さまざまな経験をすることにより，情緒が細かく分化していく。

　このように，遊びを通してさまざまな感情を抱き，葛藤したり，克服したりすることによって，子どもの情緒が豊かになっていくのである。子どもが自分の感情を表出し，発散・統制することを学ぶ遊びの機会や，安心して感情を表出できるような人的環境づくりが重要である。

（真宮）

 遊びと創造性

　トーランス（Torrance, E. P.）は，創造性を，ある種の不足感に関して仮説を立て検証し，何か新しい独創的なものを生み出すことであるとした。自己中心性を特徴とする幼児は，外界の現実を自分の中に取り入れて同化し，これを自分に合わせて調節する。例えば，一本の棒が絵本に出てくる魔法のつえになったり，砂場では高い煙突に変わってみたり，乗り物にもなる。目新しい事物を前にすれば，創造の基礎である新しいイメージは次々に広がり，ごっこ遊びのように想像力が加わった遊びが徐々に増加する。そして，おもちゃや物の扱い方も日常から離れた大胆な飛躍がみられ，既存のイメージを変化させたり，組み合わせたりする。このような新しい出来事やアイディアは想像力により生まれ，自由な時間と柔軟な遊び空間によってこそ可能である。

　ギルフォード（Guilford, J. P.）は，創造性の因子として流暢性，柔軟性，独創性などをあげている。空想遊びや想像遊び，創造遊びなどによって，創造的思考および創造活動が豊かになるといえる。すなわち，見立てやふりをすることで創造性やイメージの要素が増す。そして，それまでの生活経験や発達の諸側面が総合されていき，変化と柔軟性にあふれ，組織的に子ども同士で展開されるごっこ遊びへと発展することになる。

（朴）

1章　遊びと学び

　遊びと人格形成

　子どもの人格形成のプロセスに大きな影響を及ぼしているものの1つとして遊びがある。人格とは，パーソナリティともいわれ，人の個人差を規定する性格や気質，態度，社会性などを含む概念である。乳児期の子どもにとって最初の遊び相手である親との相互作用は，その後の人格形成に影響を与えると考えられている。自分と他者の関係が未分化な状態である乳児は，親子遊びを通して人格形成の始まりである自他の分化ができるようになる。例えば，深い愛着関係にある母親も自分の思い通りにはならないことを経験することによって，自分と他者が異なる存在であることに気づき始めるのである。
　自己制御および自立性は幼児期の遊びを通してその基礎づくりがなされる。幼児は遊びの中で集団意識が芽生え，仲間同士の共通の目標や，守らなければならない遊びルールが成立し，幼児自身の行動を制御するようになる。例えば，友達への働きかけが断られ挫折感や対人的な葛藤を経験することもあれば，受け入れられ楽しい協力関係を味わったりもする。後者のような成功経験は子どもに自信をもたせ，さらに，子どもの人格形成の終着点ともいえる自立へと結びついていく。　　　　　（朴）

　遊びと知的能力

　遊びは，子どもの生活の中において大きなウエイトをしめている活動であり，他者から強制されずに，のびのびと自由に，自主的かつ積極的に，活動自体を楽しみながら行われる。遊ぶことによって，社会性や自立性，身体表現など，さまざまな能力を発達させる。聞く，話す，読む，書くなどの言語的能力，計算したり推論したりする論理的な力，空間認知，記憶，知覚，概念形成などといった知的能力も同様に発達が促される。
　特に，遊びが知的能力の発達を進め，同時に，知的能力の発達が遊びの発展や新たな遊びを引き起こすという，相互の作用がある。例えば，積み木で遊ぶ場合も，単に形象として積み木を並べたりする遊びから，積み木を組み合わせて，家や乗り物などの現実の事物の模倣へと発展していく。さらには，それにストーリー性をもたせるようになる。このようなプロセスには，現実の事象についての知覚・概念理解や，象徴性の理解，論理の展開などが必要である。よって，遊びが高度になり，知的能力が発達していくのである。　　　　　（朴）

3．遊びの発達と理論

　遊びの理論として決定的な理論というべきものは未だに提出されていない。①仕事のために使われないで余ったエネルギーが遊びとして消費されるという剰余エネルギー説，②本能的な欲求によって遊ぶのだという本能説，③生活の準備のための練習を遊びによってするという準備練習説，④人類がこれまでたどってきた発達の過程を，遊びの中で個体として反復するという反復説，⑤疲労から元気を回復するために遊ぶという気晴らし説，⑥労働に満足している場合は遊びでも労働に似た活動をするという般化説，⑦労働は自分の欲求を制限するものだと考える場合は，その代償として労働とは違う活動を遊びとして選ぶという代償説，⑧欲求不満，緊張，攻撃的な行動，不安などを取り払い，すっきりさせるために遊ぶという浄化説，⑨不快なことを，遊びを通して軽減させる，経験を浄化しようとするという精神分析説，⑩認知発達の過程によって遊びが引き起こされるという認知発達説，⑪生存にとって大切ではない環境の中の刺激に応じて行われるものであるという学習説，⑫覚醒のレベルを最もいい状態に向けていくようにする欲求によって動機づけられている行動ととらえる刺激追求説，⑬自分の能力をいっぱい発揮し，努力すれば，そこにはなんらかの結果が生まれ，それが次の努力を生み出す誘因になるという能力効力説がある。

　遊びにどれくらい没頭し，どのような遊びをどのように展開しているかに関する総合的な遊ぶ力を「遊び能力」と呼ぶ。この能力は，指導力，能動性，協力度などからなる相互作用能力，工夫力，発想力，関心度などからなる創造的能力および役割遂行度，理解力，規則遵守度などからなる組織的行動力などにより構成される。保育者が子ども一人ひとりを受容し，遊び活動とその背景にある情報に共感する姿勢をもつことが子どもの遊び能力を育てることにつながる。遊び活動をしている子どもが求めているものを的確にとらえながら，その先に展開される活動の見通しをもってかかわることが大切である。

　対人関係の発達という視点からみた遊びの分類として，パーテンによる，①何もしない行動，②傍観的遊び，③ひとり遊び，④平行的遊び，⑤連合的遊び，⑥協同的遊びがある。また，心身の発達からとらえた遊びの分類として，ビューラーによる，①機能的な遊び，②虚構的な遊び，③受容的な遊び，④構成的な遊びの分類がある。さらに，ピアジェによる，①機能遊び，②象徴遊び，③ルールの遊びなどがあげられる。

(山崎)

ごっこ遊びからの発達

　幼稚園や保育所での子どもたちの様子を見ていると，「家族ごっこ」や「お店屋さんごっこ」などのごっこ遊びが盛んに行われている。こうしたごっこ遊びには，さまざまな能力が必要とされる。例えば，家族ごっこでは，参加者全員がその場に存在しないお母さんや子ども，お父さんなどの登場人物をイメージして，それぞれの口調や態度を模倣したり，役割を演じなければならない。ここでは，実際の人物や事物など，目の前にないものを見立てる能力，すなわち，イメージする力が必要とされる。

　イメージする力はいったいいつ頃から芽生えるのであろうか。ピアジェは，目の前にないものを見立てる思考のことを表象的思考と呼び，2〜7歳までの前操作期に獲得されるとした。見立ての能力が発達すると，始めは1人か2〜3人で行われていた模倣を中心としたごっこ遊びから，役割やルールをもった，より大人数でのごっこ遊びへと変化する。4〜5歳児でみられるごっこ遊びは，仲間内で決められたルールに則って展開され，相手の気持ちを思いやる行動や言語的なコミュニケーションなどの能力が培われる。さらに，5〜6歳になると遊びの幅や内容，対象も広がり，知的能力や社会性，自己主張や自己抑制といった自己制御能力，身体的能力など，さまざまな能力がよりいっそう発達するのである。

　このように，子どもにとってごっこ遊びは，知的発達や身体発達の礎となり，後の心身の発達に重要な基盤となる。　（畠山）

 効用説

　人間はなぜ遊ぶのか。そもそも遊びとは何か。遊びの定義や理論は多岐にわたる。エリス（Ellis, M. J.）は，200余の理論を整理して，余剰エネルギー説，本能説などの13の型に分類した。これらの説の名称は広く一般に用いられている。他方，効用説という名称はエリスによるものでも，一般に用いられているものでもない。ここでは，遊びを「何らかの効用をもたらす活動」ととらえる理論の総称として用いる。

　効用とは，「使途よろしきを得れば当然期待される，それを使っただけの意味」（新明解国語辞典第六版）のことである。遊びを適切に用いることで，労働では満たされない欲求の充足（代償説）や怒りなどの情動の解消（浄化説）が見込めるといった考え方は効用説といえよう。過去の遊び理論の多くは，遊びを何かの役に立つものとみなす効用説であり，ホイジンガ（Huizinga, J.）も指摘したように，遊びそのものの意味や本質を必ずしも問うてこなかった。

　たしかに，遊びはさまざまな効用をもたらし得る。「幼児の自発的な活動としての遊びは，心身の調和のとれた発達の基礎を培う重要な学習である」（幼稚園教育要領，2008（平成20）年告示）とされるように教育的意義も大きい。しかし，効用を求めて強制される活動を遊びと呼ぶことはできないように，効用はあくまで遊びに付随するものである。森（1996）が指摘したように，遊びの本質は，自由で，自発的で，自己目的的（遊ぶこと自体を目的とした）であるところにある。　（越中）

3．遊びの発達と理論

● 余剰エネルギー説

　エリスを始め，多くの理論家が遊びの古典理論の筆頭にあげているのが余剰エネルギー説（surplus energy theory of play）である。遊びを「生存という目的のための活動（仕事）をするのに必要なエネルギーが余ったときに，エネルギーの残りを発散させる活動」ととらえる説である。この説の提唱者はシラー（Schiller, F.）とスペンサー（Spencer, H.）であるとされる。

　18世紀ドイツの詩人シラーは，カント（Kant, I.）美学の影響下，人間の美的芸術活動の源泉に遊戯衝動（Spieltrieb）があると主張した。『人間の美的教育について』の中で，遊びを「美という完全な状態への衝動を満たし，全人格的存在となるための行為」ととらえ，「人間は遊んでいるときのみ完全な人間である」とした。

　シラーの「動物は欠乏が活動の動機となるとき働き，余剰エネルギーが活動の動機となるとき遊ぶ」という記述を受けて，進化論との関連から自説を展開したのが19世紀イギリスの哲学者スペンサーである。スペンサーは，幼い動物は遊びへの欲求をもっているとしたうえで，「高等な種は幼い時期を親に依存して過ごすため，エネルギーを生存のために費やす必要性が少なく，遊びに費やすエネルギーが多い」と考えた。

　ただし，遊びを単純に「消費しきれなかったエネルギーを発散するための手段」とする理論では，「なぜ子どもは疲れきっているときでも遊ぶのか」といったことを説明できないとも指摘される。　（越中）

● 休養説

　遊びを休養とみなす考え方は，今日においても一般的なものといえるであろう。遊びの休養説（recreation theory of play）の起源は古く，アリストテレス（Aristotelēs）も遊びを休息のためのものと考えた。プラトン（Platōn）が遊びを「学習に利用できる教育の方法」ととらえた（「優れた農夫になるためには，子どもの頃から土に親しんで遊ぶ必要がある」など）のに対して，アリストテレスは遊びと学習を対比してとらえた。遊びを薬と類比して，学習や労働がもたらす苦痛を癒す浄化活動とみなした。

　古代ギリシア以降，西洋において遊びや休養が教育の中に再び位置づけられるようになったのは，17世紀に入ってからとされる。近代教育学の父コメニウス（Comenius, J. A.）は，『大教授学』の中で，学習と休養を適正に配置することの必要性を説いた。すなわち，一定時間の学習の後に，精神の疲労回復（recreatio）のための楽しい遊びの時間を設けることを主張した。この語が，学校の休み時間を意味する語として，各国語の中に定着したとされる。わが国においても，レクリエーション（recreation）は，休養，気晴らし，娯楽などを意味する語として日常的に使用されている。

　エリスが近代理論に分類した般化説と代償説は，遊びの内容が労働への満足度によって決まるとする。労働に満足していれば遊びでも似たようなことを（般化説），不満をもっていれば労働とは異なる活動を（代償説）すると説明される。　（越中）

気晴らし説

　遊びをレクリエーション（休養，気晴らし，娯楽など）ととらえる考え方は，エリスの分類において，気晴らし説（relaxation theory of play）として古典理論の1つに位置づけられている。遊びを「消耗したエネルギーを回復するための休養」ととらえているという点で，余剰エネルギー説と対照的であるといえる。ラツァルス（Lazarus, M.）やパトリック（Patrick, G. T. W.）がその提唱者とされる。

　19世紀ドイツの詩人ラツァルスは，遊びをレクリエーション活動として起こるものととらえた。遊びと仕事や無為を対比して，「人間は何もしないでいることを嫌い，仕事をしていないときでも，休息するよりむしろ疑似的仕事をして仕事による疲労を回復する」とした。

　また，20世紀に入ってからはパトリックが，リラクセーション（relaxation）の語を用いて，遊びを「リラックスを必要として現われる行動パターン」とみなした。遊びやスポーツ，レクリエーションによって労働の束縛から解放されることが最もエネルギーの再生効果をもたらす元気回復剤であるとみなした。

　遊びを休養や娯楽とみなす気晴らし説は，遊びと労働とを明確に区別している。「労働がもたらすストレスは遊びによって解消される」という考え方は，労働に従事している大人の遊びを説明し得るかもしれないが，労働に従事していない子どもの遊びを説明できないとも指摘される。　　（越中）

 ### 遊びの古典理論

　エリスは，余剰エネルギー説と気晴らし説に加えて，本能説（instinct theory of play），準備説（preparation theory of play），反復説（recapitulation theory of play）を遊びの古典理論とした。マクドゥーガル（McDougall, W.）が提唱したとされる本能説は，遊びを「本能によって生じる行動」とする説である。また，本能説から派生したとされるのが準備説と反復説である。

　準備説（練習説）は，遊びを「子どもが大人になるために必要な準備」ととらえる。スイスの動物学者グロース（Groos, K.）は，遊びを将来の生活のために必要な「本能を完成させる練習」であるとした。ダーウィン（Darwin, C.）の進化論の影響下，系統発生において上位の動物は，遊びの中で複雑な行動形態を練習し，身につけるとした。

　反復説（反復発生説）は，19世紀末，準備説と同時期に，アメリカの体育指導者ギューリック（Gulick, L.）によって提唱された。そもそも反復説とは，ドイツの動物学者ヘッケル（Haeckel, E.）が示した「個体発生は系統発生を繰り返す」という生物発生の原則である。ギューリックは，遊びを「系統発生的連続を個体発生的にリハーサルすることである」ととらえた。アメリカの心理学者ホール（Hall, G. S.）も類似した見解を示し，グロースの準備説を批判した。

　準備説には「準備が不要な大人の遊びを説明できない」，反復説には「遊びの発達は種の発達を反映するような直線的なものではない」などの批判がある。　　（越中）

覚醒－追求としての遊び説

　遊びの古典理論，近代理論（般化説，代償説，浄化説，精神分析説，発達説，学習説）を概観したうえで，エリスは「覚醒－追求としての遊び説」を現代理論に位置づけた。覚醒－追求としての遊び説（刺激－追求説）とは，遊びを「覚醒水準（arousal level）を最適状態に向けて高めようとする欲求によって動機づけられている行動」とする説である。バーライン（Berlyne, D.）によって展開され，エリス自身によって修正発展させられた説である。
　覚醒－追求としての遊び説は，「高等な哺乳動物は，刺激のない退屈な状態を避けるために行動する」という考え方に基づいている。有機体は，刺激に対する要求を満たしてくれる環境から，刺激を絶えず入力しておくことを必要とする。覚醒水準には，かろうじて覚醒している状態から極度の興奮状態まで，さまざまな段階がある。最適な覚醒水準をもたらす刺激は，われわれに「おもしろさ」を感じさせる。このおもしろさが遊びを動機づけるという考えである。
　森（1988）は，次の２点をあげ，覚醒－追求としての遊び説を高く評価している。第１は，人間の能動的な主体性に着目している点である。こうした考え方は，人間を受動的存在ととらえる旧来の人間観と対照的である。第２は，遊びのみならず，労働や学習をも説明し得るという点である。遊びと学習や労働を対立するものとみるのでなく，一本の連続線上に位置づけてとらえる道を開いている。
　　　　　　　　　　　　　　（越中）

 能力－効力説

　能力－効力説は，エリスによって，「覚醒－追求としての遊び説」とともに遊びの現代理論として位置づけられている。能力－効力説では，遊びを，「環境の中で効果を生み出そうとする欲求によって引き起こされる」ととらえる。能力－効力説の提唱者は，発達心理学の分野においてコンピテンス（competence）という概念を提示したホワイト（White, R. W.）であるとされる。
　ホワイトが提示したコンピテンスの概念は，能力と動機づけ（motivation）を一体としてとらえるものである。われわれには，環境の中で，対象に働きかけて何らかの変化をもたらしたり，自らの行動がもたらす結果を統制したりすることで，自身の能力と存在を証明しようとする欲求がある。活動を動機づけているのは外から与えられる賞罰のような条件ではなく，何かを成し遂げたという達成感，ホワイトがいうところの効力感（feeling of efficacy）である。
　遊びの能力－効力説では，行為者が対象に働きかけた結果，対象の側に何らかの変化が生み出されたときに得られる効力感が遊びを動機づけると考えている。こうした考え方は，人間を能動的で主体性なものととらえている点で，また，遊びと学習や労働を連続線上に位置づけてとらえ得るという点で，覚醒－追求としての遊び説と共通している。遊びが，自信や自己充実感，向上心や挑戦意欲を生み出すという考え方は，子どもの遊びのあり方とも対応するものであると考えられる。
　　　　　　　　　　　　　　（越中）

4．子どもの学びと発達

　幼稚園・保育所・こども園では，子どもの主体的・自主的な活動である遊びを十分に確保することがきわめて重要である。なぜなら，遊びにおいて子どもの主体的な力が発揮され，充実感や達成感を味わうことによって，生きる力の基礎が形成されるからである。
　子どもは遊びの中で能動的に対象とかかわり，自己を表出する。そこから，外界に対する好奇心が育まれ，探索し，知識を蓄えるための基盤が形成される。また，ものや人とのかかわりにおいて自己を表出したり，他の子どもや大人とかかわったり，活動したりすることによって，自我が形成されるとともに，自分を取り巻く社会への感覚を養うことにもなる。このように幼児教育は，小学校以降の学校教育全体の基盤を養う役割を担っている。
　子どもが他の子どもと一緒に楽しく遊ぶためには，自分の思いや考えを相手に理解できるように表現することはもちろんであるが，相手の思いや考えを理解することも不可欠である。これらがうまくできないと，それぞれの思いや考えが衝突していまい，トラブルになってしまうことがある。しかし，子ども同士のトラブル場面は，子どもが他者の考えや思いを理解し，自分の気持ちを調整したり，相手の欲求を受け入れたりなど人とのかかわり方を学ぶ貴重な機会なのである。
　このように幼稚園等施設において，子どもは遊びを通して，子どもが周囲の環境と主体的にかかわることにより，さまざまなことを自分から積極的に学びとっている。この点が幼児教育と小学校以降の教育と大きく異なる点である。
　そのため，幼児教育における成果が小学校以降の教育に引き継がれているとはいえない。このことは子どもの発達や学びの連続性を考えるととても大きな問題である。そこで，まず，幼稚園等施設と小学校との滑らかな連携・接続を図るために，教師は子どもの発達や学びの実情に即して必要な教育内容を明らかにして，計画性をもった適切な教育を行わなければならない。
　さらに，子どもが生涯にわたって充実した生活を送るために，教師は子どもが人間として生きる力の基礎となる能力を身につけていけるように適切な支援を行うことも重要である。

（白石）

協同的な学び

　幼稚園・保育所・こども園において，小学校入学前の主に5歳児を対象として，子ども同士が教師の援助の下で，共通の目的・挑発的な課題など，1つ目標を作り出し，協力工夫して解決していく活動を「協同的な学び」としている。

　集団生活の中で自発性や主体性を育てるとともに，人間関係の深まりに沿って，子ども同士が共通の目的を生み出し，協力し，工夫して実現していくという協同する経験を重ねることは大切なことである。

　協同的な学びが可能になるには，一人ひとりが安定する時期，自己発揮する時期において子ども同士が互いを認め合うことが大切である。その関係を基盤に子ども同士で実現したい目標を考え，その目標を目指して，互いに協力して遊びが進められるようになる。

　しかし，自分の考えや思いを押し通そうとすると葛藤が生じる。その体験を通して，子どもは他者の考えや思いを理解し，自分自身を調整することができるようになる。

　また，協同的な学びをするためには，いつでも保護者から支えられているという信頼感とさまざまな遊びの体験が基盤となっている。

　子どもは，協同的な学びを通して，コミュニケーション能力，物事を見通しをもって構築する力，友達と一緒に活動していくなかで，自分の考えや行動の仕方を相手から学んでもっと広げ，共感，協力等を学ぶのである。
　　　　　　　　　　　　（白石）

発達や学びの連続性

　幼稚園・保育所・こども園における教育・保育の成果を小学校につなげていくことが大切である。そのためには，保育者と教員の相互理解を深めたり，幼児と児童が交流するなど，小学校との連携を図ることが重要である。

　遊びを通して学ぶ幼児期の教育活動から教科学習が中心の小学校以降の教育活動への円滑な移行を目指し，幼稚園等施設と小学校との連携が強化されている。特に，子どもの発達と学びの連続性を確保する観点から，連携・接続を通じた幼児教育と小学校教育双方の質の向上を図る必要がある。

　具体的には，幼児教育における教育内容，指導方法等の改善を通じて，生きる力の基礎となる幼児教育の成果を小学校教育に効果的に取り入れる方策が実施されている。

　ここで留意しておきたいことは，学びの連続性は単に教育課程，カリキュラム，保育課程の連続性を図るということではなく，子どもの経験の連続性としての遊びの連続性から生まれるということである。

　さらに，子どもの発達や学びの連続性を確保するためには，幼稚園等施設だけではなく，子どもが生活をする家庭や地域社会との連携を図ることも重要である。

　三者が連携することにより，幼児の日々の生活および発達や学びを確保することができる。そして，その成果をなめらかに小学校に引き継ぐために，さらなる幼児教育の充実を図ることが必要である。　（白石）

後伸びする力

　幼児期は，知的・感情的な面でも，また人間関係の面でも，日々急速に成長する時期でもある。この時期に経験しておかなければならいないことを十分に行わせることは，将来人間として充実した生活を送るうえで不可欠である。

　幼児教育は，目先の結果のみを重視するのではなく，生涯にわたる学習の基礎をつくること，すなわち「後伸びする力」を培うことを重視している。

　幼児は，身体感覚を伴う多様な活動を経験することによって，豊かな感性を養うとともに，小学校における学習意欲や学習態度の基礎となる好奇心や探究心を培う。また，小学校以降における教科の内容等について実感を伴って深く理解できることにつながる「学習の芽生え」を育んでいる。

　このように幼児教育は，幼児の内面に働きかけ，一人ひとりのもつ良さや可能性を見出し，その芽を伸ばすことをねらいとするため，小学校以降の教育と比較して「見えない教育」といわれることもある。

　そのため，保育者には，幼児一人ひとりの内面にひそむ芽生えを理解し，その芽を引き出し伸ばすために，幼児の主体的な活動を促す適当な環境を計画的に設定することができる専門的な能力が求められている。

　このように幼児教育では，自ら学び自ら考え，主体的に判断したり，行動したり，人とかかわったりした経験を行った結果として，小学校以降の基礎的・基本的内容が修得される。　　　　　　　（白石）

生きる力の基礎

　人の一生において，幼児期は，心情，意欲，態度，基本的生活習慣など，生涯にわたる人間形成の基礎が培われる重要な時期である。

　幼児は，生活や遊びといった直接的・具体的な体験を通して，情緒的・知的な発達，社会性をゆっくり養い育て，人として，社会の一員として，よりよく生きるための基礎を獲得していく。

　幼稚園等施設では，保育者が幼児の主体的な「遊び」を中心に計画的に指導を進めながら，子どもに集団生活の中で豊かな体験を得させ，好奇心や創造的な思考，健康な心と体を育て，道徳性の芽生えを培うことなど，生涯にわたる人間形成の基礎を培う教育を行い，「生きる力」の基礎を育成している。

　「生きる力」とは，①基礎・基本を確実に身につけ，いかに社会が変化しようと，自ら課題を見つけ，主体的に判断し，行動し，よりよく問題を解決する資質や能力，②自らを律しつつ，他の人と協調し，他人を思いやる心や感動する心などの豊かな人間性，③たくましく生きるための健康や体力などである。

　このように幼児教育は，次代を担う子どもたちが人間として心豊かにたくましく生きる力を身につけられるよう，生涯にわたる人間形成の基礎を培う普遍的かつ重要な役割を担っている。　　　　　　　（白石）

5．子どもの能力の芽生え

　一概に子どもの能力といっても，思考力，表現力，社会性に関する能力（コミュニケーション能力，規範意識）等と多種多様である。各能力に関しては後で説明するが，子どもの能力の芽生えについて触れる。

　新生児は無能といわれていたが，現在では新生児は有能であるといわれるようになり，子どもの能力は早期から芽生え，発達していることが明らかにされている。

　子どもの能力には生得的なものと後天的なものがある。原始反射のような生得的な能力は，新生児が学習せずとも誕生直後より栄養を摂取できたり（吸綴反応など），危険から身を守る（モロー反射など）のに役立っている。また，新生児期にみられる自発的微笑や人の声や顔を好む特徴は，養育者の愛情を喚起させて，周囲からの保護を受けやすくすることにつながっている。このような子どもの生得的な能力は，誕生直後より自発的に発揮されており，親子の絆を深めて信頼関係を築いていくうえで重要な役割を担っている。乳児期にみられる人との基本的信頼関係の確立は，その後，順調に子どもの能力が発揮され，発達していく基盤として重要なものである。

　後天的な子どもの能力の芽生えと密接に関係するものとして，2歳頃までの感覚・運動機能の著しい発達，乳幼児期の言語獲得，生活環境の変化（親子関係から集団生活の経験・友達関係）などがある。乳児は愛着を形成した後，外界に興味や関心を向けて探索活動を活発に行い，外界を観察しながら積極的に情報を取り込んでいく。その過程においては，失敗だけでなく事故も多く生じるために大人の配慮が不可欠であるものの，大人の過剰な介入や叱責は芽生え始めた子どもの自発性ややる気を低下させたり，子どもの能力の芽を摘むことのないよう，注意と配慮が必要である。

　言葉が理解できるようになり意思伝達が可能になると，運動能力の上昇と相まって子どもの表現力はより多彩になり，まねやごっこ遊びが多くみられるようになる。友達と一緒に遊びたいという気持ちは，自他の欲求が対立する状況において自己調整（主張・抑制）を可能にもさせていく。幼児は仲間との協同や衝突・競争経験を通して，思考力，規範意識を学習する。遊びや他者との関係の中で育まれた子どもの能力は，就学後さらに発達し，集団生活の中で培われた自己意識の確立や他者の視点取得などは社会への適応を可能にしていく。

（丸山）

規範意識の芽生え

　規範意識は，子どもの自我の発達や社会性の発達などと非常に関連深いものである。

　乳児は，一般的にしつけと称した大人とのかかわりを通して基本的生活習慣（食事・排泄・礼儀など）を習得する中で社会のきまりを学習していく。しつけは，養育者・保育者の価値観を反映したものであり，しつけを受ける過程で社会的に望ましく期待される行動に対しては賞賛が与えられる。乳幼児は周囲に認められることによって信頼感がますます高まり，きまりを守る喜びが芽生え，社会への適応が動機づけられていく。規範意識は外からの強制から次第に内発的なものへと変化していく。

　乳幼児の行動範囲や対人関係は，知覚・運動能力や言語能力の高まりとともに拡がり，社会性が発達する。保育所・幼稚園では，家庭での親子間でのみ成立しているルールが通用しないことも多いため，他者との対立・衝突が頻繁に生じる。順番待ち・意見の相違・誤解・ルール違反などの対人葛藤場面における自己主張やがまんの経験を通して，また仲間との協同遊びの場における自他の欲求充足を目指した社会的相互交渉の体験を通して，集団生活でのきまりの重要性に気づくようになる。

　仲間関係の維持や遊びの継続への願望，他者への共感や思いやり，善悪の判断（道徳性）などは，規範意識を芽生えさせる。就学以降も大人（養育者・教師・地域の人）や同年齢の友達とのさまざまな交流や経験を通して人への信頼関係は築かれ，社会への適応を可能にする規範意識が発達する。　　（丸山）

思考力の芽生え

　子どもの思考は，感覚・運動能力の発達や言語の獲得などと関連しながら，遊びや人・社会との相互交渉を通して発達する。

　新生児期から外界に興味・関心を向け，五感を用いて外部情報を入手しようとする姿は，思考の芽生えを示すものである。

　ピアジェ（Piaget, J.）は，人の思考の発達を4段階で説明した。①「感覚運動期」（誕生～2歳頃）には，生得的な反射運動の繰り返しや模倣により外界が取り込まれる。この時期の活発な探索には親子の信頼関係の確立が重要である。②「前操作期」の前半の「前概念的思考段階」（2～4歳）では，言葉やイメージによる表象的思考（ごっこ・象徴遊び）が多くなり，見えるものに関する因果関係の理解が可能になるが，他者の視点をまだ十分には推測できないため，自己中心的な思考にとどまり，仮説を立てた思考は困難である。「前操作期」の後期である「直感的思考段階」（4～7歳）でも，外観に左右されて一貫性のない直感的思考にとどまることが多い。そのため，友達と意見がぶつかることも多いが相互に影響しあう日常の遊びや共同活動の中での新たな発見や視点の拡大を体験する。③「具体的操作期」（就学後～）には，数量・時間・空間概念が獲得され具体的事象に関する概念の操作的思考が可能になる。とはいうものの，④「形式的操作期」（11, 12歳～）に達しないと抽象的な論理的思考は難しい。このような思考の発達は，乳幼児期の人・物との豊かな体験や安定した情緒を土台に展開し，学ぶ喜びは，生涯の学習

基盤となる思考力の芽生えを培っている。

(丸山)

表現力の芽生え

「表現」(expression)とは，内側にあるものを外へ押し出すという意味があり，まず心に刻みこまれるものがあることが前提となる。しかし，乳幼児期の子どもの表現は，強く心に刻印されたものに限らず，身近な環境に関わり，その行為自体を試し，何かを感じて新たなことを試していく過程そのものである。つまり，子どもの表現は生活や遊びそのものであり，保育者が行動や言葉を肯定的に受けとめやり取りするなかで表現力が育つ。また，内的な感性を自由に表現することや表現してもよいという自由感を保障することは，他の子どものもつ感性表現を受け入れることへつながる。このように表現力の芽生えは，個人の内的な感性から表現する喜びの快感情へ，そして子どもを取り巻く人や物などの環境を受けとめて取り入れることの積み重ねで育まれる。就学前教育では音楽，造形，身体での表現という3つの視座で子どもの表現や発達をとらえることが多いが，それぞれは相互に関連している。3つの領域のバランスを考慮し偏ることなくあらゆる方法で表現することが豊かな表現力を育てることになる。

(坂田)

学習の芽生え

小学校以降の教育は，教科等を中心とした学習と時制で区分された生活が展開され，それらの取り組みは成績というかたちで評価される。就学前教育の場では，子どもが身近な環境を通して体験・経験し，それらを生活に取り入れ継続することで日々の生活や遊びが展開される。遊びはその成果を数値等で評価されることはなく，よりよい子どもの発達を実現するよう構成された環境の中で，主体的に経験を重ね，気づきを深め，新しいことへ挑戦していくことこそ重視されることになる。遊びの自己決定とその充足は，内発的に動機づけられた学びへとつながる。無藤は，遊びによる学びについて「入り込む学び」「眺める学び」「想像力による学び」という3つのモード論による子どもの学びの芽生えを示している。これらの芽生えを支える条件は，意図された環境の中で繰り返し試行錯誤を行うことのできる十分な時間と，遊びを展開していく空間を保障することである。つまり，遊びが「想像力による学び」へ発展するためには，個人の充実した遊びと，協同で体験する充実した遊びが学ぶ楽しさの基盤となり後の学習の基礎となる。

(坂田)

6．幼児期の保育と教育

　幼児期は，生涯にわたる人間形成の基礎が培われる重要な時期であり，従って幼児期の保育と教育は，子どもの心身の健やかな成長を促すうえできわめて大切であるとともに（中央教育審議会），国家・社会それ自体の発展にとっても大きな意味を有していることは，世界各国でも広く共通に認識されてきている。そうした中，先進12か国（オーストラリア，ベルギー，チェコ，デンマーク，フィンランド，イタリア，オランダ，ノルウェー，ポルトガル，スウェーデン，イギリス，アメリカ合衆国）における保育の政策動向をまとめたOECD報告書（Starting Strong 2001）では，幼児期の保育と教育のとらえ方について，2つの大きな流れがあることを指摘している。
　第1の流れは，未来の労働力としての子どもを育てるために，幼児期の保育と教育は，学校への準備として位置づけることが重要であり，その成果は，学校での成功に有益かどうかによって決定するというとらえ方である。これについて同報告書は，学校課題へのプレッシャーが大きくなり，ひいては幼児期に身につけるべき他の重要な課題が軽視される危険性があることを指摘する。第2の流れは，幼児期それ自体がきわめて重要な意味をもつ人生最初の段階であり，従って幼児期の保育と教育は，幼児が自分なりの考えや関心に従って生活できること，安心してありのままの自分でいられる生活であることを保証することが大切であるというとらえ方である。
　上記の2つのとらえ方を対立させて，「今の生活か，未来の準備か」「1人の市民か，将来の労働力か」「ありのままの生活か，学習のための基礎的能力か」といった二者択一の発想をするのではなく，むしろ幼児期の保育と教育に関して，常に2つのとらえ方が同居しているという前提に立ち，今ここに生きる市民としての子どもが，自分なりの考えや関心に従って生活できるように配慮することこそ，未来の準備に最もよくつながるのではないだろうか。この点を考慮するとき，幼児期の保育と教育とは，生活と学習，現在と未来，養護と教育がまさに不可分の関係にあることを私たちに示してくれる。

（中坪）

就学前準備としての幼児教育

就学前とは義務教育としての小学校教育を受け始める前の幼児期をさす。2006（平成18）年，教育基本法が改正され，新たに幼児期の教育に関する規定が創設された。改正教育基本法をふまえ2007（平成19）年に改正された学校教育法では，第1条における学校種の規定順について，これまで最後であった幼稚園を最初に位置づけた。幼児教育は，幼児の健やかな成長のために適当な環境を与えて，その心身の発達を助長することを目的として，幼児期の特性をふまえ，環境を通して行うものである。改正学校教育法第22条は，この幼稚園教育の基本に基づいて展開される幼稚園生活により，義務教育およびその後の教育の基礎が培われることを明確化した。

就学前準備としての幼児教育とは，受験などを念頭にもっぱら知識の獲得を先取りするような，いわゆる早期教育とは本質的に異なる。幼児教育は，幼児期の発達の特性に照らして行われるものであり，幼児教育はその内容と方法において小学校以降の教育とは大きく異なっている。学校教育の始まりとしての幼児教育は，身体感覚を伴う多様な活動を経験することによって，豊かな感性を養うとともに，生涯にわたる学習意欲や学習態度の基礎となる好奇心や探究心を培い，また小学校以降における教科の内容等について実感を伴って深く理解できることにつながる学習の芽生えを育むものである。幼児教育の成果が小学校教育につながっていくためには，子どもの発達や学びの連続性の観点が重要である。（青井）

子どもの権利としての幼児教育

児童権利宣言，子どもの権利条約，児童憲章等において「健康に発育し，かつ，成長する権利」「教育を受ける権利」をはじめさまざまな子どもの権利が謳われているように，子どもは幸福，愛情，理解のある雰囲気と道徳的および物質的保障のある環境のもとで，正しい知識と技術をもって育てられなければならない。これら子どもの権利を保障することは大人社会の責任であり，私たちは子どもたちに対して最善のものを与える義務を負っている。

人の一生において，幼児期は，生涯にわたる人間形成の基礎が培われるきわめて重要な時期であり，幼児は，生活や遊びなどの直接的・具体的な体験を通して，情緒的，知的な発達や社会性を涵養し，人間として，社会の一員として，よりよく生きるための基礎を獲得していく。幼児期はまた，日々の成長，発達が著しい時期である。この時期に経験しておかなければならないことを十分に経験しておくことは，将来，人間として充実した生活を送るうえで欠くことのできないものである。

しかし，子どもの権利に対する大人の認識は今なお希薄であり，幼児期にふさわしい教育のあり方やその重要性についても十分に認識されているとはいえない。さらに，子どもを取り巻く環境が急速に変化するなか，大人は，子どもの育ちについて常に関心を払い，幼児期にふさわしい生活と教育の実現に向けて不断の努力を積み重ねていかなければならない。（青井）

幼児教育の義務化

近年の少年犯罪の増加・深刻化,学力低下や「小一プロブレム」などを背景に,「幼児期からの心の教育」が希求されるとともに,幼児教育を含めた義務教育制度の見直し論議が熱を帯びてきている。

2006(平成18)年12月,教育基本法が改正され,第10条と第11条が新設された。「保護者が子どもの教育について第一義的責任を有すること,及び,国や地方公共団体が家庭教育支援に努めるべきこと」を規定した第10条に続けて,第11条で「幼児期の教育は生涯にわたる人格形成の基礎を培う重要なものであることにかんがみ,国や地方公共団体がその振興に努めるべきこと」が規定されたことにより,乳幼児期の教育(保育)の保障・充実を,国や地方公共団体の責任で進めるべきことが表明されたことになる。

幼児期の教育の重要性と責任が再認識されたことにより,義務化を議論しやすい環境が整いつつある。また,改正前の教育基本法に規定されていた9年の義務教育の年限が削除され,延長の可能性も考慮されている。高等学校へと上限を延長することも考えられるが,幼児教育の義務化に向けた第1段階と受け止めることもできよう。

義務化となれば当然,小・中学校と同じく,幼稚園・保育所も無償になる可能性が出てくることから,その財源確保の問題を切り離して考えることはできない。また,幼稚園,保育所,子ども園などの施設形態を維持したまま義務化を進めていくのか,義務化による保育の質の維持・向上をどのように進めていくのかなど,取り組むべき課題は多い。　　　　　　　　　(石橋)

幼児教育の無償化

幼稚園や保育所の保育料無償化が検討されている。この無償化推進には,主に2つの理由があげられる。少子化対策と幼児教育の義務化である。

欧米諸国や韓国では,すでに幼児教育の無償化など就学前教育への公的投資が強化されているが,日本は諸外国と比べてその保護者負担割合が高い(フランス5%:日本50%)。この子育ての経済的負担を軽減することは,少子化対策の観点からも喫緊の課題であるとの認識から,わが国においても,地方自治体の中にはすでに無償化を実施しているところがある。子育て費用の負担減は,これからの子育て世代に大いに歓迎されるであろう。しかし7,000億円以上かかる無償化がはたして出産率の向上に直結するのかどうか,疑問視する声もあがっている。

もう1つの幼児教育の義務化の流れは2006(平成18)年12月に改正された教育基本法で,第11条として「幼児期の教育」が新設されるなど,その重要性が再認識されて義務化を議論しやすい環境が整いつつある。義務化となれば当然,小・中学校と同じく,幼稚園・保育所も無償になる可能性が出てくる。すべての子どもに質の高い幼児教育の機会を保障する無償化が目指されているが,保護者に対する支援や親を巻き込む形での幼児教育の充実,幼保小の連携など,検討すべき課題は多様であろう。

もし無償になった場合の親の姿勢を案じる声もまた一方で聞かれる。家庭での子育てを大事にせず，安易に預ける状況を生む可能性もある。小学校での給食費の未払い問題や，保育料を払わない親がいる現状から，わずかな費用さえ払わない状況を招くのではないかと危惧されている。利用する保護者のモラル教育も必要となろう。（石橋）

● 保育の長時間化

幼稚園では，教育課程に係る教育時間（標準4時間）の前後や長期休業期間中などに，地域の実態や保護者の要請に応じて，当該幼稚園の園児のうち希望者を対象に「預かり保育」を行っている。これは，職業をもっていても子どもを幼稚園に通わせたいという保護者の要求に応えるものであり，家庭や地域の教育力を補完し，その再生・向上につながるという意義をもっている。2007（平成19）年6月には学校教育法が改正され，「預かり保育」が法律上位置づけられるとともに，2008（平成20）年3月には，幼稚園教育要領が改訂され，「預かり保育」が教育活動として適切な活動となるよう具体的な留意事項が示されている。2012（平成24）年度版子ども・子育て白書によれば，2010年6月現在，「預かり保育」を実施している幼稚園の割合は，約75％になっている。

他方，保育所における保育時間は，児童福祉施設最低基準上8時間とされており，開所時間は11時間と設定されている。この8時30分～16時30分の8時間に養育と教育を一体化した保育を展開することが基本となっているが，現実には延長保育や夜間保育など保育時間の延長に関する需要に応じている状況である。これは，人々のライフスタイルの変化，男女共同参画社会の機運の高まり，女性労働の増加・多様化などを反映したものであり，今後いっそうの需要拡大が見込まれている。

保育所における保育対策等推進事業等の推進により，市町村や保育所の積極的な取り組み姿勢，柔軟で自主的な事業運営，財源の確保などが求められ，実現化されてきている。しかし例えば，平成23年度全国夜間保育園連盟名簿によれば，厚生労働省の認可を受けた夜間保育所は全国にまだ64か所ほどしかなく，20万人の需要に対して2,000人弱程度を受け入れるにとどまっている。このように，今後ますます多様化・拡大化する保育需要に対して，保育所が提供する保育サービスのみで対応していくのには限界がある。地域における保育サービスのネットワーク化，労働条件・雇用環境の整備などを含めた，総合的な子育てと仕事の両立支援体制が検討・実現されることが緊急な課題である。

乳幼児にとって，あたたかな母子関係（愛着）が結ばれることは，その後の人格形成に不可欠なことである。保育所の中で子どもが起きている時間の大半を過ごす長時間保育にあたっては，母親の代わりとして，特定の保育士との間に愛情あふれる関係をつくれるような保育施設サイドの配慮もまた重要である。　　　　　　（石橋）

2章　発　達

1. 発達とは

　子どもと大人を比較すると，運動能力，知識の量，考え方，人間関係など，さまざまな点で異なる。これらは，時間の経過に伴う心身の機能や構造の変化，つまり発達によって生じたと考えられる。

　発達に関する問いは，大別すると2つある。何がどのように変化するのか，というのが最初の問いであり，この問いに答えることにより，発達を記述することができる。その際，受精から死に至るまでを，胎児期，乳児期，幼児期というように，いくつかの時期に区分し，その時期ごとに，思考や記憶，社会性といった領域に分け，各時期の特徴や変化を記述するというのが一般的なやり方である。

　そして，何がどのように変化するのかが明らかになってくると，なぜそのように変化するのか，という問いが生まれる。発達を記述するだけでなく，説明することにより，発達の見通しをもつことや，より適切な子育てや保育・教育について考えることが可能になる。

　発達の要因については，遺伝を重視する立場と環境を重視する立場とが対立していたが，やがて，遺伝と環境の両方が発達に寄与していると考える輻輳説があらわれ，現在では，両者の動的な相互作用を想定するのが一般的になってきた。また，ピアジェ（Piaget, J.）は，成熟と学習（経験的獲得，社会的影響）の相互作用を調整し発達に方向性をもたせる要因として，均衡化という自己調整過程が発達の本質であると主張している。

　ところで，人間を生物としてみた場合，発達のことを個体発生ということがある。それに対して，個体レベルではなく進化的に種レベルでみた変化を，系統発生という。動物学やエソロジー（動物行動学，比較行動学）では，さまざまな動物の行動やその発達を，系統発生的に比較検討し，生理的早産や刻印づけ（刷り込み）といった考えを提唱してきた。これらの知見や，近年発展しつつある進化心理学は，人間の発達の特徴や発達の仕組みを考えるうえで大きな影響を及ぼしている。

　　　　　　　　　　　　　　　　　　　　　　　　　　　　　　（杉村伸）

遺伝説

 何が発達を引き起こし，方向づけているのであろうか。「カエルの子はカエル」ということわざが示すように，カエルの子はオタマジャクシの時期があっても，結局，カエルになる。それと同様に，子どもの才能や性質は親に似るのであろうか。

 遺伝を重視する立場では，遺伝情報として書き込まれたものが，決められた順序にしたがって展開されると考える。したがって，発達は生得的であり，その過程は成熟であるとみなされ，環境からの影響を受けないことになる。

 この立場は，家系研究によって支持された。さまざまな家系を調べると，例えばダーウィン（Darwin）やバッハ（Bach）のように優秀な学者や音楽家が多い家系や，カリカック（Kallikak）家のように知的に劣った人や道徳的に問題のある人が数世代にわたって続出した家系がある。またゲゼル（Gesell, A.）は，双生児を用いて階段昇りの実験を行い，ある成熟した段階になるまでは訓練が効果をもたないことを示した。

 しかし現在では，上記のような研究には，遺伝的要因と環境的要因とが分離されていない，階段昇り以外の経験が統制されていない，といった問題があったと考えられている。

（杉村伸）

環境説

 「氏より育ち」ということわざのように，血統よりも環境を重視する立場では，どのように発達するかは生得的に決まっているのではなく，経験や学習により決まると考える。古くはイギリス経験論を代表する哲学者であるロック（Locke, J.）が，誕生時は観念が白紙の状態であり，経験により観念が得られると主張している。

 環境だけで発達が決まるのであれば，環境刺激を操作することによって発達の過程を統制できることになる。そして，ワトソン（Watson, J. B.）のように，自分のいう通りの環境を用意してくれれば，子どもをどんな人間にでも育てることができる，といった言明につながる。

 環境説の根拠の1つは，狼などの動物に育てられ大きくなった子どもの存在であり，フランスのアヴェロンの野生児ヴィクトールや，インドのアマラ，カマラ姉妹が有名である。

 これらの子どもたちは，二足歩行がほとんどできず言葉も話せなかったために，人間に生まれたから二本足で歩き，言葉をしゃべるのではなく，人間の社会で育つからそうなるのであると解釈された。しかし，記録の信ぴょう性や，もともと自閉症などの発達障害であった可能性など，問題点も指摘されており，環境が発達に及ぼす影響の根拠としては不十分だと考えられている。

（杉村伸）

輻輳説

 発達の説明において，遺伝か環境かという対立的な見方を最初に解消し，2つの要因が統合的に機能しているという輻輳説を提唱したのはシュテルン（Stern, W.）で

あった。

　遺伝も環境も，という考え方に立つと，遺伝と環境がそれぞれどの程度，発達に寄与しているのか，例えば，ある特性には遺伝が8割，環境が2割，別の特性には遺伝が5割，環境が5割，といったことを明らかにすることが研究課題になる。しかし，このような加算的な考えは，遺伝と環境が独立な場合だけしか成立しないところに問題があり，やがて，環境閾値説や相互作用説が現れた。　　　　　　　　　（杉村伸）

◉ 相互作用説

　発達において，遺伝と環境とが加算的に働くのではなく，乗算的に働くと考えるのが相互作用説である。その過程では，個体を通して遺伝と環境が相互に影響を及ぼし合いながら，個体も環境も同時に変化していく。具体的には，子どもの気質に応じて母親が働きかけると，子どもが変化し，子どもが変化すると，母親の働きかけ方や子どもに対する見方が変化する，といった過程である。

　相互作用説の1つとみなされることがあるジェンセン（Jensen, A. R.）の環境閾値説は，ある特性が発達するためには，一定の水準（閾値）以上の環境が必要であると考える点に特徴がある。　　　（杉村伸）

◉ 生理的早産

　ポルトマン（Portmann, A.）は，鳥類と哺乳類の胎生後の発達を研究し，「巣に座っているもの」と「巣立つもの」という観点から区別し，前者を就巣性，後者を離巣性と呼んだ。そして，高等な哺乳類は離巣性であるが，人間の新生児は，「巣に座っているもの」でありながら「巣立つもの」同様，よく発達した感覚器官をもっていることを明らかにした。

　そして，人間の誕生時の状態が，一種の「生理的」，つまり，通常化してしまった早産であると結論づけ，他の哺乳動物よりもはるかに早い時期から歴史的・社会的環境の多様さの中におかれることにより，直立姿勢や言語が生じると考えた。（杉村伸）

◉ 刻印づけ

　動物行動学者のローレンツ（Lorenz, K.）は，ガンのひなが孵化後の一定時間内に見た動く対象に，ついて歩くことを発見し，これを刻印づけ（刷り込み）と名づけた。この現象は親だけでなく人やおもちゃなどに対しても生じ，それより後は，たとえ真の親であっても親とみなさなくなる。刻印づけは当初，一生の初期の一定の短い期間だけに起こり（臨界期），非可逆的であると考えられていた。

　しかしその後の研究で，期間はそれほど固定されていないことなどが明らかになり，ある事柄の学習に最も適した時期，という意味で，敏感期と呼ばれるようになった。人間では，言語獲得などに敏感期があると考えられている。　　　　　（杉村伸）

2. 発達の理論

　かつて子どもの養育は人々の「知恵」に基づいてなされていた。ところが，フランス革命などの市民革命やイギリスでの産業革命により，社会体制，経済・産業が変化し，ひいては自然科学や医学の分野が飛躍的に発展した。そのなかで子どもという存在もそれまでと異なる意味をもつようになった。多くの子どもたちが労働力としてではなく，教育や養護が施される対象となったのである。そこで，よりよい子どもを育てる教育者や養育者が必要とされるようになり，教育や子どもの発達を「知恵」で語るのではなく，科学的根拠をもとに教育者・養育者に伝える専門家が登場した。このような背景の中で，発達の研究が進められ，発達の理論が構築されるようになった。

　科学的な発達研究の最初は，「種の起源」で知られるダーウィン（Darwin, C. R.）が1877年に自分の息子の発達を記述した短い論文だといわれている。学問として独立した発達心理学が生まれるのは，ドイツで1882年に心理学者プライヤー（Preyer, W.）が，アメリカで1883年に心理学者ホール（Hall, G. S.）が，子どもについての論文を発表してからといわれる。これらの科学的研究の基礎も，ダーウィンの進化論的生物学からの洞察を基礎にしていた。他方，医学的見地からの発達研究もなされるようになった。その始まりはフロイト（Freud, S.）であり，自分の臨床経験に基づき，幼児体験が後の人格形成の基礎をなすとの理論を生み出した。これは今なお大きな影響を与え続けている。

　その後，第一次世界大戦から第二次世界大戦にかけて発達研究は著しい展開を示し，この時期に発達の基礎理論の多くが生まれた。スイスではピアジェ（Piaget, J.）が，そしてロシアではヴィゴツキー（Vygotsky, L. S.）が，子どもの認識の発達についての理論を展開した。ピアジェの生物主義的な見方に対し，ヴィゴツキーは社会的・文化的・歴史的な観点から考察を加え，発達研究に新たな視点をひらいた。第二次大戦後には，アメリカで心理学研究が成熟期を迎え，日本の発達研究にも影響を及ぼし現在に至っている。

　以下では，上述のフロイト，ピアジェ，ヴィゴツキーの理論に加え，今なお幼児教育に影響を与え続ける他の理論についても解説する。

（原野）

発達課題

「発達課題」という言葉は1930年代にアメリカの進歩主義教育協会の主だった研究者達によって創られた。その後，1940〜50年代にハヴィガースト（Havighurst, R. J., 1900-1991）によって広められ，児童心理学者や教育者に影響を与え続けた。

ハヴィガーストによると，成長してゆく過程で達成すべきものが発達課題であり，個人の生涯のいろいろの時期に生ずるものである。その課題をりっぱに成就すれば個人は幸福になり，その後の課題も成功するが，失敗すれば個人は不幸になり，社会で認められず，その後の課題の達成も困難になるとしている。発達課題のリストは，すべての文化で共通というわけではなく，文化に関する項目でも，ある程度はそれを用意した人々の個人的価値体系に規定されるものであるとしている。ハヴィガースト自身が作成した課題についても，アメリカの中流階級の民主主義思想に基づいた課題であり，なおかつアメリカの上流下流階級の違いを反映しようとしたものである。

幼児期の発達課題としては，歩行の学習，固形の食物をとることの学習，話すことの学習，排泄の仕方の学習，性の相違を知り性に対する慎みの学習，生理的安定を得ること，社会や事物についての単純な概念の形成，両親や兄弟姉妹や他人と情緒的に結びつくこと，善悪の区別の学習と良心を発達させることをあげている。これらの発達課題が生じる背景および生育史上の意味についてはエリクソン（Erickson, E. H.）の影響を受けているといわれている。（原野）

スキナーの新行動主義

スキナー（Skinner, B. F., 1904-1990）は，人間や動物の行動や習慣は，過去のどのような環境の影響を受けて形成され，また変容していくのかという点に関心があった。彼は，あらゆる行動は環境がもたらす経験を通して学習されると考えていた。ゆえに，行動や習慣の形成・変容に個体内部で生じる自然な成熟はさほど影響がなく，それよりも個体が環境とのかかわりの中でどのような経験を積み重ねていくかが大事だと考えていた。

スキナーは，ワトソン（Watson, J. B.）の行動主義を発展させ，私的出来事としての意識も行動と同様に心理学の対象にできるとし，徹底的行動主義（新行動主義）と呼ぶ立場をとった。彼が行った実験のうち最も有名なものは，レバーを押すと餌が出てくるという仕掛けを施した「スキナー箱」の実験である。レバーを押すたびに餌という報酬を得る経験をしたネズミは，やがてレバー押し行動を習慣的に行うようになる。この実験でスキナーは，一見すると自律的に思える行動が，実は環境によって形作られていることを証明してみせた。

報酬や罰など行動の結果に随伴する環境側の反応を操作することにより，望ましい行動は増加させ，望ましくない行動は減少させることができる。スキナーはこの発見を教育や臨床のさまざまな場面に応用し，心理学の一体系としての行動分析学を確立するとともに，ティーチング・マシンやプログラム学習の開発，行動療法の基礎にも貢献した。（富田）

ピアジェ理論

ピアジェ（Piaget, J., 1896-1980）は，人間はどのようにして世界に対する高度な認識を獲得していくのかという点に関心があった。彼は，認識は主体と環境との絶えざる相互作用を通して構成されるものと考えていた。つまり，認識は環境からの一方的な情報の蓄積によるものでも，遺伝的素質の経年的な成熟の結果でもなく，成熟していく主体が環境と積極的にかかわるなかで構成されていくものと考えていた。

ピアジェは，認識の全体的な構造は年齢とともに段階的に変化していくと考え，次の4つの段階を示した。①感覚運動期（誕生〜2歳頃）：子どもは身体全体を使って対象とかかわり，かかわるなかで感覚運動的シェマの分化と協応が進む。②前操作期（2〜7歳頃）：言葉やイメージを手に入れて，対象を頭の中で象徴的に扱うことができるようになる。しかし，その思考はまだ幼く，論理よりも直観に頼りがちで，自己中心的である。③具体的操作期（7〜12歳頃）：思考はより成熟し，論理を通してものごとを考えることができるようになる。ただし，扱う内容は具体的なことに限られ，抽象的内容はまだ困難である。④形式的操作期（12歳〜）：論理的にものごとを考え，抽象的内容も扱うことができるようになる。

ピアジェは数多くの実験課題を考案し，自らの発達段階の正しさを証明してみせた。ピアジェ以後，発達研究の多くは大なり小なりピアジェの影響を受けることになる。それほど彼の業績は巨大であった。（富田）

ヴィゴツキー理論

ヴィゴツキー（Vygotsky, L., 1896-1934）の関心は多岐にわたるが，とりわけ発達研究に限っていえば，発達を個人の問題としてとらえがちな個人構成主義的発達論を批判し，発達を社会的・文化的・歴史的背景との相互作用をもとに成立するものとしてとらえ直すことに関心があった。

なかでも有名なものに「発達の最近接領域」がある。子どもが何かを習得しようとするとき，そこには子どもがいま独力でできる水準と，いまは他者の助けを借りないとできないが，明日になれば独力でできる水準とが存在する。発達の最近接領域とは，この2つの水準間のズレをさし，ヴィゴツキーは，真に意味のある教育とは子どもの発達の最近接領域を見極め，そこに働きかける発達を促す教育であると主張した。現時点で子どもができるか・できないかよりも，発達の一歩先を見据えた援助や関わりを問うことのほうが重要なのである。

その他に，ヴィゴツキーは言語発達を「自己中心的なものから社会的なものへ」という方向でとらえたピアジェを批判し，むしろ逆に，他者やものとの関係や対話が先にあって（外言），その深まりの中で徐々に言語を思考の道具として内化していく（内言），「社会的なものから個人的なものへ」という方向を主張した。ヴィゴツキーは37歳の若さで世を去ったが，彼の理論はピアジェと並んでわが国の教育・保育実践に多大な影響を及ぼし，現在では文化－歴史的アプローチの源流としても注目を浴びている。

（富田）

フロイト理論

フロイト（Freud, S., 1856-1939）は，ウィーンで開業していた頃に伝統的医学知識では治療できない何人かの患者に出会った。このことをきっかけに精神と身体の関係を研究し，患者の神経症が幼児期のどこかで直面した問題を本人が不十分に解決した結果だと考えるようになった。そして，患者の幼児期の夢や記憶を説明するために発達モデルをつくり，人間の一生における幼児期の重要性の認識とともに，親（特に異性の親）との関係について，性的な側面から言及した。これらの考えをもとに精神分析理論を構築したが，この理論は非常に複雑で，どの側面を強調しどの側面に反論するかで多くの分派があるほどである。ここではフロイトが考えた発達段階について簡単に紹介しよう。

心の発達段階は，子どもの身体のとりわけ過敏な部位とリビドー（性エネルギー）によって説明されている。それぞれの段階で解決されないまま問題が残り，無意識の中に抑圧されることが，数年後に神経症の原因となるとフロイトは考えている。

各段階は，口唇期（0～1歳；口唇でリビドーを充足），肛門期（2～3歳；肛門括約筋によるリビドーの充足。排尿や排便による快感を経験する時期），男根－エディプス期（3～6歳；性器への関心），潜在期（6～11歳；リビドーが潜在したかのようにみえる），性器期（青年期；リビドーの再燃と性器による充足）というように説明されている。　　　　　　　（原野）

エリクソンの心理社会的段階

エリクソン（Erikson, E. H., 1902-1994）は，フロイトの精神分析的な人格発達論を，生涯にわたる精神発達すなわちライフサイクル論として発展させ理論化した。さらにいうなら，フロイトが生得的なリビドーの発現によって発達段階を記述したのに対し，エリクソンは個人がそれぞれの心理社会的段階における危機や葛藤を乗り越えることによって自我同一性（アイデンティティ）を形成する過程として説明した。ただし，発達段階の生得的背景はフロイトのものを踏襲している。

心理社会的段階は8つからなり，危機的段階の解決によって前進するとした。「危機的」というのは転機の特質であり，前進か退行か，統合か遅滞かを決定する瞬間の特質だとしている。

8つの段階とは，第1段階；基本的信頼対不信，第2段階；自立対恥・疑惑，第3段階；自発性対罪悪感，第4段階；勤勉対劣等感，第5段階；同一性対役割混乱，第6段階；親密さ対孤独，第7段階；生殖性対停滞，第8段階；自我の統合対絶望である。

例えば，第3段階は幼児期に対応するが，この段階における危機は，新たに得た運動能力と知力を心ゆくまで楽しもうとして計画した目標や，実行した行為に対して，罪悪感を抱くことである。親や教師が子どもの感じている嫌悪や罪悪感を緩和することが，真に自由な積極性（冒険心）の感覚を可能にすると，エリクソンは述べている。

（原野）

3．乳児期の運動・知覚・認知の発達

　赤ちゃんの生後1か月までを新生児期といい，それを含む約1か年を乳児期と呼ぶ。出生時約3000gの体重は約3倍，約50cmの身長は1.5倍になり，身体面の成長とともに，手足をバタバタ動かす→首を動かす→おすわりをする→はいはい→つかまり立ち→一人で立つ，というように運動面も大きく変化する。運動系の成熟は，頭部から脚部へ，体幹から末梢の方向へと一連の順序に従い進む。できなかったことができるようになることが多く，発達的変化が把握しやすいため，運動面は子どものトータルな発達を査定する際の有効な指標となる。
　新生児は，長い睡眠と短い目覚めのリズムを繰り返しているが，じっと寝ているだけではなく，他者の口の動きを模倣したり外からの刺激に反応を示す反射運動をみせる。反射運動は，大脳皮質と中枢神経系の発達に伴い徐々に消失し，代わりに目的に沿って適応しようとする随意運動が現れるようになる。
　ヒトがどのようなメカニズムで環境を認知し適応していくのかを論じた主要理論にピアジェによるものがある。ピアジェは，ヒトは認知の基礎となるシェマ（情報処理の枠組み）をもとに，外界に適応するために環境をシェマに取り込んだり（同化），シェマを環境に合わせて変化させたりしながら（調節），シェマを発達させていくと提唱している。乳児は，自分の身体を繰り返し動かしながら，見る，触る，舐める，叩くなど，能動的に自分の周りのモノやヒトに働きかけ，その結果生じる感覚を通して環境を認識していくことから，乳児期を特に感覚運動期と呼ぶ。生後3か月頃は，自分の手を見るために手を顔の前にかざす動きをするが，6か月頃には物体を触ろうとするようになり，運動の対象は自己から他者やモノへと遷移していく。
　近年の行動・生理計測技術の発展により，乳児が周りの環境に能動的に働きかけるようになる前から，すでに周りの刺激を受動的に取り込むことによって知覚・認知能力を発達させ，環境適応に向けて学習する存在であることが明らかになってきた。言語習得以前の乳幼児の発達については，乳児がモノを見るとき，好きなものを選び注視する性質を利用した選好注視法や，一定の刺激が繰り返されると飽きてしまう性質を利用する馴化・脱馴化法といった手法を用いることにより，視覚・記憶・知識・文脈理解・因果理解等を含む知覚および認知面での乳児の有能性が数多く報告されている。

（倉盛）

原始反射

　胎児期から乳児期にかけて，外界からの刺激を受けると，特定のパターン化された動作が無意識に起こる反応を原始反射という。代表的なものに，手のひらに触れたものを握る把握反射，驚いたときに両手を上げるモロー反射，脇を抱えて足を床につけると歩き出すような動きをする歩行反射，大人がしゃべっていると舌を出す共鳴反射，仰向けに寝ている赤ちゃんの顔をゆっくりと回すと，顔を向けた方の手足が伸び，反対側の手足を曲げる緊張性頸反射がある。

　それぞれの反射は反射弓において関与する中枢の水準が異なっており，発現や消失の時期は異なるものの，神経系が未成熟な赤ん坊が外界に適応し生きてゆくために反射があると考えられている。生後半年を過ぎると，中脳・大脳の発達により原始反射が徐々に消失し，かわりに随意的な運動ができるようになる。一定時期を過ぎても反射が残っている場合は脳に関係した障害が疑われることが多く，反射は乳児期の発達を評価する重要な指標である。例えば，生後2か月頃までの赤ちゃんは唇に触れたものを反射的に吸う吸啜反射により乳を飲むが，生後3か月になると，刺激により生じていた動作パターンは崩れ，自分でおっぱいを探し，乳を飲むようになる。6か月になると，口腔機能に関係した反射が徐々に消失し，随意運動である咀しゃくができるようになる。反射が残っていると，特定の動きが強くなり，新たな運動能力の獲得に影響があるといわれている。

（倉盛）

新生児模倣

　メルツォフ（Meltzoff, A. N.）らは，生後間もない新生児に向かって，大人が舌を出したり，口をすぼめて突き出したり，口をあけたりすると，偶然に起こるよりも高い確率で，新生児も自身の舌をだしたり，口をすぼめて突き出したり，口を開けたり，大人と同じ顔の動きをすることを明らかにした。このような現象は新生児模倣と呼ばれている。何故生まれたばかりの赤ん坊にこうしたことが可能なのかは未だ明らかではないが，新生児模倣は生後すぐにみられ，生後3〜4か月のうちに徐々に消失することがわかっている。

　顔の模倣を行うためには，乳児はまず大人の顔の動きを視覚的にとらえ，かつ，動いた部位と一致する自身の顔の部位を動かさねばならない。この動作を行うには自分の顔をどのように動かしたらどのように見えるかをイメージする表象能力が必要である。こうした表象能力を乳児がもつようになるのは，生後8〜12か月以降であり，この時期，赤ちゃんは再び表情の模倣をおこなうようになる。新生児期にみられる大人の顔の模倣は，後に現れてくる乳児の模倣と同じものではなく，生得的に備わっている共鳴動作としてとらえられており，外的な身体部位に関する視覚情報と子どもの身体部位およびその動作を統合するプログラムが生得的に新生児の内部に組み込まれているのではないかと考えられている。

（倉盛）

● **感覚運動期**

　ピアジェ（Piaget, J.）は認知的発達過程を4つの時期に分けて説明している。その最初が感覚運動期（0〜2歳）であり、反射的行動から表象的思考へと、認知の基礎となる感覚運動的なシェマ（さまざまな活動の構造）を構成していく時期である。感覚運動期は、6段階からなっている。第1段階（0〜1か月）は、原始反射等の反射で環境にかかわる段階である。第2段階では（1〜4か月）、生得的な原始反射のうち、例えば、指吸いのような赤ちゃんにとって快を伴う行動を何度も繰り返しながら（第1次循環反応）、単純な習慣が成立する。第3段階（4〜8か月）では、ガラガラをつかんで振る遊びを繰り返す等、ものを介した循環反応がみられるようになる（第2次循環反応）。目と手の協応により、ものを目で見て、つかむ、口元へ運ぶといった動作がみられ、行為そのものから、行為の結果に関心をもつようになる。第4段階（8〜12か月）では、一時の、ある1つの行為に対する結果にとらわれなくなり、「布でかくされたものをとるため（目的）、布を取り除く（手段）」ことが可能となり（対象の永続性の認識）、目的達成のために手段を使うようになる。第5段階になると、試行錯誤的に因果関係を調べながら、事象の性質を探索するようになる（第3次循環反応）。最後の第6段階では、積み木を自動車に見立てる象徴遊び等、以前に見た行動が内面化され、それを心の中で保持する表象による思考ができるようになる。

　　　　　　　　　　　　　　　（倉盛）

● **同化と調節**

　赤ちゃんは、見る、触る、たたく、なめる等の行為を通して、対象や環境と直接関わり、周囲の世界に関する認識を広げていく。ピアジェ（Piaget, J.）は、このように対象や環境との関わりを重ねていく過程に、同化と調節という機能が働くことによって、外界に関する基本的な行動や思考の図式（シェマ）が獲得されると説明した。同化とは、これまでの経験で獲得した既存のシェマを今の行為に適用することをさし、調節とは、そうした既存のシェマによる行為と対象や状況に応じて実際に必要とされた行為とのズレから、既存のシェマを修正することをさす。

　例えば、これまで四角い積み木でよく遊んできた赤ちゃんは、四角い積み木を「つかむ」という行動のシェマをすでに獲得しているため、上手につかむことができる。しかし、同じように丸い積み木をつかもうとした場合（同化）、異なった手の形や動きが必要となり上手くつかむことができない。何度か試みているうちに新しいつかみ方をみつけ、そうした手の形や動きを含むように既存のシェマ「つかむ」を修正していく（調節）。

　こうした行動のシェマは、はじめは単純な反射の生起にすぎないが、同化と調節を繰り返していくにつれ、徐々にバリエーション豊かな、現実世界に適応したものへ近づいていく。ピアジェは、そうした過程において、同化と調節のバランスがとれた状態を均衡化と呼び、乳幼児期の認知発達を押し進める重要なメカニズムと考えた。（小津）

選好注視

　自分の興味や関心に沿って外界と関わろうとする傾向（選好）をさす。この性質を用いると，言語反応や特定の反応手段の学習が困難な乳児についても，彼らのもつ知覚能力や興味の方向などをさまざまに調べることができる。

　ファンツ（Fantz, R. L.）は，乳児の視覚的能力を調べるために，この性質をうまく利用した選好注視法という手法を開発した。この手法では，2種類以上の刺激対象を対にして呈示し，乳児の角膜の反射像を手がかりに各刺激に対する注視回数や注視時間を測定する。このとき，刺激を呈示する左右の位置はランダムに入れ替える。その結果，刺激によって注視回数や時間に差がある場合には，乳児がそれらの刺激を弁別する視覚的能力をもっていると推測することができる。

　ファンツのよく知られる研究では，新生児や生後2〜6か月の乳児に，複雑な図形（人の顔を描いたもの，同心円模様を描いたもの，新聞の一部を貼ったもの）と色の異なる円板（無地で赤，白，黄色の3種類）が呈示された。その結果，注視時間は人の顔が最も長く，次いで新聞の文字や同心円模様が長いことが示され，乳児は図形の複雑性を区別でき，より複雑なパタンを好む傾向をもっていることが明らかにされた。

　選好注視法の出現は，知覚や認知機能における乳児の優れた面を多く明らかにし，子どもの有能性への評価やその後の赤ちゃん研究の発展に大いに貢献した。　（小津）

馴化・脱馴化

　赤ちゃんは，ある刺激を呈示されると注意が喚起され，そちらに顔を向けたり，注視するような反応をはっきりと示すが，刺激がそのまま繰り返されると，徐々に馴れてそうした反応は減少していく。この一連の過程を馴化という。また馴化の後，馴化を起こした刺激とは異なる刺激が呈示されると，新しい刺激に対して再び注意が喚起され，はっきりとした反応が生じることがある。これを脱馴化という。

　この2つの反応を利用し，乳児の知覚や認知能力を調べる手法が馴化・脱馴化法である。乳児に，ある刺激を繰り返し与え馴化させた後，新しい刺激を与えて脱馴化が生じるかを検討する。このとき，脱馴化が生じれば，乳児は，先行した刺激に対する新しい刺激の特徴（違い）に気づくことができたと推測することができる。

　乳児における対象の永続性の理解についても，同様の手法が用いられている。例えば，乳児についたてを呈示し，それが手前に倒れた状態から向こう側に倒れる状態までの動きを繰り返し見せて馴化させる。その後，ついたての移動経路に積み木を置き，生じうる事象としてついたてが積み木にぶつかって最後まで倒れない事象と，生じえない事象としてついたてが積み木に関係なく最後まで倒れる事象を見せる。すると，乳児は後者の事象のほうに，より注意を向ける。このことから，乳児期には，すでに対象の永続性が理解されていることが明らかにされている。　（小津）

4．思考と記憶の発達

　子どものものの見方や考え方は，大人のそれとはずいぶん異なる。例えば，生命のないものに対しても，生物の特徴をあてはめて考えたり（アニミズム），この世にあるものはすべて人間がつくったものだと考える（人工論）などの，主に幼児期にみられる思考の特徴は，古くからよく知られている。幼稚園や保育所などでも，「早く本を本棚にもどしなさい」と言うよりも，「本さんが，早く本棚のおうちに帰りたいって泣いてるよ」と言うほうが子どもが納得しやすいのも，後者の言い方のほうが子どもの思考様式にマッチしているからである。この他にも，保存の概念の未成立や自己中心性等のように，幼児期の思考様式には成人とは異なったさまざまな特徴がみられる。

　それでは，子どもの記憶能力についてはどうだろうか。大人でも区別が難しいようなアニメのキャラクターの名前を100匹全部すらすらと暗唱できる幼稚園児はめずらしくないので，記憶力については子どものほうが優れているといえるのだろうか。われわれは，「記憶力のよい人」といわれると，英単語等をたくさん記憶できる人などを思い浮かべるだろう。だが，記憶力には，「ある事柄を単純にたくさん覚える」記憶力だけではなく，ほかにもさまざまな種類がある。

　あるものがあったかなかったか等を覚えているという再認と呼ばれる記憶力は，幼児も大人もほとんど変わらないことが知られている。しかし，メタ記憶と呼ばれる自分の記憶についての認識能力には，幼児と大人では大きな差がある。例えば，絵の名前を記憶するような課題で，自分が覚えられると思う絵の数を予測させたうえで実際覚えていた数を調べると，大人は予測した数と実際に覚えることのできた数がほとんど同じであるが，幼児は，8個覚えられると予測したが実際には3つぐらいしか覚えていないというように，自分の記憶能力を正しく認識できないのである。

　この他にも，効率よく記憶するためのさまざまな記憶方略を使用できるかどうかや，読み能力，計算能力，さらには，心の理論課題の成績とも関連が深いとされている作業記憶（ワーキングメモリ）と呼ばれる記憶も，年齢とともに発達していくことが明らかにされている。

（杉村智）

4. 思考と記憶の発達

前操作期

思考の発達に関する理論の中で最もよく知られているのが、ピアジェ（Piaget, J.）による段階理論であり、感覚運動期（0〜2歳）、前操作期（2〜7歳）、具体的操作期（7，8〜11歳）、形式的操作期（11〜12歳以降）の4段階からなる。前操作期は、2つめの幼児期の段階にあたり、その特徴は以下の通りである。

ピアジェは、前操作期を、2〜4歳頃の前概念的思考段階と、4〜7歳頃の直感的思考段階に分けている。まず、前概念的思考段階の特徴は、象徴機能（現実にものごとがなくても、頭の中でそれらを再現できる能力）の発達が著しいことである。前段階の感覚運動期のように、外界を運動や感覚を通じてとらえるのではなく、頭の中で行為や事物を思い浮かべて外界をとらえるようになるに伴い、見立てやふり遊びなどを盛んに行うようになる。また、この時期は、ことばの発達も著しい。

直感的思考段階になると、ことばを使ってより複雑な思考ができるようになり、物事を関連づけて推論などを行うことができるようになる。しかし、思考や推論が、知覚的に目立つ特徴に影響されやすい。例えば、コップの水を別の背の高い細いコップにうつしかえると、水の量が増えたと考えるといったように、保存の概念が十分に成立していないのもこの時期の特徴である。また、自分とは異なる視点からのものの見え等を推測することも難しい。　　（杉村智）

保存

形や見かけが変化しても、そのものの数や量は変化しないという考えのことをさす。ピアジェ（Piaget, J.）は、このような考えをもちはじめることを保存の成立と呼び、幼児期における重要な特徴としている。

まず、数の保存については、子どもに、それぞれ同じ数で同じ間隔で並べられている2つの石の列（列Aと列B）をみせ、AとBの石の列が同数であることを確認したあと、Bの石の間隔をあけて並べる。そして、子どもに石の数について尋ねると、保存の成立している子どもは、AとBの石の数は同じと答えるが、成立していない子どもは、Bのほうが多い（または少ない）と答える。

量の保存については、2つの同じコップに入った同じ量の水（コップAとコップB）が同じ量であることを確認したあと、Bの水を、別の背の高い細いコップCにうつしかえる。そして、子どもに水の量について尋ねると、保存の成立している子どもは、AとCの水の量は同じと答えるが、成立していない子どもは、Cのほうが多い（または少ない）と答える。

量の保存課題に成功する子どもは、「水をうつしかえただけだから」といった同一性や「水は高くなったけどコップは細くなったから」といった相補性、さらには「水をもとのコップに戻せば、さっきと同じ高さになるから」といった可逆性による説明を行うことができる。　　（杉村智）

自己中心性

自分自身の主観的な見えのみで対象をとらえてしまい、他者の視点に気づかないということをさす。ピアジェ（Piaget, J.）が子どものものの見方の特徴の1つとしてあげた。このことは、他者の視点よりも自己の視点を優先させるということではなく、自己の視点と他者の視点とが未分化であるために、自分自身の視点を絶対的なものであるかのようにとらえるということである。これに対して、自己の視点だけではなく、他者の視点を考慮に入れることができるようになる過程が、脱中心化である。

四角い板の上にある、大、中、小の、3つの山の模型について、自分とは異なる位置にいる他者からの山の見え方を推理させる「3つの山問題」は、この自己中心性を説明する代表的な例である。例えば、自分から見て、手前に中くらいの山と小さい山、奥に大きい山が見える場合、自分の正面にいる人には手前に大きい山が見える。しかし、自己中心性をまだ有している子どもは、自己の視点と他者の視点とを区別できず、その結果、自分の正面にいる人の見えを尋ねても、自分と同じように奥に大きい山が見えると答える、いわゆる自己中心的反応を示すのである。

ピアジェのいう自己中心性は、あくまでも認知的なものであり、いわゆる「自分勝手」と同義ではないことに注意されたい。

（杉村智）

領域固有性

思考や知識が領域や文脈に依存し、特定の領域のおいてのみ高度な知的操作が可能になることをさす。例えば、算数の計算問題が解けない子どもが、買い物では代金やお釣りの計算を正しく行えることがある。また、ウェイソン（Wason, P. C.）が考案した4枚カード課題においても、アルファベットや数字を使った抽象的な課題よりも、切手や葉書のように日常的な状況に例えて課題を呈示した方が課題解決が容易になる。他方、すべての領域において共通した操作が行われることを領域一般性という。

ピアジェ（Piaget, J.）の提唱した発達段階説では、11歳以降に到達する形式的操作期においては命題に対する論理的操作が可能であるとされるが、この段階は全員がすべての領域に対して形式的操作が可能になるのではなく、文化や個人による領域固有性があるとされる。なお、ピアジェは形式的操作期以前の前操作期、具体的操作期における思考は領域一般的なものであるとしているが、その後の研究ではこれらの段階においても領域固有の思考や知識がみられることが指摘されている。

領域固有性が生じる主な理由としては、思考には領域一般的な演繹的方略だけではなく、特に頻繁に経験する事や興味のあることについては、帰納的な思考方略が存在することが指摘されている。

（田爪）

心の理論

　心の働きや性質などに関する知識や理解のことであり，霊長類における人間の心の理解について検討したプレマック(Premack, D.)とウッドラフ(Woodruff, G.)によって提唱された。「理論」と呼ばれるのは，直接的には観察できない心を問題にしていることや，心に関する知識によって人間の行動の予想が可能になることによる。

　発達心理学における心の理論研究では，心の理論の獲得がどのような要因と関連しているのか，また心の理論を獲得する時期についての検討がなされている。例えば，ウイマー(Wimmer, H.)とパーナー(Perner, J.)は，「心で考えていることと，現実との間にはずれがある（例：人形は実際には緑の箱の中にあるけれども，太郎は青い箱に入っていると思っている）」という他者の心の状態についての理解を調べる誤信念課題を用いて，4歳頃に心の理論が成立することを指摘した。また，ある人の心の状態を他の人はどう考えているかについての理解（2次的信念，例：花子は太郎が「人形は青い箱の中にあると思っている」と思っている）は10歳頃に成立するとされる。

　心の理論は近年，言語，知能，記憶など他の認知機能との関連の検討や，心の理論を子どもの社会認知発達の指標とした検査の開発など，認知発達や自閉症などの障害における重要な研究枠組みとして注目されている。

（田爪）

記憶方略

　与えられた情報を効率的に覚えたり（記銘）思い出したり（想起）するために用いる方略をさす。代表的な記憶方略としては，カテゴリー化など関連する情報を整理する体制化，情報に意味をもたせて符号化する精緻化（例：1192→イイクニつくろう），記憶する項目を復唱して言語的に符号化するリハーサルなどがある。

　課題に固有な記憶方略は2，3歳児においてもみられるが，年齢とともに課題に共通して有効な記憶方略を用いることが可能になる。特にリハーサルについては，どの年齢においても使用できる子どもはそうでない子どもよりも記憶成績がよいが，リハーサルの使用は5歳児では1割程度にしかみられず，多くの子どもにみられるようになるのは10歳頃からであるとされる。これは，年少児ほど記憶が刺激の呈示されたモダリティに依存する傾向にあり，特に視覚的に呈示された刺激をリハーサルによって言語的に符号化して効率的に記憶することが難しいためであると考えられている。

　記憶方略はメタ認知能力の発達とも関連している。例えば，フラベル(Flavell, J. H.)らは，年齢とともに記憶課題の成績が向上するとともに，自身の記憶成績に対する予想と実際の成績との誤差が小さくなることを指摘している。記憶に対するメタ認知能力が発達することで課題に対して適切な記憶方略を用いることができるようになり，より正確で効率的な記憶が可能になる。

（田爪）

5．象徴機能の発達

「いま，ここ」にないこと・ものを，心の中に表象する機能は，広範にわたる認知発達において重要な役割を担っている。現前しないものを表象するためには，対象そのもの（所記）を，それから分化した意味するもの（能記）によって表現する記号論的機能を身につけることが必要となる。例えば，1歳6か月児が，同年齢の子どものかんしゃくを起こした様子を見た数時間後に，笑いながらその子の様子をまねるといった延滞模倣において，模倣された身振りは，所記から分化した能記であるとされる。ピアジェ（Piaget, J.）は感覚運動期後期（1歳半～2歳）に，こういった象徴機能の萌芽がみられようになるとした。このような象徴機能は，前操作期前期（2～4歳）においては，象徴遊びに頻繁に適用されるようになる。例えば，積み木や段ボールで家をしつらえ，草花を皿に盛り，母親が食事をつくる様子をまねる子どもの一連の行為の中には，家，料理，家事（所記）を，身近なものを使ってシンボル化（能記）するといった，複数の象徴機能が働いている。子どもは，このような象徴遊びを通して，外界の世界を自己に取り入れていくことができるようになるのである。また，この象徴機能は，言語獲得も促進する。例えば，「イヌ」という言葉を獲得するためには，現前しない犬を内的に表象し，それに特定の音声情報であるイヌを連結させていく必要があり，象徴機能の発達に伴い，それが可能となる。ただし，象徴遊びで用いられた表象の多くは個人的であるのに対して，ここでの「イヌ」は，集団内で共通して用いられる音声情報の意味合いをもつため，より記号論的機能を有している。言語獲得にとって象徴機能と同様に他者との関係が重要である。9か月頃になると，子どもは，自分と物，自分と相手といった二項関係から，物を介した自分と相手との三項関係の中で，相手が指し示す物を理解し，相手に物を指し示す指さしを産出するようになる。また，所記と能記の関係性を方向付けるうえで，認知的制約も働いているとされる。例えば，「イヌ」という言葉に対して，その候補となる意味が無数にあるにもかかわらず（犬，しっぽ，吠えるなど），子どもは，特定の情報（犬全体）にのみ着目し，効率的に言語を獲得している。

（湯澤）

5．象徴機能の発達

延滞模倣

観察した内容をある一定の時間経過した後に再現することをさす。

他者の身振りや行為に対する模倣は，生命誕生後のごく初期から始まる。例えば，生後1週間以内の乳児が，大人の舌出しの行為を見た直後に，同様の行為を表出するといった顔面表情の模倣は，原初的な模倣の一例としてあげることができる。こういった模倣は，乳児が他者の行為を心的に表象し，同様の行為を自身の身体機能を用いて産出する能力を有していることを示すものであるという解釈もなされている。ただし，観察の直後にのみ生起するこれらの模倣は，心的な表象を維持し続けるための乳児の認知能力が，まだ限定的であることを意味する。その数か月後，子どもたちは延滞模倣を行うようになる。

メルツォフ（Meltzoff, A. N.）は，延滞模倣に関する実証的研究を数多く行っている。彼は，一連の研究で，おもちゃの操作等に関して，9か月児において，24時間の延滞模倣が可能となり，1歳4か月児は，その模倣を，2～4か月後においても生じさせる事を示している。2～4歳にかけては，その行為も頻繁にみられるようになり，ピアジェ（Piaget, J.）は，その段階を特に，象徴的思考段階と呼んだ。延滞化した模倣は，感覚運動的に必要とされるものからは解放されて，行為がその状況から切り離された表象により支えられる。こういった延滞模倣は，特に発達初期の子どもにとって，有効な学習の一形態とみなすことができる。

（湯澤）

象徴遊び

ある事象を別の事象によって認識するという象徴機能の発達に伴い，子どもは，目の前にないものを身近なものを使って表象し，特定のイメージを形成しながら遊ぶことができるようになる。それらの機能を用いた見立て遊び，ふり遊び，ごっこ遊び，想像遊びなどを総称して，象徴遊びと呼ぶ。象徴遊びは1歳半頃から，1人もしくは大人を相手とした場面で観察され始める。葉っぱを水に浮かべ船に見立てて遊ぶという行為においては，葉っぱは本来の意味から解き放たれ，船を表象する象徴的記号として用いられる。しかし，葉っぱと船の類似性は維持される。4歳頃になると，遊びの内容もより構造的となり，複数のイメージを結合させるなど複雑化する。また，イメージを他者と持続的に共有することが可能となり，集団的象徴遊びが行われるようになる。

ピアジェ（Piaget, J.）は，象徴遊びを前操作期の精神発達を特徴づけるものであるとし，現実の自我への同化であり，自らが創出したイメージを自由に表現することができる象徴機能の獲得により支えられるとした。

子どもたちはこの遊びを通して，未知の社会的世界に適応するための実験的役割を演じたり，物理的世界をより身近に理解するための予備練習を行ったりすると同時に，さまざまな欲求を充足させ，心的・認知的葛藤を解消させることができるとされる。

（湯澤）

能記と所記

言語学者のソシュール（Saussure, F.）は，言語記号は表現と意味を同時にもつ存在であると考え，前者を能記（signifiant シニフィアン：意味するもの），後者を所記（signifié シニフィエ：意味されるもの）と名づけた。ソシュールは能記と所記の相互依存性（互いの存在を前提としてのみ存在する），不分離性（言語学の対象はあくまで言語記号である），心的存在性（音声が能記で言語外現実が所記ということはなく両者とも心的存在である）を前提としていたようであるが，現在，一般的には，4本足の哺乳類でワンと吠える動物を「犬」と呼ぶ行為は，能記（意味するもの：「i」と「nu」という音のつながり）と所記（意味されるもの：犬）の関係の理解に基づいていると考えられている。指さしにおいても，指をさすという行為（意味するもの）と指さし対象（意味されるもの）が分化しているととらえられる。指さしの産出が多いほど言葉の理解も良好であることが報告されており，指さしの産出が言葉の起源と考える研究者も多い。乳幼児が犬（意味されるもの）を見て，養育者に伝えたいとき，10か月頃の子どもは指さし（意味するもの）をしたり「あーあー」（意味するもの）と言うであろう。その後「あーあー」から「わんわん」（意味するもの）そして「いぬ」（意味するもの）と次第に慣用的な言葉になっていくのである。

（滝口）

三項関係

乳児は最初「自分と養育者」（乳児と養育者が微笑みあう）もしくは「自分ともの」（乳児がおもちゃを握って振る）といった二項関係でやりとりをするが，9か月頃になると，「乳幼児」と「養育者」と「2人がともに注意を向けているもの」という三項関係での相互交渉が可能になる。例えば，視線の後追い，ものの提示・手渡し，指さしの理解や産出などがあげられる。指さしの産出は，12か月頃からの要求の指さし，13か月頃の共感の指さしを経て，15か月頃の応答の指さしの順序で発達する。共感の指さしは，同じものを見て同じ気持ちを共有したいというただそれだけの目的のために現れるヒトに固有のコミュニケーション行動である。二項関係から三項関係への変化を支えるのが共同注意（joint attention）である。

共同注意とは，乳幼児と養育者が同じ対象に同時に注意を向けること（同時注意）であるが，より限定すると，相手が自分と同じ対象に注意を向けていることを養育者も乳幼児も互いに理解していることをさす。乳児が養育者にものを手渡したり，指さしたりすることの背景には，乳児による養育者の興味の操作があるということである。共同注意が認められるのは9か月頃からであり，18か月頃までに獲得されると考えられている。

（滝口）

認知的制約

制約とは，多様な情報，仮説の中から特定の情報，仮説を選びだす生体の内的傾向性，あるいは生体に特定の情報，仮説を選択させる外界の特性をさす。無数に近い仮説をあらかじめ限定する制約は，速やかな問題解決や知識獲得を可能にする。内的な認知的制約としては，生得的な心的装置と経験から獲得された知識が，外的な制約としては，社会的および文化的規定因が考えられる。認知的制約に含まれる生得的制約は，特定の認知領域において適切な属性に注意を向けさせるもので，素朴物理学（例：生後4か月で物体の連続性や個体性を理解する），素朴心理学（例：3～4歳までに物理的事象と心理的事象とを区別する），素朴生物学（例：生後10か月で自力で動く動物と自力では動かない無生物とを区別する）の獲得に寄与している。

また，語意学習における制約（情報リソースが乏しくても新奇な言葉の意味推論を可能にするメタ知識）として，事物全体原理（語は事物全体をさす），事物カテゴリー原理（①分類学的カテゴリー原理：語は事物のカテゴリーをさす，②形状類似バイアス：事物の形状類似性を基準に語を拡張する），相互排他性原理（1つの事物は1つのカテゴリー名をもつ）がある。子どもは認知的制約だけに頼って学習を進めるわけではなく，相互作用的また社会文化的な制約のもとで知識や技能を獲得していく。

（滝口）

自己中心的言語

ひとりごとやつぶやきといった自己に向けた言語行為である独語は，3歳児で最も多く，4歳児から5歳児にかけて徐々に減じる。ピアジェ（Piaget, J.）は，そのような言語を自己中心的言語とし，子どもの自己中心性の直接的表現であり，社会化に伴い消失するとした。これに対して，ヴィゴツキー（Vygotsky, L. S.）は，内言と外言という概念を提唱し，それは外言から内言への移行的な言葉であると解釈した。内言とは，音声を伴わない自分に向けた思考の道具としての言葉であり，断片的，不完全，省略的特徴をもつ。一方，外言とは，音声を伴い他者に向けた伝達の道具として言葉であり，他者の理解可能な構文的，意味的特徴をもつ。彼は，その解釈を支持する事例として，子どもは，困難な課題に遭遇した場合に，独語を多く用いる点，また加齢に伴いその独語の特徴が，より内言の構造に近づく点をあげ，独語は観察可能な内言であると主張した。加えて，子どもたちは，集団内でより多く独語（集団的独語）を用いる点から，それが社会化により端を発するとした。これは，不十分な社会化を自己中心的言語の起源としたピアジェの説と対立的であるとされた。しかし，後にピアジェは自己中心性を中心化という用語へと置換し，自己と他者との未分化性を強調した。自己中心的言語が社会的文脈の中で生起する点に関しては，両者の立場は必ずしも対立的でないといえる。

（湯澤）

6. 気質と愛着

　子どもの人格特性や社会適応に何らかの問題がみられるとき，その原因を親子関係に求めることがある。子どもの成長発達になぜ親子関係が影響するのか，という疑問に対する答えは，愛着という概念から導き出される。母子の情緒的絆を意味する愛着という言葉が生まれたのは20世紀半ばであるが，愛着概念のルーツは20世紀初頭のホスピタリズム研究にさかのぼる。ホスピタリズム研究の第一人者であるスピッツ（Spitz, R. A.）は，母親と良好な関係を経験した後に引き離された子どもの精神発達状態の悪さに注目し，母性剥奪や良好な母子関係の欠如が身体および精神発達に悪影響を及ぼすことを示した。その後，第二次世界大戦により家族を失った子どもの増加に伴い，母子研究がいっそう盛んとなり，ホスピタリズムを説明する母性剥奪概念が生まれた。この概念を生み出したのが愛着研究で有名なボウルビィ（Bowlby, J.）である。1950年以降，子どもにとっての母親の意味を説明しようとする研究がハーロー（Harlow, H. F.）やボウルビィを中心に盛んに行われるようになり，1960年代後半には4段階から成る愛着行動の発達段階が示された。そのなかで，分離不安や人見知りという言葉が用いられている。

　1970年頃からは，愛着の個人差への関心が高まり，エインズワース（Ainsworth, M. D. S.）らのストレンジ・シチュエーション法による，個々の愛着の質や個人差を体系的にとらえるシステムが整えられた。さらに，愛着発達や愛着の質に影響するものとして，ケイガン（Kagan, J.）を中心とした気質研究が注目を集め，養育態度などの環境要因と気質との相互作用によって愛着の質が異なることが明らかにされた。また，愛着の質によって自己や他者についての表象モデルが形成されるとの見解が示され，愛着の内的ワーキングモデルと名づけられたこの表象モデルは以降の社会的情報処理に適用されるという考えに基づき，愛着の問題を乳幼児期だけでなく生涯発達の視点からとらえようとする試みがみられるようになった。このように，愛着研究には時代に伴う変遷がみられるが，母子関係が子どもの人格発達や社会適応に影響するとの考えは一貫して変わっていない。

　　　　　　　　　　　　　　　　　　　　　　　　　　　　　　　　（芝﨑美）

気質

　個人差を説明する概念の1つである。ガレノス（Galenos, C.）は、ヒポクラテス（Hippocrates）が体液の比重によって気質を分類した説を受けて、気質を「黒胆汁質」（憂鬱の気質）、「胆汁質」（怒りっぽい気質）、「多血質」（快活な気質）、「粘液質」（沈着な気質）の4つに分類した。クレッチマー（Kretschmer, E.）は、体格の3類型；「肥満型」「細長型」「闘士型」と、気質の3類型；「循環気質」（「躁うつ気質」ともいう）、「分裂気質」「粘着気質」とを関連づけた。

　気質は、愛着形成にも影響を及ぼし得ると考えられてきた。例えば、育てにくい気質をもって生まれた子どもは、親あるいは養育者のネガティブな養育態度や反応を引き起こすと考えられてきた。また、子どもと、親あるいは養育者との気質が一致しない場合にも同様にネガティブな相互作用が生じることになる。しかしながら、気質のみが愛着形成に影響を及ぼす可能性は低く、むしろ、環境的な要因が重要だと考えられている。すなわち、親あるいは養育者が子どもにとって安全の感覚を与えてくれる存在であるかどうかや、子どもと親あるいは養育者に対するサポート体制が整っているかどうかなどが、愛着形成には大きく影響しているのである。　　　　　（上田七）

人見知りと分離不安

　人見知りとは、見知らぬ人に対する不安や恐れをさし、分離不安とは、主たる養育者から離れることに対する不安をさす。

　乳児は、成長するにしたがい、見知らぬ人や馴染みのないものに対して不安を抱くようになり、その対象から逃避するようになる。不安や恐れの典型的な行動としては、見知らぬ人やものから視線をそらせる、接触を拒む、不安そうな様子をみせる、泣き叫ぶ、といったものがあげられる。

　スピッツ（Spitz, R. A.）は、人見知りが生後8か月頃から多くみられるようになることから、これを「8か月不安」と名づけた。そして、人見知りは、自分を脅かすものから逃避するためのものではなく、見知らぬ人やものが自分の母親ではないことへの不安によるものだとみなしている。つまり、人見知りは分離不安の1つの型であると考えている。

　一方、ボウルビィ（Bowlby, J.）は、母親が近くにいる場合でさえ、乳児は見知らぬ人やものへの不安や恐れを示すということからも、人見知りと分離不安とは、関連はしていても異なる反応であると考えている。また、人見知りが、不安や恐れを抱かせる人やものから逃避したり、免れたりするように試みることであるのに対し、分離不安は、安全の感覚を与えてくれる人やもののところへ近づいたり、とどまったりするように試みることである、と説明している。　　　　　（上田七）

愛着

ボウルビィ（Bowlby, J.）は，乳児が母親等，特定の対象との間に築く特別な情緒的結びつきのことを，それまでの「依存」という言葉とは区別して，「愛着」と名づけた。

生後6か月頃になり，乳児が特定の対象（多くの場合は母親）との間に愛着を築き始めると，その対象と分離するときにのみ，泣き叫ぶ等の抗議を示すようになる。自分を保護してくれる人物が不在となった場合，乳児は自分の身に危険を感じて，その人物が自分のもとに戻ってくるために信号を発しているのである。

生後8～9か月になると，乳児は自ら対象のそばを離れて周囲を探索したり，親のいる場所を離れて玩具で遊んだりすることができるようになる。つまり，特定の対象を「安全基地」として利用しながら，探索活動を楽しむようになる。

ボウルビィは，乳児が特定の対象との間にどのような愛着を形成するかが，その後の対人関係のあり方や精神衛生にとって，きわめて重大な影響を及ぼすと考えている。特定の対象との間に安定した愛着を形成した子どもは，その後，他の人物（父親，祖父母など周囲にいる大人）との間においても安定した関係を築くことができ，それと同時に，肯定的な自己像を形成し，健全なパーソナリティを発達させていくことができるようになる。

（上田七）

ストレンジ・シチュエーション法

エインズワース（Ainsworth, M. D. S.）らによって開発された，愛着の個人差を体系的にとらえるための手法をさす。これは，実験室のような新奇状況を設定し，母子分離や見知らぬ他者との対面などによるストレス経験時および母子再会時の様子，さらに母親と同室時の探索活動の様子から，子どもの愛着の型を安定型，不安定抵抗型，不安定回避型の3つに分類しようとするものである。安定型は，母子分離によって泣きや混乱を示すが他者の慰めによって落ち着く，母子再会時には積極的に身体接触を求める，母親を安全基地とした探索活動を行うという特徴を示す。不安定抵抗型は，母子分離によって強い不安や混乱を示し他者の慰めにも応じない，母子再会時には積極的に身体接触を求める一方で強い怒りを示す，不安感から始終母親のそばを離れないなど母親を安全基地とした探索活動ができないという特徴をもつ。不安定回避型は，母子分離の際に泣きや混乱，不安をみせず，母子再会時には視線をそらすなど母親を避け，身体接触をあまり求めない，探索活動は母親を安全基地としたものではなく，むしろ母親と無関係に行われることが多いという特徴を示す。近年，これら3つの型に加え無秩序型の存在が明らかにされている。いずれの型に分類されるかは，養育者と子ども双方の要因が影響するが，特に子育てに対する養育者の考え方や認識が愛着の型と関連することは文化比較研究でも報告されている。

（芝﨑美）

内的ワーキングモデル

　ボウルビィ（Bowlby, J.）によって提唱された，自己や他者についての認知的表象のことをさす。それによると，安定性愛着型の子どもは，自分には能力があり，他者から期待され愛される価値があるという肯定的な考えをもつ。また，他者については，自分の欲求に適切にこたえてくれる，信頼できる存在であるととらえ，この世界は安全で生きていくに値すると考える。一方，不安定性愛着型の子どもは，自分は無力で，他者から期待され愛される価値がないという否定的な見方をもつ。さらに，他者については，欲求にこたえてくれることがなく，自分を傷つける信頼できない存在であるととらえ，この世界は安全ではなく生きていくに値しないと考える。自己や他者の認知的表象についてのこれらのモデルは，初期の愛着の質に基づいて形成，内在化され，以降の社会的情報の知覚，処理，記憶に影響する。例えば，不安定性愛着型の子どもは，自己や他者に対する否定的な信念から，攻撃的もしくは従属的行動を示すことがあり，結果として仲間拒否や孤立を経験することがある。また，愛着障害をもつ子どもは，否定的な自己評価傾向および自己卑下傾向を顕著に示し，養育者から適切な養育や保護，愛情を受けられないのは自分のせいであると考えることが多い。この場合，否定的な内的ワーキングモデルの修正が必要であるが，いったん形成され内在化されたモデルを修正することは困難であることが多い。

（芝﨑美）

母性剥奪

　乳幼児の人格発達や精神衛生の基礎となる，親密かつ継続的で満足と幸福感に満たされた乳幼児と母親との関係の欠如をさす。母性剥奪概念は，20世紀初頭のホスピタリズム問題から生まれたものである。ドイツの小児科医ファントラー（Pfaundler, M.）は，乳児院や孤児院での高い死亡率，身体発育の悪さを改善するには，医学的管理だけでなく愛情あふれる個別的な養護が必要であるとし，身体的ホスピタリズムへの関心を高めた。1930年代以降，ホスピタリズム問題の関心はそれまでの身体的側面から精神的側面に移行し，精神発達遅滞や情動欠如，対人関係障害などの観点からホスピタリズムをとらえる見方が広がった。精神発達検査の結果から施設児の精神発達指数が都市部の子どもなどと比べ低いことや，母親との良好な関係を経験した子どもが母親と分離し施設に入所した後に対象喪失による鬱状態に陥ることなどを示したスピッツ（Spitz, R. A.）の研究はその代表的なものである。さらに，第二次世界大戦後，孤児の増加に伴いいっそう深刻化した施設児の問題に取り組んだボウルビィ（Bowlby, J.）によって，施設児の障害を説明するものとして示された概念が母性剥奪であった。母性剥奪は，乳幼児の身体的，知的，情緒的発達に悪影響を与えるものであり，マルティプル・マザリングや育児放棄によって引き起こされやすいことから，施設や病院においてのみでなく，一般家庭でも生じるとされている。

（芝﨑美）

7. 自我の発達

　自我（ego）とは，自己の中核をなすものと考えられ，心理学諸派の理論によってさまざまに定義されている。自我の発達についても，これと同様に多くの理論があるが，本項では誕生から始まる自己に対する認識や自己概念の発達，それに影響するさまざまな要因という観点から，自我の発達過程をみてみよう。

　新生児は唯一，泣くことによって自分の欲求を伝え，それに応えてくれる養育者が存在することで，初めて欲求を満たすことができる。このとき自らの存在は，快や不快といった内的感覚を受動的に体験している段階で，まだ自他の区別のない混沌とした世界にいる。その後，自分の身体を主体的に動かすことで周囲の環境を探り，環境と相互作用するなかで，確かに存在する身体的自己に気づく。その一方で，養育者がときには自分の欲求を阻止する存在となることを経験するうち，心理的にも切り離された個としての自己の存在に気づく。

　1歳を過ぎると自分の名前に気づき，それに反応できるようになる。さらに，自分の姿を鏡の中で確認するという鏡像認知は，1歳半を過ぎる頃から可能になる。このことは，他者と共有できる明確な客観的自己像の認識を示唆している。こうしたさまざまな気づきを繰り返すなか，2歳頃にはいわゆる第一反抗期を迎える。この時期，物に対する所有意識の表れが自己主張となり，時にはトラブルに発展する。トラブルは，後に他者と協同し現実ルールへと適応していくために必要な，自己制御を学ぶ場でもある。この自己主張と自己制御には言語の獲得が大きな役割を果たしている。また同時期には，自分や他者の性別についての理解が始まり，この性別に関する知識や性役割期待は将来にわたって自我の形成に影響を与える。さらに，遊びや日常のなかで他者を模倣したり比較したりすることで，自他の特徴の違いに気づき，行為の主体として自己を認知するだけでなく，自己を客体化しさまざまな視点から評価する段階へと移行していく。発達とともに評価の視点は変化し，特に思春期以降は他者からの眼差しを強く意識するなかで，さまざまな役割期待を受けて理想の自己を描き，自己を制御する一方，現実の自己を受容し肯定し，自我同一性の獲得を模索していくことが，青年期以降の課題となっていく。　　　　（八島）

7．自我の発達

情動と感情

　情動は感情に関連する心理学の用語である。一般的に感情は持続的な状態をさし主観的な側面も含むが，情動は短期間に生じる一過性の強い感情のことをさし客観的な側面のことをいう。

　生まれて間もない子どもには，興奮と満足と苦痛の3つの原初的な情動がある。生後6か月過ぎには，3つの情動が分化し，驚き，喜び，悲しみ，嫌悪，怒り，恐れなどの基本的な情動がそろう。さらに自己意識の発達に伴って他者を意識し始める1歳半を過ぎると，照れ，あこがれ，共感といったような感情を抱くようになる。次いでさまざまな人とかかわるなかでルールや基準を獲得し，3歳頃までには，誇りや恥の感情が分化してくる。

　3，4歳頃の子どもたちは情動表出に関する社会的なルールを獲得する。表示規則と呼ばれるこのルールを獲得することは，円滑なコミュニケーションを行ううえで不可欠である。表示規則を獲得した子どもは，もらったプレゼントが気に入らなかったとき，がっかりした表情は相手にみせないと答える。自分の情動表出をその場に応じてコントロールしているのである。表示規則に従ったふるまいの動機にも発達的な変化がある。年少の子どもは相手の気持ちを考慮した動機に基づいてコントロールするのに対して，年長の子どもは自分と相手の関係性を維持したいという動機に基づいてコントロールするようになる。　　　　（樟本）

自己意識

　自分で自分を意識することをさす。自己意識は自分自身を客観的に眺めることともいえる。生まれたばかりの子どもは自分と自分の周囲の環境や他者との区別がついておらず明確な自己意識がない。生活の中で指しゃぶりなどの行為を通して，自分の体の動きとその結果として生じる感覚とを結びつけていく。生後2，3か月を過ぎた子どもが自分の手を目の前にかざし興味深げに眺めるハンドリガードと呼ばれる行為は，自分の体と周囲の環境との境界線に気づき，身体を通して体験される感覚として自己を意識する，身体的自己を獲得した姿である。しかし，鏡に映った自分の姿をみても自分であると認識できずこの時点では客観的に自己をとらえていない。鏡に映った自分を自己認知できる姿は1歳半を過ぎた頃にみられるようになる。これが子どもが自分自身を客観的に意識し始めた姿である。この頃，子どもは他者が自分を呼ぶように，自分を自分の名前で呼ぶようになる。2歳を過ぎると自分の所有物について言及する姿がみられる。他者とのかかわりの中で他者を意識することを通して自己を意識している。4，5歳になると自分についての希望をもつようになる。理想の自分についての知識（理想自己）と，現実の自分の姿の知識（現実自己）をもつようになり，そのズレを子どもが自ら認識することは発達を促す力となる。　　　　　　　　　　（樟本）

第一反抗期

2～3歳の子どもが自己を主張し，自分が主役となっていろんなことにチャレンジしたいという意思表示をする，いわゆる「自我の芽生え」の時期をさす。

乳児期の子どもにとって，周りの大人，特に母親を中心とした養育者は，自分の欲求を満たしてくれる心地よい存在である。しかし，成長とともに大人は欲求を満たしてくれるだけでなく，むしろ自分の欲求を阻止する存在となることを多く経験するようになる。このような「しつけ」という，社会化の過程で必要な親の禁止や命令に対して，子どもは「いや」を繰り返し，どんなことも自分でやりたがるようになる。今までは素直に大人の言うことに従っていた子どもが示す，このような変化は，大人からみれば「反抗」に映る。しかしこの反抗は，子どもの自我の発達において重要な意味をもつ。大人の目からは，まだまだできないことだらけでも，子どもにとっては，確かな自己を確認する大事な作業であり，自己主張は子どもの自立への第一歩である。

こうした自己主張に対して，それが自主性，自発性の育ちの表現であることを理解し，過度に威圧的になったり否定することなく，子どもの姿を肯定的にとらえることが重要である。子どもの自主性を尊重しながらも，必要なときには我慢させ，欲求のコントロールを身につけさせることで，年齢に即した発達が促されていく。　　（八島）

自己制御

自分の気持ちや行動などを，自分自身で制御する働きのことをさす。自己意識の発達に伴って，子どもは自己主張を始める。子どもが自己を主張しはじめると周囲との間で衝突が起きる。子どもは周囲とのぶつかり合いの中で，常に自分の思い通りにはならないこと，相手にも思いがあることを学習していく。そして3歳頃になると相手の出方によって自分の気持ちや行動を変えることができるようになってくる。このような自己制御の働きには，自分の欲求や行動を抑制し，制止する自己抑制的側面と，自分の意思や欲求を明確にもち，それを外に向かって実現するという自己主張・自己実現的な側面の2側面がある。すなわち，自己制御というのは自己主張的側面だけが強くても，逆に自己抑制的側面だけが強くても，本当の意味で自己制御をおこなっているとは言い難いのである。

自己制御の2つの側面はそれぞれ独自の発達的変化を見せる。自己主張・自己実現的な側面は3歳から4歳にかけて急激に発達する。その後，発達的変化は頭打ちとなる。一方自己抑制的側面は，主に3歳から7歳まで徐々に発達していく。さらに2つの側面には性差がみられ，自己主張・自己実現的側面の力にはいずれの年齢においても際立った性差がみられないのに対して，自己抑制的側面は，3歳の時点ですでに女児のほうが得点が高く，いずれの年齢においても女児のほうが男児よりも強い自己抑制ができる。　　　　　　　　　（樟本）

性役割

ある文化や社会において,性別に伴って期待されている役割や行動をさす。いわゆる「男らしさ・女らしさ」として表される具体的内容がこれをさし,発達の過程でこれをどのように受け入れていくかが,個人の自我の発達にも影響を及ぼす。

男女の違いによる区別は,生まれて間もない時期からさまざまな形で始まり,名前のつけ方,服や持ち物の色などは,早くからその違いを認識させる手がかりとなる。さらに,2～4歳では自分や他者の性別を理解できるようになり,言葉づかいや行動にその違いが現れてくる。

親の発達期待やしつけも性別によって違いがあり,男の子にはたくましさ,女の子にはかわいさなど,期待する特性に差がある。そのために男の子には泣くことに対する禁止が強かったり,女の子には身だしなみやマナーに対するしつけが重視されたりする。子どもがこうして,自然と性別に対する役割期待を認知し,ふさわしいとされる行動を身につけるなかで,性別意識が自己意識の重要な核となっていく。

一方で,性役割を,生まれながらの生物学的な違いよりも,社会によって作られる文化的な違いとして認識する現在では,男女共同参画社会の推進に代表されるように,性別の違いによるさまざまな制約を取り払おうとする流れがある。　　　　　（八島）

養育態度

親もしくは親の代わりとなる養育者が子どもを育てる際にとる態度・行動をさす。自分の子どもに対して,自分の親が自分にとったのと同じ態度をとることが知られており,養育態度は世代間伝達されることが示されている。その一方で,養育態度の形成には,親自身の要因だけでなく,社会的な要因,加えて子どもの要因が相互に影響しあっていると考えられている。

サイモンズ（Symonds, P. M.）は,親の養育態度を支配－服従,保護－拒否の2軸からなる4種類の態度に分類し,バウムリンド（Baumrind, D.）は,感受性の高さと要求の厳しさの2軸からなる4種類の態度に分類している。それぞれ養育態度の類型と子どもの性格や行動傾向との関係を検討しており,理想とする養育態度が示されている。しかし,一義的な結論は見出されておらず親の養育態度によって一方的に子どもの性格や行動傾向が決まるわけではない。

子どもにとって,養育態度は周囲に存在する社会システムの1つととらえられる。親の養育態度は子ども自身によって意味づけられ,子どもの行動を内側から制御するシステムとなり,自我の発達に影響を及ぼす。その結果,規範や道徳意識,社会的適応などに違いをもたらす。親の養育態度と子どもの特性との関係は,親が認知する養育態度よりも,子ども自身が認知する親の養育態度に強い相関が示されている。親の養育態度の影響を受ける子ども自身が親の態度をどのように感じ,どう対処するかが自我の発達に意味をもつからである。（樟本）

8．社会性の発達

　社会性の発達とは，胎児期から成熟期まで生涯にわたって自己が成長するプロセスであり，相反する2つの側面がある。1つは，個人の独自性が明確になり自立していく個性化のプロセス，もう1つは，他者と共存し社会に適応していく社会化のプロセスである。つまり，社会性とは，子どもが生まれてから多くの他者と出会い，子どもを取り巻く人との関係の中で生きていくことを通して，社会に適した行動や価値態度を獲得していくことであると考えられている。

　生まれたばかりの新生児にとっての環境は，家庭であり，養育者との相互作用である。新生児は，自らの原始的な行動レパートリーの中に，生まれながらに相互作用（社会的接触）を始めるための有効な手段をもっている。その1つが新生児微笑である。新生児微笑は，大人にとって社会的信号としての意味をもち，応答性を引き出すシグナルとなる。養育者からの応答を受けながら，乳児自らも能動的に養育者に関わり，自己の行動を調整できるようになってくる。その代表的な例が1歳頃にみられる社会的参照である。

　乳児期から幼児期・児童期にかけて，子どもを取り巻く環境は，家庭から幼稚園・保育所，そして小学校へと移行していく。それとともに，親子関係から，仲間関係，保育者・教師との関係へと相互作用が広がり，さまざまな側面の社会性が発達していく。例えば，認知的成熟と社会への参加形態の変容は，乳児期から幼児期にかけての遊びの発達に現れてくる。そして，遊びの中で仲間との相互作用が深まり仲間集団が形成されるなかで，子どもたちは，他者の意図や感情を理解する役割取得能力や，人間関係を円滑にする社会的スキルを獲得する。また，役割取得能力の発達が基盤となり，他者への情動的反応である共感性や善悪の判断・罪悪感といった道徳性の分野も発達してくる。

　子どもの仲間関係の形成や維持には，自分の意思や欲求を伝える自己主張や，不快な感情が生じたときの行動パターンである攻撃性が関与している。社会的学習理論では，攻撃行動や道徳行動などのモデルの行動を観察することによって学習されると考えており，これをモデリングと呼んでいる。

（伊藤）

新生児微笑

乳児の微笑は，自発的・反射的な新生児微笑の段階から，社会的微笑の段階，そして，選択的微笑の段階へと変化する。出産直後から約1か月の期間を新生児と呼ぶが，新生児を観察していると，浅い眠り（レム睡眠）のときに，にこりと微笑むことがある。この微笑は，脳神経の活動リズムによる原始的な自発的反応である。また，生後1か月頃になると，メリーゴーランドの音や，人の微笑みなど，聴覚的・視覚的な刺激に対して反射的に微笑むようになる。

以上のような自発的・反射的微笑みは，社会的メッセージを含むものではなく，新生児微笑，あるいは生理的微笑と呼ばれる。しかし，こうした微笑みを見た大人はこれを社会的なメッセージとして受け止め，積極的に応答する。微笑から，乳児がこのような状態ではないかと感じとり，感じ取った内容に応じて乳児にかかわっていく。このような応答を繰り返すなかで，生後3か月頃になると，乳児は人の声と顔によく微笑むようになる。また，相手が微笑めば自分も微笑み返すというように，微笑みが相互的なものになる。つまり，自発的・反射的な微笑が，対人関係的・社会的な微笑へと変化する。この頃の微笑を，社会的微笑と呼ぶ。この時期の微笑みは，人であればだれに対しても生じ，未分化な状態である。その後，生後6か月頃になると，見なれた養育者や家族に対してのみ親しみのある微笑を行うようになる。こうした微笑は，選択的微笑と呼ばれる。　　　　　（伊藤）

社会的参照

養育者の情動状態を読みとることによってその場の状況を判断し，自分の行動を変化させること。社会的参照は，養育者の情動状態が子どもの認知や行動の仕方に影響を与えることを示すものである。例えば，実験場面では，視覚的断崖の装置を使用して，社会的参照が検討されている。断崖に見えるように，透明なガラス盤の半分はすぐ下に市松模様を，半分は30センチ下のところに市松模様を貼った装置を作成し，ガラス盤の一方には1歳児をおき，反対側には母親に立ってもらう。段差30センチという状況からは怖いとも安心であるとも判断がつかず，幼児は，視覚的断崖の淵にくると，前へ進むかどうか迷い母親を見る。その時，母親が微笑んでいれば淵を渡ろうとするが，母親の表情が険しかったり，怖がっていたりすると渡ろうとしない。このように，母親の感情は，幼児の外界の知覚や行動の社会的調整役を果たしている。また，母親は，社会的参照をする子には「怖くないよ」というような社会情動的な関わりを促す言葉かけを，社会的参照をしない子には「（小型ロボットの）リモコンに触ると耳が動くね」というような分析的見方を促す言葉かけをする。生後の母子相互作用の中で，母親は子どもの関心や社会的参照傾向を理解し，自らの言葉かけも調整するようになっていく。　　　　　（伊藤）

遊びの発達

遊びの発達については，主に2つの視点から論じられている。1つはピアジェ（Piaget, J.）に代表される認知発達の視点，もう1つはパーテン（Parten, M. B.）に代表される社会的参加の視点である。

ピアジェは，認知発達の段階に対応させ，子どもの遊びを「機能的遊び（0〜2歳）」「象徴遊び（2〜6・7歳）」「ルールのある遊び（6・7歳〜）」の3段階に分類している。後に，この分類は精緻化され，子どもの遊びは，「機能遊び」から「構成遊び」，「劇遊び」，「ルールのある遊び」といった段階を経て発達するとされている。

一方，パーテンは社会的参加の形態から，遊びを「何もしない行動」「ひとり遊び」「傍観的行動」「平行遊び」「連合遊び」「協同あるいは組織的遊び」の6カテゴリーに分類した。さらに，2〜5歳までの幼児の遊びを分析し，年少では「ひとり遊び」や「平行遊び」が多いが，年長では「連合遊び」や「協同的遊び」が多くなることから，カテゴリーの列挙順に社会的参加が高度になるとした。しかし，その後遊びの内容が検討され，「ひとり遊び」の半数は，ブロック遊びなどの目標志向的な活動や，読書やパズルなどの教育的活動であったことから，「ひとり遊び」が社会的発達の未熟さを示すものではないと考えられるようになった。一方，遊びの時系列的分析（遊びの流れの中でそれぞれの形態が発生する順序）から，「平行遊び」は，集団で遊ぶための重要な過程の一部であることも示されている。

（伊藤）

共感性

他者の情動の認知に伴う情動的反応をさす。ホフマン（Hoffman, M. L.）は，役割取得の機能に着目した4つの発達段階を提唱した。第1段階は，新生児から生後半年までの，対人的永続性が獲得される以前に起こる未分化な共感段階である。自己と他者の区別がつかない乳児が，他の乳児の泣くのに動揺し，同時に泣き始めるような反応が共感の初期の形である。第2段階は，他者の内的状態を推測しきれないままに，自己の内的状態と混同する段階である。1歳から2歳にかけて，泣いている乳児を慰めるために，その乳児の母親ではなく自分の母親を連れていくといった行動がみられる。第3の段階は，役割取得能力の芽生えに関連して生じる，他者の欲求や感情の理解に基づく共感段階である。2〜6歳頃になると，他者は自分とは異なる内的状態をもつことが理解できるようになる。それに伴い，他者のおかれている環境・感情・要求についての理解が深まり，他者への関心や援助したいという欲求をもつようになる。第4の段階は，一般的な他者の困窮状況への共感段階である。6〜9歳頃になると，状況を超えて他者が内的状態をもち，自分とは独立した存在であるということを認知するようになる。その結果，一時点，あるいは一人ひとりの苦境だけでなく，一般的な人々に対して関心をもつようになり，集団全体やある階層に人々の苦境（経済的貧困，社会的遺棄，障害など）について理解できるようになる。

（伊藤）

8. 社会性の発達

● 攻撃性

攻撃行動の背景にある傾向をさす。攻撃行動とは，ネガティブな感情を抱いたとき，たたいたり，乱暴な言葉をかけたり，時には無視をしたり，他者を傷つける，もしくは傷つける可能性のある行動である。他者を身体的，言語的に直接傷つける行動だけでなく，間接的に媒体を用いて他者を傷つける場合も含む。

攻撃性は，本能の1つとして考えられる場合もあるが，子どもの攻撃性が生じる理由には，欲求の充足や，周囲の人々の乱暴な行為からの学習があるとされている。

欲求の充足を理由とした攻撃性は2種類あり，欲求不満の解消を求め衝動的に生じる反応的攻撃と，自らの目的達成のために意図をもってなされる道具的攻撃がある。例えば，反応的攻撃とは，眠い状態が続き不機嫌に物を投げるような行為である。一方，友達が乗っている三輪車に乗りたい時，三輪車をつかんで友達を無理やり降ろそうとしたり，大好きな友達を独占したいために他の友達を無視したりする行為は道具的攻撃である。

さらに，子どもは，攻撃行動を誘発する刺激の種類から攻撃のパターン，および攻撃を抑制する程度まで，攻撃性の広い範囲において周囲の人々，特に大人から学習していると考えられている。そして，その攻撃のパターンは比較的長期にわたって維持されやすいことから，発達の時期ごとに攻撃性をどのように学習していく必要があるのかが検討課題として残されている。

（若林）

● 自己主張

自らの意志や考え，欲求，または能力や価値観を周囲に表現し伝える行動をさす。

2歳の子どもが，昨日まで気に入っていた服を「イヤっ！ダメ！」と嫌がり母親を困らせている姿を目にすることがある。自我が芽生え，「私は他の誰でもなく，私である」という意識のもとに，自己主張している様である。一見わがままにみえる2歳児のこのような行動も，自我の発達を示す行動の1つであるといえよう。

幼児期になると，状況によっては自分の欲求を制御しなくてはならない場合もあり，子どもたちの自己主張は，自分の欲求を抑える自己抑制と相互に関連しながら示されるようになる。そして，自己主張と自己抑制は，自分の欲求や行動を状況に応じて調整する自己制御機能として児童期にかけて徐々に整っていく。

自己主張と自己抑制は対立しているのではない。両方とも強い子，どちらか一方が強い子，両方とも弱い子がいる。自己主張と自己抑制を兼ね備えて，状況に合わせて自己主張と自己抑制ができるように発達させていくことが必要になる。その発達には社会的・文化的背景が関係し，養育方法に影響し自己主張と自己抑制の方法や程度を方向づける場合もある。そのため，文化によって自己主張・自己抑制の仕方もさまざまな形で発達していく。

（若林）

仲間集団

仲間とは，年齢や地位あるいは興味・関心などの類似した他者のことをさし，こうした仲間を成員として構成された集団を仲間集団という。子どもたちは，2歳前後より仲間集団を形成しはじめ，遊びの変化に伴い，特定の他者を中心とした仲間集団へと様相を変化させていく。

幼児期初期（2～3歳前半）では，ひとり遊びや平行遊びが主であるため，模倣しあいながら互いを意識しあうことはあるものの，共通目的をもって継続的に活動しあう仲間とはなりにくい。年長になるにつれ，ごっこ遊びやルールのある遊びが増加し，協力しあうことや，話しあうことを繰り返すようになり，特定の友達と積極的にかつ継続的につながろうとする姿がみられるようになる。このように，1人でいることよりも仲間といることを求め発達する様は，人間のもつ自分勝手に遊びたい欲求と，他者と協力しつながりたい欲求の共存を表している。

幼稚園・保育所でも，「おもちゃをとるから，もう一緒に遊ばない！」とけんかをしていた園児2名が，次の日には「これ使っていいよ」などと少しずつ仲直りをしようとしている光景を目にする。このように1人で遊んでいれば，誰にも邪魔されずに遊ぶこともできるだろうが，子どもたちは，たとえ自分が我慢しなくてはならないとしても，共に遊び共に育つ仲間を求めていくような姿を示している。

（若林）

道徳性

社会の中で人々が共有し行動の統一をはかろうとするものとは異なり，善悪や正当性，権利や正義を判断する主観的意志をさす。道徳性の発達は，感情的側面（共感など）や行動的側面（向社会的行動）などから検討される場合もあるが，ピアジェ（Piaget, J.）をはじめ多くの研究者は認知的側面，特に道徳的判断によって検討してきた。

例えば，「先生の手伝いをしていて皿を10枚割ったA君」と「ふざけていて皿を1枚割ったB君」，どちらの子のほうが悪いと考えるのだろうか。年少児は，「10枚割った」という結果の数だけからA君が悪いと判断する。しかし年長になるにつれて，その理由に目を向けるようになり，「ふざけていた」のでB君のほうが悪いと考えるようになる。

また，お菓子を平等な数で分けなくてはならない理由として，幼児は「お母さんにしかられるから」といった大人の権威に従うような他律的な考えに基づいて判断することから，児童期初期は，「みんな同じがいいから」といった平等性を重んじて判断するようになる。やがて，児童期後期ともなれば，「小さい子にたくさんあげる」といった，状況に応じた自律的な価値判断で考えることが可能となる。

このように，道徳的判断において，結果から過程へ，他律から自律へ，子どもたちはより自発的に熟考する道徳的判断を獲得していく。

（若林）

観察学習

　何かを学ぶ方法には，直接経験し学習する直接学習と，他者の行動やそれに伴う状況の変化を観察することによって，その行動や特性を学習する観察学習とがある。観察学習の特徴は，子どもが大人の攻撃的行動を観察した後に同様の行動を示すというように，学習者に直接的な賞罰等の強化を与えなくても行動が習得される点にある。

　バンデューラ（Bandura,A.）は社会的学習理論の中で，他者をモデルとした観察学習をモデリングと呼び，その過程を以下の4つに区分している。まず，モデルの行動の重要な特徴に注目する①注意過程，モデルの行動を記憶しておく②保持過程，モデルの行動からのイメージを自己の行動に変換する③運動再生過程，そして，モデルから習得した行動を遂行へとつなげるか否かが決まる④動機づけの過程である。

　例えば，ころんで泣いている友達を大人が慰める行動を見かけたとしよう。子どもは，大人（モデル）が声をかけたり，膝を撫でるなどの行動を遂行している様を，状況の変化も含め観察し，①慰める行動の特徴に注目する。そして，②慰める行動をイメージや言語的シンボルに変換して記憶し，その後同様の場面において，③慰める行動をイメージし行動を試みながら自己修正し行動を洗練する。最終的にモデルの行動から習得した慰める行動を遂行するかどうかには，④感謝される，自分にとって満足のいく結果となる，などといった強化が期待され，動機づけられる必要がある。（若林）

3章　障害

1. 障害児保育とは

　乳幼児期は，適切な保育により発達の可塑性が期待できる時期であり，それは障害のある子どもも同様である。また乳幼児期の障害や発達の遅れは，心身に及ぼす内的あるいは外的要因に影響されやすく，適切な保育と環境がきわめて重要な意味をもつ。一人ひとりの子どもの問題は，まさに個別的であり，個々のニーズに即して対処することが大切である。この意味において，障害児保育は，「保育」の基本といえる。障害児保育を実践するにあたり，保育者は，障害の判別について正しい知識をもつべきであるが，障害にとらわれすぎて子どもの真の姿を見失ってはならない。近年はとかく「早期発見」「早期対応」の必要性がいわれている。しかし早期の心身障害の発見と診断は，障害の臨床像が明確に把握できる比較的重い障害の場合はともかく，比較的軽い障害や発達の遅れの場合の確定診断は難しく，保護者支援も含めて慎重に取り扱うことが望まれる。障害児保育とは，広義には障害のある乳幼児の保育全般のことをいうが，狭義には保育所や幼稚園が実施する障害のある子どもの保育をさす。これ以外に，障害児専門施設に通園したり，特殊教育諸学校の幼稚園部に通学する場合がある。障害児保育を広義にとらえるなら，上記に加えて，障害のある子どもの保護者を支援すること，また医療や療育施設との連携（専門機関連携）なども含まれる。障害をもっていても健常な子どもと分離して教育するのではなく，ともに学ぶ，すなわち障害をもつ子どもともたない子どもからなる通常の集団を用意するノーマライゼーション（normalization）という思想により，統合保育が進められてきた。その利点は，障害をもつ子どもは生活経験の拡大や，心理的にも安定感，満足感が得られる，また健常児にとっては，障害をもつ子どもに対する理解や意識が助長され，望ましい人間関係が育成される，といったことがあげられる。ただ障害児と健常児の保育が，統合されたと言っても，時間と空間が共有されただけで，障害児は健常児の中で「お客さん」のように扱われ，望ましい関係が育たないといった批判も少なくない。インクルーシブ保育（全包括保育）は，このような問題を解決するために実践されるようになってきた。インクルーシブ保育は，障害児がいない状況でも常に多様な保育形態が行われる必要がある。つまりおのおのの子どもの個性や特性（その中に障害も含まれる）を考慮しながら，協力・協調する教育方法であり，障害児だけでなく，困難を感じているすべての子どもに対して行われることになる。

（七木田敦）

障害

　障害については，国際基準としてWHOから「国際障害分類試案（ICIDH）」(1980)が提案されている。そのなかでは，身体のどこかが損傷しているという障害のとらえ方である機能・形態障害，損傷がそのままにされて，能力が発揮されないという障害のとらえ方である能力障害，さらにそのために医療や教育の力によっても社会的役割を果たせなくなるという障害のとらえ方である社会的不利，という3つのレベルが存在する。

　WHOはさらに検討を続け，「国際生活機能分類（ICF）」(2001)を発表した。障害は不利であるというこれまでのとらえ方ではなく，機能障害を「心身機能・身体構造」，能力障害を「活動」，社会的不利を「参加」に置き換えるなど，中立的・肯定的な表現をとっている。さらに，障害は，個人の活動と参加に困難をもたらすが，環境を整えることによって障害による不利益が改善されることを示している。

　また，今日では障害を子どもの側の要因からだけではなく，子どもを取り巻く環境からも考えるようになっている。その際，能力の制限に関わる障害など子どもの側の要因である「障害」だけではなく，対象を限定せず，あらゆる子どもの教育可能性を保障するために，子どもがおかれている環境をふまえて支援を導こうとする「特別な教育的ニーズ」という用語が導入され，わが国でも議論されている。　　　（吉田茂）

（超）早期教育

　障害が生後直後に発見される場合，さまざまな刺激などで環境の調整によって，個人の持つ能力を最大限に引き出す療育を，就学前から実施する方法をいう。ダウン症の発達支援のためのワシントン大学法，脳性まひ児のためのボイタ法，ボバース法などは早期教育として知られている。ワシントン大学法は，ワシントン大学小児発達・知的障害センターのドミトリーブ博士によって開発された，ダウン症児のための早期教育プログラムで，近年ではダウン症児ばかりでなく，障害乳幼児の包括的なアプローチとして用いられている。これは保育（教育）や言語療法，理学療法，作業療法の専門家や医師などからなる学際的チームにより，個別指導計画の立案，行動マネジメントまで含んだもので対象児の全面的な発達を支援することを目的とする。ボイタ法は，ドイツの小児神経学者ボイタが開発した，脳性まひ児・者に対する超早期診断・治療法で，反射性寝返り（仰向け・横向け）と反射性腹ばい（うつ伏せ）を治療者が促進刺激して，寝返り・四つばい・立位動作に必要な筋運動を促していく訓練方法である。またボバース法は神経生理学的アプローチといわれ，正常な筋の反応を促進する方法である。いずれも3歳前後の就学前の段階から教育（療育）されてきたが，近年では確定診断が0歳から可能となってきたこと，また早期であればあるほど予後の病状が安定することなどから，生後0か月からの超早期教育（療育）も盛んに行われるようになってきた。　　（七木田敦）

インクルージョン

保育・教育の世界では，インテグレーション（統合）からインクルージョン（包摂）に向かう思想の流れがある。

世界的にみて，障害児・者は地域社会から排除されるという歴史が長く続いた。この反省から，障害児を通常保育・教育の世界に合流させ，統合させる必要があるという思想が生まれた。これがインテグレーションである。ただ，この思想では主体（主流）は通常保育・教育の側にあり，障害児は合流化される客体であるとみなされる傾向のあることは否定できない。それゆえ，主体（主流）としての通常学校（学級）には，障害児を受け入れるためにカリキュラムや指導法などを創意工夫するといった変革への努力は，ほとんど必要とされないことになる。

近年，このインテグレーションに代わり，インクルージョンという言葉が使用されるようになった。この言葉には，健常児と障害児の両者を「ともに包み込む」というニュアンスがある。この思想では，現在の通常学校に，そのカリキュラム上の付加・修正，教員配置の工夫，施設・設備面での改善等への取り組みが必要とされる。つまり通常教育の改革が不可欠であることを強調している点は，インテグレーションと異なるところである。なお，インクルージョンでは，特別支援学校や特別支援学級などの教育上の役割も重視されている。この思想に基づく保育・教育の今後の展開が注目される。

(松田信)

発達に即した指導

「○○ちゃんは何歳になったから，こんなことができるはず」と表現されることがある。その子どもの姿やそのときの大人の対処を考えていくにあたって，年齢相応な行動や働きかけを主軸において発達を考える視点である。この場合，その枠組みから外れてしまうことが多い障害児に対しては，できない背景となる機能不全や不十分な能力を引き上げていくという矯正的アプローチとなる。医療的ケアをふまえ最低限の日常生活動作を獲得させるためには，このようなアプローチも有効であろう。しかし，障害児のできない部分が強調され，彼らの抱える問題は個人に帰属され，また，障害児を特別な存在としてとらえることにもつながりかねない。

保育や教育，育児を考えていくにあたっては，彼らの抱える問題を環境に帰属させる環境設定の視点，いわば発達に即した指導を求めていくことも必要であろう。つまり，その子どもが周囲へ働きかけたとき人的環境がどのように応じてくれるかで，その子どもの行動が活性化するか決まるという考え方である。それは，周囲の人たちが適切に働きかければ本人の意欲喚起につながり，そこに適切な素材を提供していくことで社会生活における相互の関わりが生じ，本人と周囲とが相互に変化していくことにつながる。それは障害児の主体性を尊重するものであり，生きがいや生活の質の充実にもつながる。なにより，障害児を自律的な存在としてとらえることにもなる。

(増田)

行動観察と記録

子どもの態度や行動の様子を見て，その結果を分析することを行動観察という。

「個に応じた支援」を行うためには，対象となる子どもの日常生活における具体的な姿をとらえ，実態を把握する必要がある。なかでも，特別な配慮が必要な子どもの行動観察を行うことは，その子の特性や課題を理解するうえで不可欠なものである。さらに保育の中で自己と周囲との相互交渉を行う子どもの姿から，客観的な調査ではとらえられない子どもの発達を理解することも可能となる。行動観察を行う場合には，子どもの抱える障害の状態や程度，頻度について肯定的な視点で把握することが必要である。そうすることで，子どもの実態や支援の手がかりを保育者が把握できるようになる。このことは同時に，保護者との信頼関係を築くうえでも重要である。

また，行動観察から得た情報を記録することは，子どもの心の内面や育ちを読み取り，保育者のもつ子ども観や障害観のとらえを省察することにつながる。今後の子どもの行動を意識化し，子どもとのかかわりについて自覚化することにおいて有効な手立てとなり得るのである。記録には文書だけでなく，ビデオ記録や写真も含まれる。複数の観察者による継続的な観察と記録の収集は，職員間の共通理解とより効果的な支援体制の形成を可能にする。　　（田中沙）

個別の指導計画

障害のある幼児・児童・生徒の障害の実態は一人ひとり大きく異なっている。それゆえ，それぞれの障害の実態や教育的ニーズに応じたきめ細かな指導計画を立て，指導を実施することが必要とされる。わが国では，1999年告示の盲学校，聾学校及び養護学校学習指導要領で，重複障害者の指導と自立活動の指導について，個別の指導計画の作成が義務づけられた。そして2009年告示の特別支援学校小学部・中学部学習指導要領では，すべての教科・領域（各教科，道徳，外国語活動，総合的な学習の時間，特別活動及び自立活動）の指導について，当計画の作成が義務づけられるに至った。

当計画の作成では，まず子どもの教育的ニーズを正しく把握し，年間目標や学期の目標を設定し，その達成に向けた指導内容・方法などを，児童生徒一人ひとりの実情に応じて具体化するのが一般的である。今後の指導が計画的・系統的に実施できる実用的な計画であることが求められる。また，適時に見直すことで，より適した計画に改善する必要がある。当計画に特定の様式はなく，教師の裁量に委ねられている。

なお，乳幼児期から学校卒業後までを長期的に見通し，医療・福祉・教育・労働などの関係諸機関との連携のもとで作成する「個別の教育支援計画」の策定も進められている。個別の指導計画は，個別の教育支援計画をふまえ，より具体的な指導内容を盛り込んだ計画として作成される。

（松田信）

障害のある子どもと遊び

遊びは，子どもの人格の形成に深い影響を与える。何よりも子どもの感情の解放や主体性を最大限に実現でき，子どもを魅了する活動である。子どもは，遊びを通して認知能力や社会性を育てていくのである。これは，障害のある乳幼児においても同様であり，心身の発達に必要不可欠な活動と考えられる。

障害児保育の中での遊びを考えていく場合は，特に通園施設などでは，おのおのの障害のもつ特性をふまえた遊び環境の提供が必要となってくる。例えば，視覚刺激を閉ざされている視覚障害児にとっては，自分から遊びを見つけ深めることに困難や制約を伴うことから，細々とした遊びを準備するよりも全力を出し切る運動遊びの機会を多く与えることが重要となってくる。また，統合保育場面では，健常児と障害児の活動リズムの違いを配慮の上，集団としての刺激効果が得られるような遊びを心がけることが大切となる。保育者が関与して，簡単なルールで少しでも障害児が無理なく参加できるような場面をつくり，障害児の「みんなと一緒にしたい」という気持ちが芽生えるような集団づくりが必要である。3，4歳の段階では，障害児の特性を理解できず，定型発達児に不満の声があがったりする。しかしながら，それを抑えるのではなく，障害児との望ましいかかわり方を一緒に考えていく過程を経て，気持ちよく障害児に援助できる集団に成長させていけるような遊び設定を検討することが必要である。

(三吉)

障害理解教育

障害に関する科学的認識の形成を目指し障害理解を促進していく教育をさす。障害児・者を情緒的に理解するだけではなく，段階的に障害に関する知識を伝え，子どもたちに適正な認識が形成されるように教育していくことを意味する。また，単に障害を知るという意味での理解だけではなく，障害や福祉について考え，障害のある人とない人が共に生活していくことを保障していく，インクルージョンの理念を基底とした地域社会についても考えを深めていくことに，この教育の究極の目標がおかれている。

障害児・者に対する，自然な関わりと適切な態度を形成するためには，幼児期からの障害児と共に関わる体験と，段階を追った障害理解教育が必要であるといわれている。それは，単に他者への思いやりの気持ちややさしい心を育てるというような，心情面にとどまるだけでは教育効果は一時的であり，ただ障害児との時間と場所の共有だけで適切な理解と態度は形成されていかない。それによってマイナスイメージが引き出され，仲間として相手にされなくなる傾向さえ確認されている。そこで，障害理解を促進する教育を発達年齢に即して行い，マイナスイメージとして残るものにしない努力をすべきであるといわれている。幼児期からの障害理解教育の1つの方法として，絵本などが用いられている。

(三吉)

2．知的障害・言語障害

　知的障害とは，物事を記憶したり，理解したり，予想を立てたり，筋道を立てて自分の意見を述べたりなどの,知的な能力にかかわる障害をさす。厚生労働省が1990年に実施した精神薄弱児（者）（現知的障害児（者））福祉対策基礎調査においては，「知的障害とは，知的機能の障害が発達期（おおむね18歳まで）にあらわれ，日常生活に支障が生じているため何らかの特別な援助を必要とする状態にあるもの」ととらえられている。また，アメリカ精神遅滞学会（AAMR）は2002年に精神遅滞を「知的機能と概念・社会・実践的適応スキルで表現される適応行動の著しい制約によって特徴づけられる障害であり，18歳以前に始まる」と定義している。AAMRをはじめ WHO（ICD）や米国精神医学会（DSM）の疾病分類では，知的障害でなく「精神遅滞」（mental retardation）という用語が用いられている。知的障害は「治る」ことはないが，知的障害をもつ子どもをとらえる時には，「ゆっくりで遅れるが，学習し，発達し続ける」という観点から子どもの発達可能性を見つめる必要がある。

　言語障害とは，言葉を話してコミュニケーションを行う際に，発音や発声，言葉のリズムや滑らかさ，言葉の理解や使い方がその社会一般の話し方と異なっているために，話し手や聞き手の注意が話の内容よりも話し方に注意が向き，話し手の不全感や不適応をもたらす状態をさす。言語障害の種類としては，発音がうまくいかない構音障害，流暢に話すことが困難な吃音，言葉の理解と表現の発達に遅れがある言語発達遅滞，聴覚障害による言語障害，運動まひによる言語障害，獲得されていた言葉が使えなくなる失語症などがある。また1980年代頃から，言語発達を阻害させるような明白な要因がないにもかかわらず，その年齢で期待される言語発達レベルに達しない特異的言語発達障害が注目され始めている。言語障害は，言語コミュニケーション上の困難が生じるだけでなく，他者とのコミュニケーションによって育まれる思考力や人間関係・社会性の発達，自己形成など，子どもの発達に大きくかかわってくるため早期に一人ひとりの言語障害の状態を把握し教育方針を検討することが重要となる。

（野原）

知的障害について

　知的障害とは、知的発達に関わる障害である。一般的には、①知的な能力の発達に明らかな遅れがあること、②適応行動をすることに明らかな難しさがあること、③その障害が発達期（概ね18歳未満）に起こっていることの3つが揃っていることが目安となる。なお、同義語として「精神遅滞」が使われることがあるが、これは医師が診断に使う場合が多い。

　①については知能検査で判断し、検査の結果導き出された知能指数（IQ）が70〜75未満の状態である場合、「明らかな遅れがある」と判断される。次に②については、3つの分野に分けられる「適応行動」において1つの分野あるいは3つの分野すべてにおいて顕著に遅れている状態である場合「明らかな難しさがある」と判断される。3つの分野とは、概念的な適応行動（言語理解・言語表現・読み書き・貨幣価値の理解・健康管理・行動管理等）、社会的な適応行動（人間関係の構築・責任を果たす・法律や決まりに従う等）、実用的な適応行動（食事・更衣・排泄・歩行・整理整頓・公共交通機関の使用等）である。最後に③については、事故の後遺症や痴呆といった発達期以後の知的な能力の低下した状態は知的障害と判断しないということである。

　以上のように知的障害とは、3つの目安が揃っている状態を表わす言葉である。ダウン症候群などの染色体異常、自閉症、脳性まひなどの障害に伴って現われる。

（松田杏）

知能（検査）

　知能（intelligence）とは論理的に考える、計画を立てる、問題解決する、抽象的に考える、考えを把握する、言語機能、学習機能などさまざまな知的活動を含む心の特性のことである。ウェクスラー（Wechsler, D.）の定義（1958）によると、知能とは「個人が目的をもって行動し、合理的に行動し、自らの環境を効果的に処理する総合的、全体的能力」をさす。抽象的思考能力、学習能力、環境適応力などに分類されるが、これらは密接にかかわっているため、昨今ではこれらを包括する幅広い概念でとらえられている。

　知能検査の原型は、フランスの精神医学者で心理学者のビネー（Binet, A.）がシモン（Simon, T.）の協力を得て、精神発達の遅れた子どもを見分ける目的で1905年に発表したビネー・シモン知能測定尺度であるとされている。その後、ビネーの知能測定尺度をもとにスタンフォード・ビネー法を作成し、その結果表示に知能指数（IQ）の概念を導入し実用化した。

　1950年代に入るとウェクスラーの知能検査がアメリカで普及し始めた。この検査は対象者の年齢に合わせてWPPSI（幼児用）、WISC（児童用）、WAIS（成人用）があり、いずれも言語性と動作性の2領域の検査で構成されていることが特徴である。

　現在、日本においてもビネー式、ウェクスラー式の日本版が標準化され、広く活用されている。

（松田杏）

ダウン症児の保育

ダウン症とは，1965年にWHOにより「ダウン症候群（Down syndrome）」を正式な名称とされた染色体異常のことである。

つり上がった小さな目を特徴とする顔貌や四肢にみられる外表奇形があり，鎖肛や先天性心疾患，先天性食道閉鎖症等の内臓奇形が合併症として現れる場合も多い。また，知的障害を伴うことも多いが，その程度はさまざまである。その他にも，低身長，筋力の弱さ，頸椎の不安定性，眼科的問題（先天性白内障，眼振，斜視，屈折異常），難聴などが特徴として多くみられる。

さまざまな特徴をもつダウン症児に対して，幼児期から早期療育を始めることは発達に有効であるとされている。例えば，ダウン症児の多くは音楽を聴いたり身体を動かしたりする活動を好むことは一般的によく知られており，保育に取り入れることも多い。また，知的障害の程度によっては，簡単なルール遊びを活動に取り入れることも可能である。ただし，ダウン症児の保育においては，その発達と特徴を考慮し以下のような注意が必要となる。まず，身体を動かす活動においては，自己刺激行動（手で頭や耳をたたく，首を激しく振り続ける等）が過剰になる場合もあるため注意が必要である。また，筋力の弱さにより身体が柔らかすぎる子も多いため，活動中の体幹の保持にも注意する。加えて，ダウン症児の場合は特に疲れやすい子も多いため，活動の途中に区切りをつけて短い休憩を設定することも大切である。ルール遊びなどの活動においては，ダウン症児の理解力に合わせたわかりやすい方法を用いてルールを説明する必要がある。これは失敗経験や劣等感に傷つきやすいダウン症児に配慮して，そのような場面を作らないようにするためである。

（松田杏）

言語発達遅滞

何らかの理由により，生活年齢と比較して言語の表出または理解，もしくはその両方に顕著な遅れが認められる状態をさす。最近では，アスペルガー症候群など，言語の表出と理解の能力は生活年齢並みあるいはそれに近いにもかかわらず，慣用句やことわざなどの理解や状況に応じた適切な言語の使用，あいさつや謝罪などといった社会言語学的コミュニケーションの使用などに困難がある語義・語用障害や，全般的な発達や学習面には遅れはないものの，言語の理解や表出面のみに発達の遅れが認められる特異的言語発達障害も含め，言語発達障害と定義づけられることが多い。

言語発達遅滞のおもな原因としては，知的障害や広汎性発達障害（自閉スペクトラム症），小児失語症，脳性まひ，重度重複障害，聴覚障害などがあげられる。まれではあるが，ネグレクト（育児放棄）など，不適切な養育環境による言語発達遅滞のケースがある。

知的障害のように言語理解，構文力など言語機能そのものの発達が遅れている場合もあるが，脳性まひのように，言語理解面の発達は比較的良好であるにもかかわらず，言葉の表出が困難なケースを表出性（運動性）言語発達遅滞とし，言語表出面の発達

は生活年齢に近いものの，言葉の理解面に著しい遅れが認められるケースを受容性（感覚性）言語発達遅滞として分類することがある。
　　　　　　　　　　　　　　　（川合）

先天性代謝異常

　遺伝子の異常による代謝障害をさす。代謝にかかわる酵素をつかさどる遺伝子の変異のために，酵素タンパクに量的または質的な異常が起こり，代謝物質が異常に蓄積したり欠乏したりすることによって組織障害を来たすことによって生じる。英国の小児科医ガロード（Garrod, A. E.）によって「先天代謝異常症」という概念として提唱された。

　わが国では，フェニルケトン尿症，メープルシロップ尿症，ホモシスチン尿症およびガラクトース血症，先天性副腎形成，先天性甲状腺機能低下症の6つの先天性代謝異常症について行政により新生児マス・スクリーニングが行われている。

　先天性代謝異常の主な症状は中枢神経障害であり，すなわち精神発達遅滞，神経退行，痙攣，意識障害等である。これらの疾患に対しては，代謝異常を物質レベル，酵素レベル，遺伝子レベルで是正する治療法が行われている。先天性代謝異常は，早期の発見，治療することで心身障害の発生を予防することが可能とされている。
　　　　　　　　　　　　　　　（野原）

吃音

　流暢性障害の1つで，①言語発達段階（特に3歳前後が多い）に発症する発達性吃音，②脳損傷や脳卒中をきっかけに発症する神経原性吃音，③極度の心理的なトラウマをきっかけに発症する心因性吃音の3種類がある。

　吃音の言語症状は，①音，単語，語句の繰り返し（連発性吃音），②音の引き伸ばし（伸発性吃音），③発声・発話の阻止（難発性吃音，ブロックとも呼ばれる），④語と語のあいだの不自然な間，⑤リズミカルではない発声や音読，のいずれかまたはすべてを含む。

　一般的には，吃音は発達性吃音のことをさす。発達性吃音には中核症状（一次性吃音）と二次的行動（二次性吃音）があり，中核症状とは，先に述べた5つの言語症状をさす。二次的行動は，中核症状からの逃避あるいは回避により生じる。二次的行動には，目をしばたたくなどの身体的な随伴症状や，語の置き換えのような言語的な随伴症状が含まれる。また，感情や態度も二次的行動の重要な構成要素である。感情には恐怖や当惑が含まれる。態度は，どもることにより生じた否定的な感情を繰り返し経験するうちに，大勢の知らない人の前では話さない，答えがわかっていても手をあげない，などの行動に現れる。

　吃音は，親の養育態度が原因とされた時期もあったが，現在ではまったく否定されている。最新の研究では，吃音者には非吃音者と比較し脳の器質的または機能的な差異，あるいは遺伝子に違いがあるとの報告がある。しかしながら，いまだ明確な原因の特定はなされていない。
　　　　　　　　　　　　　　　（川合）

緘黙(かんもく)

広義には，器質的，機能的および心理的な障害や要因により，言語表出を行うことができない状態をさす。例えば，ろう(聾)，重度の知的障害，重度の脳性まひ，広汎性発達障害，統合失調症，極度の心理的なトラウマやストレスなどがその原因としてあげられる。

狭義には，選択性緘黙症（または場面緘黙症）をさす。選択性緘黙症とは，発声発語器官に器質的・機能的な障害はなく，なおかつ言語表出に十分な能力を獲得しているにもかかわらず，一時的にあらゆる状況，あるいは特定の状況においてのみ，一貫して話すことができない状態をさす。家庭では何の問題もなく話すことができるにもかかわらず，学校など特定の状況では話すことができないというケースがしばしば見受けられる。

米国精神医学会発行『精神疾患の分類と診断の手引　第4版改訂版（DSM-Ⅳ-TR）』によると，選択性緘黙症には以下の5つの診断基準がある。①ある特定の状況（例えば学校のように話すことが求められる状況）において，一貫して話すことができない。②この症状により，学業，職業，社会的交流などの日常生活が著しく阻害されている。③この症状が少なくとも1か月続いている。④話し言葉を知らなかったり，うまく話せなかったりするために話すことができないわけではない。⑤コミュニケーション障害には該当せず，広汎性発達障害，統合失調症またはその他精神障害ではなくても発症する。

(川合)

てんかん

てんかんは，脳の慢性的疾患である。世界保健機関（WHO）によれば，「てんかんとは，種々の成因によってもたらされる慢性の脳疾患であって，大脳ニューロンの過剰な発射に由来する反復性の発作（てんかん発作）を特徴とし，それにさまざまな臨床症状および検査所見がともなう」と定義されている。3歳以下で発病することが多く，また8割は18歳以前で発病するが，乳幼児期から老年期まで幅広く発病する。脳の損傷によって発作を繰り返す特徴があり，その結果けいれんしたり，意識を失ったり，精神的に混乱したりすることがある。なおほとんどのてんかんは遺伝せず，また抗てんかん薬を用いることで，80％前後の患者は発作を抑制させることができる。

てんかんの発作は，一時的に神経細胞の過剰な電気活動がみられる脳の部位によって症状が異なる。その部位から一気に脳の全体に広がって起こる発作を全般発作といい，脳の一部に起こる発作を部分発作という。全般発作は，全身性のけいれんをきたす大発作，突然一定時間意識がなくなる小発作，瞬間的に筋の収縮を伴うミオクリニー発作などがある，一般に意識消失を伴う。部分発作は，意識が保たれる単純部分発作や，意識混濁がみられる複雑部分発作，部分発作から全般発作への展開がある二次性全般化発作などが含まれる。

(増田)

3．感覚器の障害・身体障害

　心身の発達的変化が大きい乳幼児期の子どもは，自由で自発的な遊びを通して五感をフルに活用し身体を動かしながら，自分の言葉で世界を理解し，認識し，統制できるようになっていく。しかし，視覚・聴覚・神経・筋系などの器質的障害，あるいはそれらの重複によって生じている感覚器の障害・身体障害は，身体のぎこちない動きをもたらし，これらの遊び行動を制約し，生活経験の拡大や社会性の育成も阻害する。また，円滑なコミュニケーションもとりにくく，情緒不安定にもなりやすく，日常生活をいきいきと過ごすことが困難になり，結果として，子どもの幅広い人格形成に負の影響が予想される。特に感覚器の障害・身体障害が阻害する身体活動の課題は，本人がとる行動とそれに伴う結果が明らかにわかりやすいため，失敗経験を積むことが多い障害のある子ども本人にとってその影響は周囲の想像以上に大きい可能性もある。

　その意味でも，子どもの感覚器の障害・身体障害は，器質的障害に対する医療的ケアに加えて，学習や経験の少なさを補い不足しがちになる遊びからの刺激を提供するための教育・保育的アプローチが不可欠になる。複数職種の専門家によるチームアプローチによって，早期からの医療と教育（早期療育）が展開されることが多い。保護者については，障害の受容や現在抱えている育児上の困難意識，不安や緊張，将来への悲観が育児意欲の減退につながりかねず，またそれらの意識が好ましくない育児環境を形成しかねない。このため，チームアプローチは，保護者との連携や保護者自身をも含めた家族支援にも重要な意味がある。

　また感覚器の障害・身体障害は，白杖や補聴器，車椅子，各種補助具などによって，周囲からわかりやすい可視的な障害が中心であるため，結果的に，理不尽な社会的差別，または逆に自立を妨害するほどの過剰な援助といった，障害に対する周囲の無理解を生じやすいといえる。近年は，ハートビル法の制定・改正など，バリアフリーを意識した建築構造やユニバーサルデザインによる物品などの普及も著しく，加えて手話や盲導犬・聴導犬などへの社会的関心も高まってきている。今後，障害児・者が特別な市民ではなく普通の市民として共生できる意識が広がっていくことが期待される。

（増田）

視覚障害

　視覚障害は、盲と弱視とに分けられる。盲は、まったく見えない全盲、光だけわかる光覚盲、手を動かすとわかる手動盲、指の数がわかる指数盲がある。弱視は両眼の矯正視力が0.04以上0.3未満の範囲をいう。

　人は、外界からの情報の8割を視覚から得ているといわれる。先天的もしくは後の病気や事故などによって失明したり著しく視力が低下すると、心身の発達がめざましい乳幼児期におけるその影響は大きい。

　まず、視覚障害児は、警戒心や動機づけの点から、腹ばいへの抵抗が強くまた歩行の確立も遅くなりがちである。また、模倣が難しいため、手振りや身振りによる表現や新しい遊びへの興味ももちにくい。むしろ同世代の子どもを怖がったり嫌がる例さえある。そのため結果的に、探索行動が少なくなり遊びや生活活動も消極的になりがちになる。場合によっては、身体障害がないにもかかわらず基本動作の習得さえ遅れることもある。当然ながら、これらの特性をふまえた保育者の援助の工夫は欠かせない。

　全盲の場合は光の刺激を受けられないため、睡眠リズムの確立が難しく、結果的に生活が不規則になりがちなため、食事時間を一定にするなどの生活援助が必要になる。教育面でも、具体的体験に視覚情報を取り込むことができないことから、適切な観念やイメージの伴わない言語のみの理解になりがちである。この言語行動はバーバリズムと呼ばれるが、これを回避することは重要な教育課題である。　　　　　（増田）

聴覚障害

　外耳、中耳、内耳、聴神経、聴覚皮質などの器官が器質的あるいは機能的な障害を生じ、それが聴力損失の原因となり、日常生活に著しい影響を及ぼす状態のことをさす。聴覚障害は、①聴覚障害になった時期、②障害の部位、③損失聴力の程度によって分類される。

　①では、先天性と後天性に分類される。先天性難聴とは、生まれながらに難聴のある状態をさし、その原因として、遺伝、聴覚器官の奇形、妊娠中のウイルス感染、未熟児出産、薬の副作用などがあげられる。一方、後天性難聴とは、生後に発症する難聴のことであり、頭部外傷、騒音、高齢化、また乳幼児期における肺炎、おたふくかぜ、はしかなどの高熱による聴覚組織の損傷がその原因としてあげられる。原因不明の突発性難聴もある。

　②では、伝音性難聴、感音性難聴、混合性難聴に分類される。伝音性難聴とは、外耳や中耳の障害による難聴であり、補聴器の装着が有効な場合が多い。感音性難聴とは、内耳、聴神経、聴覚皮質の障害による難聴であり、一般的に伝音性難聴と比較して損失聴力が大きく、補聴器による効果も伝音性難聴の場合ほど高くない。混合性難聴とは、伝音性難聴と感音性難聴の原因を併せもつ難聴のことをさす。

　③では、さまざまな分類法があるが、損失聴力が26～40dB(HL)を軽度難聴、41～60dB(HL)を中(等)度難聴、61～90dB(HL)を高度難聴、そして91dB(HL)以上をろう(聾)と区分することが多い。　　　　　（川合）

3. 感覚器の障害・身体障害

脳性まひ

脳性まひは、主に周産期において脳に受けた損傷を原因とし、姿勢や運動の異常が永続的に続き、満2歳までに症状が発現した場合に診断される。このとき、骨・筋疾患や進行性の疾患、一時的な運動障害は除外される。発生率は1,000人中1〜2名とされ、保育現場においては比較的目にされる障害の1つである。その指導については、従来、ボバース法やボイタ法などの指導法が用いられてきた。

脳性まひには、障害の質による病型で分類すると、全身の緊張が高い痙性型、身体が不随意に動いてしまうアテトーゼ型、身体が不安定で歩行困難などが生じる失調型、他動的に四肢を動かすと強い抵抗がある強剛型、複数の病型の典型的症状が混在している混合型、の主に5タイプがある。また、障害のある部位で分類すると、左右いずれかの半身のまひがある片まひ、四肢全体にまひがある四肢まひ、まひは全身に及ぶが下肢のまひが強くみられる両まひ、などがある。

脳性まひは、中枢神経系が形成されていく時期における脳の疾患であり、運動障害にとどまらず知的障害やてんかん、言語障害なども合併していることが多い。脳性まひの原因はさまざまであるが、低出生体重・新生児仮死・新生児重症黄疸が3大原因といわれている。近年の周産期医療の進歩により仮死や黄疸が減少し、原因不明または胎生期の先天的障害による場合の比率が増えており、そのために障害の重度・重複化がすすんでいる。

（増田）

筋疾患

筋力の低下や筋の委縮などの症状を発生する病気（筋疾患）には、筋自体に原因がある筋原性疾患と、神経系に原因があるために筋も弱くなる神経原性疾患とがある。筋は、神経系を介して動いているため、いずれにせよ筋が萎縮し、力も弱くなってしまう。

前者は筋ジストロフィーが代表的である。これは、筋線維の変性や壊死がきわめて徐々に進行して次第に筋がやせていく遺伝子の疾患である。その遺伝子の型でいくつかのタイプに分けられるが、デュシャンヌ型が比較的多くみられる。これは幼少期に発病して転びやすくなり8〜10歳頃までに病状が進行して歩行不能に、そしてついには心臓や呼吸をつかさどる筋まで弱って呼吸困難を起こし、思春期頃夭逝するに至る。X型性染色体の劣性遺伝が背景にあるため、圧倒的に男児に多い。腰や大腿の筋萎縮が多いため、まず床に手をつき臀部を高くあげ膝に手をあててから立ち上がるという独特の行動様相（ガワーズ徴候）を示す。また三角筋や腓腹筋が脂肪によって肥大する特徴もある。根本的治療法は見あたらないが、筋力の維持を目的としたリハビリテーションなど適切な医療的管理への配慮に加え、生きがいをもたせ生活の質を高めていく療育支援や家族支援が求められる。

後者には、ウェルドニッヒ・ホフマン病（乳児脊髄性筋萎縮症）などがある。胎内での発症が疑われるなど先天的要因が考えられ、全身の筋緊張の低下や舌などの筋に細かい震えがみられるなどの特徴がある。

（増田）

早期療育

運動,感覚,精神など発達に遅れがみられる子どもに対し,乳幼児期から児童前半期に,医学,社会,教育,心理の各領域から行う系統的な働きかけによって発達を促す支援をさす。

発達障害は,早期に診断される場合もある一方で,小学校就学の前後になって顕在化し,診断されるものもある。しかしながら,一般に診断が遅れると,問題行動の改善にはより長期の時間が必要となるため,発達の目覚ましい乳幼児期からよりよい環境を整えて,適切な療育を進めることが重要である。

わが国では,2005(平成17)年4月から,発達障害者支援法が施行,発達障害に対する支援体制は進み始めた。この法律は,発達障害を早期に発見し,発達支援を行うことに関する国および地方公共団体の責務を明らかにし,発達障害者への支援により発達障害者の自立および社会参加に資するよう支援を図ることを明文化している。

発達障害者支援法に基づき,発達障害者支援センターの整備も進められつつあるが,さらに発達の現場のニーズに寄り添った形での支援を充実させることが必要である。発達障害が早期に発見され,早期に療育につなげることができれば,二次障害の発生も抑えることができ,二次障害による犯罪被害や更正プログラムを実践するよりもコストが低く抑えられることが示されている。今後,幼稚園や保育所,認定こども園では,子どもの発達に関わる専門的機関として,早期発見・早期療育の前線基地・中継基地としての機能の強化が望まれる。 (立元)

トータルコミュニケーション

1960年代の市民運動が盛んな時期のアメリカを淵源とし,聴覚障害児への教育(聾学校教育)において手話や指文字といった視覚言語より,残存する聴覚能力による話し言葉や口話(発音・発語と読話によるコミュニケーション)などの聴覚言語に重きをおく教育への批判として誕生した。

全米聾学校長会では,1976年にトータルコミュニケーションを「コミュニケーションをしようとする個人の表出,受容能力に応じて聴覚・手指・口話モードを結合させることであり」,「聴覚障害者がコミュニケーション状況において最適な認識と全体理解を達成するために入力を最大限にするという聴覚障害者の倫理的権利である」と定義した。

わが国でも,聾学校教育は長年聴覚言語の獲得に力を入れてきたが,文部省(現文部科学省)は1993年の「聴覚障害児のコミュニケーション手段について(報告)」において,「聴覚障害児には必要に応じて各種のコミュニケーション手段を選択・活用」することの必要性を認めている。また聴覚障害特別支援学校の幼稚部などでは,年齢の低い時期から,教育方法として取り入れられている。 (野原)

幼稚園・保育所等でのバリアフリー

障害児・者や高齢者にとって日常生活や社会活動を行ううえで障壁（バリア）となっているものを取り除くことをさす。2001年，世界保健機関（WHO）が発表した国際生活機能分類（ICF）は，人の生活機能には生物・個人・社会の3次元があり，健康機能や環境等の影響を受けて，機能障害や活動の制限，参加の制約を抱えることを「障害」ととらえる構造的理解を行った。ICFに従えば，同じレベルの機能障害でも，バリアフリー化された環境で生活する場合は，バリアフリー化されていない環境で生活する場合と比較して，活動や参加にレベルが向上するといえる。

「保育環境改善等事業」（厚生労働省児童家庭局長通知）や「学校施設整備指針」（文部科学省大臣官房文教施設企画部）は，幼稚園・保育所でのバリアフリーを推進するためのものであり，障害児を保育所・幼稚園へ受け入れるために必要な改修（スロープ，手すり，トイレ等）や，障害児用の教具・遊具などの購入等を行う必要について指摘している。

しかし保育所・幼稚園で過ごす障害児にとっての障壁は物的環境のみではない。2011年の「障害者白書」によれば，障害者を取り巻く社会環境には①物理的な障壁，②制度的な障壁，③文化・情報の障壁，④意識上の障壁の4つの障壁があるとされ，幼稚園・保育所においてもこれらの障壁を取り除く努力が求められている。　（野原）

重度重複障害

重度重複障害（profound and multiple disabilities）という用語は，1975年に当時の文部省組織である「特殊教育の改善に関する調査研究会」による「重度・重複障害児の対する学校教育の在り方について（報告）」において初めて使用された。報告書では，「これまで公立義務教育諸学校の学級編成及び教職員定数の標準に関する法律等で定められている重複障害児（盲・聾・知的障害・肢体不自由・病弱を2つ以上あわせ有する者）」の他に，発達的側面からみて，「精神発達の遅れが著しく，ほとんど言語をもたず，自他の意思の交換及び環境への適応が著しく困難であって日常生活において常時介護を必要とする程度の者」，行動的側面からみて，「破壊的行動，多動傾向，異常な習慣，自傷行為，自閉性，その他問題行動が著しく，常時介護を必要とする程度の者」を重度重複障害児ととらえている。

重度重複障害と似た言葉に重症心身障害がある。重症心身障害とは，児童福祉法第7条の2における重症心身障害児の定義において，「重度の知的障害及び重度の肢体不自由が重複している児童」とされている。

重度重複障害と重症心身障害とは，ほぼ同義語といえるが，重症心身障害は重度の知的障害と重度の肢体不自由が重複していることを必須条件とし，その他の障害の重複については言及していない。一方，重度重複障害は重度の知的障害又は問題行動を併せもつ重複障害として肢体不自由を必須条件とはしていないところから若干の差異はある。　（野原）

4．自閉症

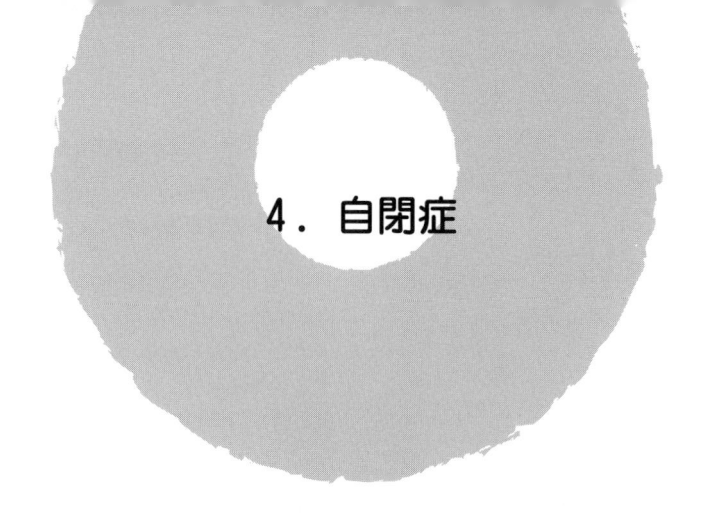

　自閉症（autism）は，人との相互的な関わりの難しさ，コミュニケーションの困難，興味・関心の狭さや反復的，常同的な行動，の3つの特徴が3歳以前から現れる障害をさす。1歳半頃から，言葉の遅れ，視線が合わない，多動，こだわりなどが目立ち始め，周囲に気づかれることが多い。米国精神医学会の『精神疾患の分類と診断の手引　第4版（DSM-Ⅳ）』では，「自閉性障害」と呼ばれ，社会性の障害を中核症状とする発達障害（中枢神経系の障害を基礎にした，発達期に現れて生涯持続し，継続的援助を必要とする障害）の総称である「広汎性発達障害」の下位グループに，アスペルガー障害などとともに属していたが，DSM-5では「自閉症スペクトラム障害」としてまとめられた。自閉症というと，自分の殻に閉じこもるといったイメージをもつ人もおり，親の冷たい養育態度が原因で，健康に生まれた子どもが人に対して心を閉ざすようになったと考えられた時期もあった。しかし，現在では，何らかの原因による脳の働きの異常によって生じることがわかってきており，養育態度に問題がある等の心因論は完全に否定されている。

　一般に，自閉症の障害特性として，情報の組織化（目や耳から入る情報を相互に関連づけたり，意味的なまとまりとして記憶したりすること）や言語的概念，時間の流れ，因果関係などの理解や般化（学習したことを他場面や他人に対して使えること）の難しさ，人との注意の共有やコミュニケーションの受容と表出の困難さ等がある。これらの特性が，他人には何でもない状況でも，混乱や不安などを容易に生じさせ，その結果パニック，こだわり，他傷・自傷行為等の状態が現れる。そのため，自閉症への支援は，このような特性を理解したうえで，環境を自閉症の人にとって予測可能な，視覚的にわかりやすいものに調整していく，場所・スケジュール・課題等の「構造化」を行う必要がある。

　自閉症には，知的障害を伴う場合と伴わない場合とがあり，教育を受ける場も特別支援学校から通常の学級と幅広く，必要な支援も一様ではない。そこで，一人ひとりの障害特性と個性を把握したうえで，保護者や専門家が協力して環境を整え，共通理解に基づく一貫した支援を行っていくことが重要である。なお，本人による著作等も，自閉症への理解をより深めるのに役立つと考えられる。

（若松）

エコラリア

エコラリア（echolalia）は，反響言語，オウム返しとも呼ばれ，聞いた言葉をそのまま繰り返すことをさす。その場で復唱する「即時性エコラリア」と後で反復する「遅延性エコラリア」があり，後者は自閉症の特徴の1つである。即時性エコラリアは，理解が難しい質問や指示がなされた時に現れることが多いが，肯定の意味合いを含んでいることもある。対応としては，理解や返答が可能と思われる聞き方に言い換えてみる，視覚的な手がかり（実物，写真や絵，指さしなど）を併用する，また，例えば，「ジュース飲む？　飲まない？」に対応させて指を2本立て，どちらかの指を選ばせる等の方法も考えられる。指導者が複数いる場合には，質問に対して別の指導者が正しい返答のモデルを示し，模倣を促していくことも効果的であろう。

一方，遅延性エコラリアについては，不安や混乱，退屈などの表現であることが多いので，その原因と考えられるものを可能な範囲で取り除く，スケジュールや視覚的手がかり，タイマー等によって，待ち時間や次にとるべき行動，手順などの見通しが持てるように工夫する，空き時間に行う遊びのレパートリーを増やす，「しゃべらない」などの文字による指示書等の対応が有効な場合もある。しかしながら，理由が推測し難い場合もあり，完全になくすことは難しかったり，心理的安定を得るための手段になったりしていることもあるので，自室など，言っても許される場面を設けておくことも必要であろう。

（若松）

TEACCH自閉症プログラム

TEACCH自閉症プログラム（TEACCH Autism Program）とは，1972年にエリック・ショプラー博士がアメリカのノースカロライナ大学医学部精神科に創設した自閉症療育部門の名前であると同時に，そこを中心に同州全域で行われている自閉症の人たちや家族のための生涯にわたる包括的な援助システムの名称である。その活動は，州内に現在7か所あるTEACCHセンターで行われている診断や評価のサービス，センターのスタッフが学校等に出向いて行うコンサルテーション，セミナー，研究，スタッフ養成など多岐に及んでいる。

TEACCH自閉症プログラムでは，自閉症の人の思考や行動の特性を「自閉症の文化」ととらえ，自閉症の人たちに彼らを取り巻く環境の意味を伝え，意味のあるコミュニケーションをしながら，彼らとの共存を目指している。その基本理念は，自閉症の特性の正しい理解，親との協力関係，正確な評価に基づく個別化された教育プログラム，構造化された教育などである。自閉症の人に新たなスキルを教えることと，尊厳，生産的で個人的に意味のある活動に従事すること，安心や自己効力感，自信などのような，人間としての基本的要求の実現を目標としたTEACCH自閉症プログラムの優れた成果は，今や世界中に知られるところとなっている。

（若松）

こだわり

こだわりは、同一性の保持ともいわれ、自閉症の3つの特徴のうちの1つである。こだわりには、電話番号や商標などへの強い興味、着る服や食べるものが決まっている、ビデオの同じ部分を繰り返し見るなど、特定の事物に対する強い執着、通る道や物の位置、スケジュールや作業の手順が決まっているなど、特定の習慣・儀式への頑固なこだわりや変化に対する抵抗、手をヒラヒラさせたり紐を振ったりなどの、常同的で反復的な運動、車輪や換気扇の回転等、物体の一部への持続的な熱中などがある。

こだわりへの対応については、例えば身体を大きく揺すったりする常同行動が精神的な安定につながっている場合などもあるので、こだわりを完全になくそうと考えるのではなく、「○○が終わったら、～しよう」「あと○回」等の言葉かけで、こだわっていい場所や時間・回数などを限定したり、変更が可能な部分から少しずつ変えていったりする等の働きかけで、こだわりを社会的に許容できる範囲のものにしていくことが必要である。また、スケジュールの提示や視覚的手がかりの利用、予定の変更を前もって伝える等の配慮によって、見通しが持てないことや予定の急な変更などから来る不安が軽減され、こだわりの緩和につながることも考えられる。さらには、水への強い執着や物を揃えて並べることへの関心を、清掃や散水作業、商品の陳列等に活かすなど、こだわりを社会的に有用な形で利用していこうとする視点も大切であろう。

(若松)

マインド・ブラインドネス

他者の心を読むことのできない状態をさす。1990年にイギリスの心理学者バロン＝コーエンが提唱した概念で、自閉症のある者が他者の立場に身を置いてその人の目に世界がどう見えているかを想像することができず、相手の感情に対して適切な反応をすることもできないことを「マインド・ブラインドネス（mind blindness：心が見えない）」状態にあると表現した。

認知課題を用いた研究は、視線検出、注意共有などの初歩的メカニズムの欠如が言葉、社会的慣例の理解、感情の認知などの発達の遅れを引き起こし、初歩的メカニズムの恩恵を得ずに発達が進むことにより、自閉症のさまざまな特異的な症状が引き起こされると説明している。また、機能的脳イメージングや後天的脳病変の研究からは、「心の理論」が機能するためには、内側前頭領域が大きく関与していることが示されている。

知能指数が標準以上の高機能自閉症やアスペルガー症候群の子どもは、言語によるコミュニケーションが可能であるために、逆に、相手の心の働きを推測する能力に問題があることが気づかれないことが多い。誰かの失敗をまるで相手をこき下ろすかのように大笑いしたり、また、左右どちらかの片手にコインを隠す遊びで、空いている方の手を閉じなかったり、隠す動作を相手に見せながら手を閉じたりするなどの状況がみられる場合には、子どもへの関わりの際に支援的な配慮が必要な場合が多い。

(立元)

自閉スペクトラム症

　国際的に用いられている，アメリカ精神医学会の示す診断基準であるDSM－5によれば，自閉スペクトラム症／自閉症スペクトラム障害（autism spectrum disorder）とは，持続する相互的な社会的コミュニケーションや対人的相互反応の障害，および限局された反復的な行動・興味・活動の様式を基本的特徴とする発達障害の1つである。知的障害を伴うものから，支援の程度が比較的軽度なものまで含めると100人に1人程度の出現率であるという。注意欠如・多動症（AD/HD）や発達性協調運動症（DCD）などと並存することも少なくない。

　言葉やコミュニケーションの獲得の遅れや質的な異常が幼少期から存在する。言葉を話しても，オウム返しや疑問文で要求するなど独特な使用がみられることがある。指差しなどの非言語性コミュニケーションの理解や使用にも困難を示すことが多い。視線を合わせることや顔の表情を読み取ることが苦手，他者の視点や心情を理解することが苦手などの社会性の困難も持ち合わせている。またおもちゃを本来の用途どおりではなく一列に並べたり叩いたり回したりなど単調で機能的でない遊び方をしたり，儀式的行動に執着したり，小さな変化に対してもパニックになるなどのいわゆるこだわり行動がみられるのも特徴である。その他，音やにおい，食感など，感覚に対する過敏・鈍麻といった異常がみられる。幼児期では確定診断がつかないケースも少なくないが，保育者には障害名ではなくその子の特性に気づき，個に応じた適切な支援を行うことが求められる。　　　　　（水内）

高機能自閉症

　自閉症の診断基準に当てはまる臨床的特徴を示す自閉症スペクトラムの中で，比較的，知的・認知的能力の高い群をさす。現状では，IQ70以上が診断の目安となっており，その人たちを総称して高機能自閉症（high functioning autism）と呼ぶ。クリストファー・ギルバーグによれば，IQ70以上を示すのは，自閉症全体の中で20％に達するという。しかし，IQ70～IQ140台までの人たちでは，実際の様相はかなり異なる。さらに，IQの高さと社会的適応能力の高さが一致しているとは限らないため，高機能自閉症と総称しても，さまざまであることを留意しておくべきである。

　しばしば，アスペルガー症候群との違いが議論されるが，その鑑別は専門家によって意見が異なる。アスペルガー症候群とは，1944年に「児童期の自閉性精神病質」を著したハンス・アスペルガーに由来し，自閉症スペクトラムの中で，言語あるいは認知的発達において，遅れがみられない群を示す。高機能自閉症とアスペルガー症候群を厳密に区別すべきとの意見も一部にあるが，ローナ・ウイングによれば，少なくとも臨床的には高機能自閉症とアスペルガー症候群を厳密に区別する必要はないという。

　幼児期においては，高機能自閉症と診断されることは少なく，広汎性発達障害，あるいは，「ちょっと気になる子」と認識されることが多い。保育の中では，厳密に診断を受けていることにさほど意味はなく，一人ひとりの子どもの特徴に応じて，発達支援を行っていくべきである。　　（松井）

クレーン現象

クレーン行動とも呼ばれ，指差しや発声・言葉による要求をせず，文字どおり他者の手をクレーンのように吊り上げて，欲しいものをとらせようとする行動をさす。

特に知的障害を伴う自閉スペクトラム症児にみられることが多い。ただし，クレーン現象を示さない自閉スペクトラム症児もいるため，この現象の有無をもって自閉スペクトラム症かどうかの診断はできないことに留意すべきである。

クレーン現象は，コミュニケーション行動の一形態として，障害の有無にかかわらず幼児期にみられる行動であり，健常児の場合，その後は，指差し，そして言葉によるコミュニケーションへという発達過程をたどるため奇異に思われることはない。しかし自閉スペクトラム症児は，要求表出の手段を獲得することが難しく，長期にわたって出現することが特徴的である。

クレーン現象がみられた時には，要求動作や言葉を獲得するよいチャンスととらえ，簡単な言葉を添えたり，指差しの仕方を教えたりすることが望ましい。例えば，棚にあるバナナのおもちゃをとってほしいときにクレーン現象を示した場合には，「バナナがほしいんだね。これはバナナだよ」と言ったり，指差しをする指の形を手にとり，一緒にものを指差して，「バナナ」と名前を教えたりする。このように，クレーン現象に対しては，支援者は，無言で物だけを与えることはせず，言葉かけを随時行いながらかかわることを習慣化することが大事となる。 （水内）

サヴァン症候群

「サヴァン」とは，フランス語で「賢人」という意味の言葉である。サヴァン症候群（idiot savant syndrome）の人は，ある特定の領域（特殊感覚，絵画，機械組み立て，音楽，数学，記憶，暦計算など）に超人的な能力を発揮する。1887年，J.ランドン・ダウンは，膨大な量の『ローマ帝国衰亡史』（エドワード・ギボン著）を一字一句違わずに諳んじ，さらにはまったく逆から読んでみせる常軌を逸した記憶力をもつ男の話を報告し，サヴァン症候群と命名した。サヴァン症候群の原因は脳の発達障害とされているが，はっきりと解明されていない。だが，左脳に障害をもつ人が多いことから，これを補うべく右脳が発達し，関連領域の能力が突出したとする仮説が有力である。その才能ゆえに社会生活に困難を示す場合も多い。ダロルド・A・トレファートらによれば，サヴァン症候群は，自閉症者の10人に1人，脳損傷患者あるいは知的障害者の2,000人に1人の割合でみられる。男女比は6：1で，知能指数は通常40〜70とされている。

サヴァン症候群の人生を主題にした映画「レインマン」のモデルとされたキム・ピークは，膨大な情報を，短時間で完全に記憶し，インターネットの検索エンジンのように，情報を瞬時に取り出すという，特異な才能をもっている。このように，さまざまなメディアでサヴァン症候群の特異な能力や感覚が描かれている。 （松井）

5．多動な子ども

　子どもの多動性についてICD-10では「早期に発症し，認知の関与を必要とするような活動を持続できず，1つの活動を終わりまで成し遂げることなく次々に別のことに移りまとまらず，統制を欠いた多動を伴う」ことを特徴としている。不注意，過活動，衝動性が6か月以上持続し，発症が7歳以前で，家庭，学校，診察室などのうち2か所以上で出現することが要件である。1970年代には小児精神科の分野では落ち着きを欠き，手先が不器用で，集中力・持続力が乏しく，学業が知的水準に比べて低く，行動異常を生じやすい子どもたちをMBD（微細脳機能障害）と呼んだが，微細な神経学的異常（ソフトサイン）以外に積極的診断基準を欠くため近年この呼称の使用はない。特異的言語発達遅滞の中にはこの診断に当てはまる一群があり，多動性障害とも重複している部分もある。子どもの多動傾向の判断は，親や保育者の見方に左右されることが多い。性差も大きく，男児の発達ぶりを見慣れた母親は，少々の多動傾向にも寛容だが，女児の発達の過程のみを見る機会が多かった母親は，男児の多動ぶりに驚かされることが多いようである。

　AD/HDをその子どもの持ち味としてその行動特性を認める傾向もあるが，外在的問題行動傾向や内在的問題行動傾向へと進行してしまう二次障害のおそれもある。そのため，適切な薬物治療と不適応のもととなる問題行動傾向の改善や予防のために，対象児に対するソーシャルスキルトレーニングや親に対するペアレントトレーニングの導入が進みつつある。

　広汎性発達障害の子どもも，こだわりや常同行動による反復的な行動によって，多動傾向を疑われることがある。年齢に不相応なほどの多動傾向を示す場合には，まずAD/HDと疑われるが，診断としては広汎性発達障害のほうが優先される。高機能自閉症・アスペルガー症候群の子どもの場合は，パニックを起こしにくい環境の整備や情報提示方法の調整や，子ども自身へのスキル訓練が必要である。

（立元）

AD/HD（注意欠如・多動症）

　AD/HD（Attention Deficit/Hyperactivity Disorder）は，多動性・衝動性，あるいは不注意のどちらか，あるいはそれらの双方の症状を特徴とする発達障害の1つである。一卵性双生児ではきわめて高い頻度で一致して症状がみられ，血縁者に共通してみられることが多い。遺伝的な要素にさまざまな要因が加わって抑制や自制に関する脳の神経回路が発達の途上で損なわれ，症状が発現するものと考えられている。多動性・衝動性優勢型，不注意優勢型，混合型に分類される。長時間じっとしているなどの制約が求められるようになる小学校入学前後に発見される場合が多いが，不注意優勢型の場合には，幼少期には見過ごされてしまうこともある。

　集中力が続かない，気が散りやすい，忘れっぽいなどである「不注意」，じっとしていることが苦手で，落ち着きがないなどである「多動性」，思いついた行動について，行ってもよいか考える前に実行してしまうなどの「衝動性」を特徴とし，日常生活におけるさまざまな困難をもたらす。これらの症状は，成長とともに自律的なスキルを身につけることによって改善されることも多いが，大人になっても症状が残る可能性もあり，二次障害につながる危険性もあるため，子どもに対するソーシャルスキルトレーニングや親に対するペアレントトレーニングなどの行動療法と薬物治療との併用による治療介入が推奨される。（立元）

AD/HDの薬物療法

　AD/HDの症状が深刻でそのままでは改善が見込めない場合，投薬による医学的処方がなされることがある。メチルフェニデートは，AD/HDに比較的効果があるといわれる中枢神経刺激薬の1つである。日本では，リタリンやコンサータといった商品がメチルフェニデートを含む医薬品である。

　これまではリタリンが使用されてきたが，AD/HDが保険適用外だったことや効果の持続が3〜4時間という短所に加え，依存や濫用などの不正使用が相次いだため，2007年10月からその流通管理が厳格化された。さらに，2008年からは18歳未満のAD/HDに対してコンサータが使用されるようにもなった。これは12時間程度持続するため，親の目の届く範囲での服用が可能である。もちろんこれらの使用にあたっては，医師の適切な診断と説明をふまえ，家族や本人による慎重な判断が不可欠である。

　AD/HDへの投薬は，AD/HDの主たる特徴といえる多動性や衝動性を軽減させ，注意の持続時間を長くさせる効果がある。例えば，根気よく冷静に他人の話を聞いたり落ち着いて指示に従えるようになるため，これらの点で日常的に失敗し続けていたAD/HDのある本人にとって自尊心の向上に役立つ。また，周囲の家族が感じている苛立ちやストレスの軽減にもつながる。

　ただし，AD/HDのある者が18歳以上になった場合，これらの処方は認められていないため，薬物療法は困難であり，問題となっている。　　　　　　　　　　（増田）

ソーシャルスキルトレーニング

ソーシャルスキルトレーニング（SST：Social Skills Training）は，バンデューラの社会的学習理論に則って行われる行動療法の1つである。

昨今では，幼稚園や保育所・小学校の子どもを対象としたSSTが注目されている。子どもに対するSSTは，社会性の発達促進という教育上の目的，AD/HDやその他の発達障害の子どもの二次障害の予防や社会性の改善を目指す目的で，集団あるいは個別の形態で行われる。

SSTは，モデリング，教示，ロールプレイ，過剰学習と般化のプロセスから構成される。モデリングでは，トレーナーが，望ましいスキルの手本を演じてみせる。子どもたちは直感的にスキルの概要を把握することができる。続いて，トレーナーは，子どもたちが望ましいスキルを理解するためのポイントをいくつか教示する。この際には，スモールステップを重視して，ポイントは多すぎないようにすることが大切である。その後，モデリングで演じたものと同様の場面で，子どもたちにロールプレイをさせ，ポイントを守って演じることができたことやその他のうまくできたところを褒めて強化する。ロールプレイを何度も繰り返し習慣化を図る過剰学習や，類似した異なる場面や相手や場所を変更してロールプレイをおこなったり，実際の社会的場面での目標スキルの使用を褒めていく般化の手続きの中で，実際の生活の中で必要なスキルを高めていく。　　　　　（立元）

ペアレントトレーニング

ペアレントトレーニング（parent training）は，子どもの親に子どもの望ましい行動を教える方法や，困った行動を止めさせ望ましい行動に切り替えさせる方法を身につけさせていく，行動理論に基づいた心理療法の1つである。

海外では，マスコミを利用したユニバーサル介入から個別の拡張型の介入までの階層的なプログラムを備えるトリプルP，ビデオによるモデルをもとにディスカッションを行うことが特徴的なウエブスターストラットンのペアレントトレーニング，無線インカムを利用して実際に子どもに関わっている親に教示や強化を与える方法が特徴的なPCIT（Parent-Child Interaction Theory），反抗挑戦性障害や行為障害などの重大な問題を抱える子どもに対して治療的に行うバークレーのプログラムなど，理論的根拠のバックグラウンドを共有するいくつものプログラムが実践されて，科学的な介入効果の検証が競われている。

わが国では，発達障害児をもつ親に対するプログラム（肥前方式親訓練：HPST）から始まり，AD/HDを中心とする発達障害の子どもをもつ親を対象とした療育的なペアレントトレーニングが広がり始めている。また，昨今では，家庭の教育力の向上や，家庭と幼稚園・保育所や学校との間の連携強化が求められており，ペアレントトレーニングを子育て支援の方策として導入することは，家庭の教育力の改善や教育・保育施設間の連携強化を達成する鍵となる。
（立元）

セルフマネジメント

セルフマネジメントは、「自己管理・自律」と訳される。障害のある子どもの支援で用いられる応用行動分析におけるセルフマネジメントとは、行動や感情など自分の心身状態を他者の手を借りずに自分自身で調整することをさす。

幼児期の子どもが、おばけ屋敷に入場する際に「怖くなんかないさ…」と歌ったり、お使いの際にお使いの内容を復唱しながら歩いたり、自身にとって重大な局面では思考内容を発話する外言によって自己統制をしようとすることがある。ケンドールによる「子どものストレス対処法」は、外言によるセルフマネジメント法の1つである。

子どもと仲間とのやりとりの中では、順番を待ったり、ゲームでの負けを認めたりという感情のセルフマネジメントが必要な場面が多くある。子どもが幼い場合には、保育者は意図して感情や欲求のマネジメントのための言葉を提示して子ども自身による統制を支援する。自己統制が必要な場面を乗り越えたことを認めてもらったり、誉められたりする経験を重ねるなかで、子どもは自己統制の力を向上させ、また、外言は内言化されていく。

一般に幼いほど自ら興奮から脱していくセルフマネジメントは困難であるが、年齢にそぐわないほど自己統制が困難な発達障害をもつ子どもや、過剰に興奮しすぎてしまっている子どもに対しては、子どもを興奮のもととなるものから引き離ししばらく座って興奮を冷まさせるなどのタイムアウトの技法が有効である。 　　　　（立元）

二次障害の予防

AD/HDや広汎性発達障害、学習障害などの発達障害のほとんどは、その原因は器質的なものであると考えられている。しかし、子どもたちの衝動性、多動性、注意の問題、集中力のなさ、あるいはパニックや学業への支障などはたびたびトラブルの種となり、当該の子どもは恒常的にストレッサーを抱えることとなる。トラブルを避けるために回避行動を繰り返しがちになり、さらには引っ込み思案傾向や抑うつの症状などの二次障害を引き起こしてしまう。

また、発達障害の子どもは、親や教師の指示をしっかりと聞き、理解しないままに行動してしまうことが多い。親や教師は、子どもへの指示を完遂させるために厳しい叱責、暴力行為に及ぶことがある。子どもにとって最も身近な親や教師のこのような行動は、子どもにとっての対人行動上の手本となり、他者に何らかの行動を望む際に、威嚇や攻撃によって相手に行動を強いる行動パターンを学習し、恒常化させ、ひどくなると行為障害（CD: Conduct Disorder）や反抗挑戦性障害（ODD: Oppositional Defiant Disorder）のような重大な二次障害に発展することもある。

このような二次障害を予防するためには、身につけてしまった不適切な社会的関わりの方法を、より望ましい方法に変容させていくソーシャルスキルトレーニングや、子どもにとって最も身近な大人である親に暴力的・威嚇的でない合理的なしつけの方法を教授していくペアレントトレーニング、およびそれらの併用が有効である。（立元）

「キレる」子ども

「堪忍袋の緒が切れる」という表現は昔からあるが、「キレる」という言葉は、一見、普通に過ごしていた子どもが突然に怒りに任せた言動にでる状態をさす。

人間が生活していくなかでは、意図通りに進まない事態はたびたびある。そのような場合、私たちは自我防衛機制を働かせて自らの非を認めることを逃れ、自我を守ろうとする。昨今の「キレる」事態は、自我の崩壊を防ぐために、逆に自分を投げ出してその事態を強引に逃れようとする、投げやりな機制のように思える。「キレる」事態は、欲求不満耐性や感情のセルフマネジメント、問題解決のスキルが十分に育っていないことによると考えられる。

他方で、急に「キレた」という場合には、年齢に即したセルフマネジメントの発達が阻害されるような発達障害の存在が見過ごされていることがある。例えば、高機能自閉症・アスペルガー症候群に分類される発達障害をもつ子どもがパニックを起こした場合、子どものトラブルのために来園した保護者もまた同様な障害をもっていた場合や、青年期以降には双極性障害（躁うつ病）をもつ人が躁転して急に攻撃性を発揮したことが原因である場合には十分な注意が必要である。このような場合、パニックを起こしにくい環境や情報の構造化や、「キレる」行動を引き起こすストレスをマネジメントするスキル、気分転換の方法などを身につけさせることが重要である。

（立元）

自尊感情

自尊感情（self-esteem）とは、自分自身のことをかけがえのない存在として認め、欠点も含めて好きになる気持ちをさす。人間は社会的動物であり、行動の結果には常に自他からの評価が伴う。その評価が高ければ誇りや満足感を抱くが、自他からの評価が低い場合には誇りが傷つけられることになる。

特にAD/HD児をはじめ、発達障害のある子どもは、全般的な知的発達の遅れがないといわれているため他者からは障害があるとはわかりにくい。したがって、難しいことやできないことがあっても、本人の努力不足や怠慢に原因が帰属されがちである。その結果、いつも教師や保護者から叱責を受けたり、仲間から嘲笑されることとなる。さらに小学校の中学年ぐらいになると、なにかできないときに「どうせ僕はAD/HDだから」などと自分を卑下した言い方をする子どもも少なくない。そしてこうした自尊感情の低下に伴う二次的問題が反抗挑戦性障害や行為障害へとつながるケースもある。

自尊感情は、生涯にわたる自己形成やアイデンティティ確立にも大きな影響を与えるため、適切な自己理解の促進とともに幼少期から育んでいく必要がある。具体的には、できたことを即時にかつ具体的にほめる、できなくても仕方がないなどと能力を低く見積もらない、きょうだいや他児との比較をしない、活動に選択肢をもたせ自分で決定するという感覚をもたせる、などの配慮が求められる。

（水内）

6．園内体制の整備

　保育所・幼稚園において障害のある幼児や気になる子といわれる幼児を保育する場合，園内での支援体制が重要になる。支援の必要な子どもに対して担任保育者が1人で関わりを持とうとしても，園内体制の整備が整っていない場合，担任保育者だけに負担がかかり支援が中断してしまったり，適切な支援方法が行えなかったりすることが考えられる。そういった状態を防ぐため，園内体制の整備が必要である。同時に，子どもの支援においては，園長や主任，他クラスの保育者，加配担当保育者など，園内のさまざまな立場の人により組織的に支援することが大切である。

　園内体制の構築は，コーディネーターを中心として，担任保育者，園長，加配担当保育者，他クラスの保育者など複数の人で支援チームをつくることから始まる。コーディネーターは，支援チームの日程調整や，他機関との連携，園全体における園内研修の企画など，支援が計画的にスムーズに行われるように企画，運営する必要がある。また，支援チームでは，発達アセスメントの実施，個別指導計画の作成，保護者との連携，他機関との連携，年長児の場合は就学指導委員会の開催，就学先との連携など，年間を通してさまざまな支援が実施される。これらは，時期を逃すとうまく支援がつながらない場合もあるために，どの時期に，どのような支援を行うのかについて，コーディネーターが支援計画を作成することで，支援チームのメンバーが支援に対する見通しをもつことが可能になる。また，支援計画を作成することで，支援チーム以外の保育者にも，現在どのような支援を行っているかを示すことができ，園全体の共通理解を促すことにもつながる。しかし，コーディネーターの業務は，年間を通して多岐にわたることから，あまりにも負担が大きくなる場合は，主任や他の保育者が役割の一部を担うことも必要である。

　子どもの発達アセスメントや個別指導計画の作成などは，担任保育者を中心に行われることが多い。しかし，担任保育者1人が行うのではなく，加配担当保育者や他クラスの保育者，園長などからなる支援チームで，実施，作成することが大切である。例えば，1人の子どもに対して複数の保育者がおのおの発達アセスメントを実施することで，子どもの姿を多角的にとらえることが可能になり，個別指導計画や支援を見直すきっかけになることが考えられる。

　　　　　　　　　　　　　　　　　　　　　　　　　　　　　　　　（佐藤）

支援シート

　幼稚園・保育所、療育機関、家庭等における子どもたちの様子や保育、療育の内容とともに、必要な支援や配慮について記し、移行先での子どもの生活をより適切なものにするために作成するシートをさす。

　障害のある一人ひとりに個別の計画を立案して保育を進めることが、保育所保育指針、幼稚園教育要領に明記されている。個別計画を立案するためには、多様な側面から子どもの情報を知る必要がある。そのため、障害のある幼児の保育にあたっては、複数の保育者によるチームで保育を進めることが推奨され、保育カンファレンスなどの協議の機会を設けて、子どもにとって望ましい保育が思案される。

　このように、複数の保育者がチームで保育を行う場合、簡便な書式で記入できる支援シートの活用が有効である。支援シートには、対象となる子どもの支援者が、「いつ」「どのような場面で」「どのような支援を行い」「どのような関わり方がうまくいったのか」「どのような関わり方がうまくいかなかったのか」などの情報を関わった際の子どもの様子や要点を交えて記入する。複数の関係者から支援シートを集めることによって、さまざまな生活場面における子どもの様子を把握でき、個別の計画を立案する際の基礎的な資料にすることができる。

　支援シートは、保護者、医療・福祉等の関係諸機関との連携や小学校への情報伝達など幅広く使用される。また、障害の有無に関係なく、すべての幼児に汎用できるものであり、定期的に記入し蓄積することで保育の見直しにも用いることができる。

（松井）

定期健康診断

　市町村が定期的に行う乳幼児のための健康診断をさす。1歳児以上では、1歳6か月児健診と3歳児健診が実施されており、身体発育状況、言葉や発達に関する診査、育児相談などが医師や保健師などによって行われる。また、近年、5歳児健診を実施する市町村もある。健診場面では集団生活での様子がわかりにくいので、保育所等での子どもの様子を普段から保護者に伝えておくことが大切である。また、子どもの発達の気がかりな点を、保育者から保護者に伝えにくい場合もある。そのような時は、保育者や園内のコーディネーターが事前に保健師と連絡をとり、気になる点を伝えておくことも1つの方法である。健診時に発達の遅れや気になる点があれば、後日、詳しい発達検査を受けることがある。保護者に対しては、保育所等でも日常に支援を行うことが大切であるので、情報を共有したいことをお願いし、可能であれば発達検査の結果を教えてもらうとよい。また、プライバシーに配慮しながら園内のコーディネーターや園長とも協力し、保護者にも園内に「子どもや保護者を支援する複数の人が存在する」という情報を共有することも大切である。保護者が健康診断結果を受け入れることが難しいケースでは、保健師が保護者との連携がとりにくいことがある。そのような時、保育者は、無理に発達検査

の受診をすすめたりせず,「保護者の味方」という立場で話を聞くことも重要な役割である。　　　　　　　　　　　　　(佐藤)

保育カウンセラー

　保育所や幼稚園の職員や保護者に,専門的な立場から支援を行う役割を担っている者をさす。現在,保育カウンセラーには,2種類ある。1つめは,文部科学省が地域で幼児教育を支援する取り組みとして,臨床心理士,臨床発達心理士などの資格を有している人や発達心理学などに関する専門的知識を有している人が行っている。ここでの保育カウンセラーは,保育実践には直接関わらず,保育者や保護者からの相談を受けることが主な業務である。常勤ではない場合が多く,要請があった時や定期的に園へ出向いて支援を行う。

　2つめは,全国私立保育園連盟が認定しているものである。これは,保育実践を行っている保育者が専門的な知識やカウンセリングについての養成講座を受け,資格を取得するものである。カウンセリングマインドを学ぶことで保育実践の力を高め,子どもや保護者,そして保育者を援助していこうというものである。講座を受講するためには,3年以上の保育者経験が必要である。こちらは,保育を行いながら,必要に応じて保育カウンセラーの役割を果たすことが多い。

　どちらの保育カウンセラーであっても,子どもの発達に関する実態把握,保育実践での支援方法についての助言や保育カンファレンスでのアドバイス,保護者への支援,園と医療機関等の連携の促進,就学時の就学先の教員と保育者・保護者をつなぐ役割などが求められている。(佐藤)

カウンセリングマインド

　人間と人間の基本的信頼を築くための基礎であり,保育の場において,子どもの成長・発達の力を深く信頼し,一人ひとりの子どもに関心をもち,認め,尊重し,理解しようとする姿勢や態度をさす。

　対人関係が希薄になり,孤立が目立つ現代社会において,人間の円滑な関係性を子どもの世界のみならず,子どもの周囲の大人の世界も再構築していかなければならない。文部科学省「保育技術専門講座資料」によれば,「幼稚園教育に必要な教師の専門性は,一人ひとりの幼児の内面を理解し,信頼関係を築きつつ,発達に必要な経験を幼児自らが獲得していけるように援助する力である。教師の資質は,カウンセリングの過程の中で,カウンセラーが相談に訪れた人の心に寄り添いながらともに考え支えていこうとする姿勢と共通する。すなわち,これからの幼稚園教育においては,カウンセリングマインドを理解し,その姿勢を身につけていくことが教師に求められている」とされる。現代の保育・教育において,それぞれの子どもの発達,家庭環境などへの理解および,カウンセリングの基本である受容と共感が大切にされる。　(星山)

PDCA サイクル

PDCA サイクルは，ウォルター・シューハート（Walter A. Shewhart）らによって提唱されたもので，Plan（計画），Do（実行），Check（評価），Action（改善）の頭文字をとって名づけられたものである。近年では学校における教育課程や，各教科等の学習活動の目標や内容，評価規準や評価方法，評価の計画も含めた指導計画や指導案の組織的な編成・作成の際に用いられている。特別支援教育において Plan は，保育所や幼稚園，学校において保育課程や教育課程や，各教科等の学習活動の目標や内容をもとにして個別指導計画を作成する。Do は，指導計画をふまえた教育活動の実施。Check は，幼児・児童・生徒の学習状況の評価，それをふまえた授業や指導計画等の評価。Action 評価をふまえた授業改善や個に応じた指導の充実，指導計画の改善，となる。最後の Action を次の PDCA サイクルにつなげ，螺旋を描くようにサイクルを向上させ，継続的な改善する。

保育や教育に PDCA サイクルの原理を応用してみると，まず，幼児の特性や発達の理解や，実態把握をもとに目標や計画を作成することである。これらの個別支援計画に基づき，適切な指導・支援がなされる。さらにその成果を評価されることで，次の段階に進むことが可能となる。再び次の PDCA サイクルにつながり，その質が向上するようにシステム化することが大切である。また，このサイクルを実行するには，多角的で長期的な取り組みが必要となるので，園内体制，校内体制の見直しやチームによるアプローチが必要となる。 （星山）

園内研修

障害のある子や気になる子に対して適切な対応や支援を行うためには，保育者が保育実践で培った経験をもとに対応することが有効な場合が多い。しかし，それだけでは，時に独りよがりな対応になってしまい，子どもにとっても保育者にとっても精神的な負担が多くなってしまう。特に障害のある子どもや気になる子どもへの保育を行う場合，知識をもっていることも適切な支援を行ううえで大切なことである。昨今では，障害児の支援に関する研修会も開かれているが，職員全員で参加することは時間的，経済的に困難な場合がある。また，個人的参加は，参加者が学んできたことを園内で共通理解することが難しく，保育に活かしにくいことも多い。それに対して園内研修では，職員全員で障害児保育に関する専門家の話を聞いたり，本の輪読会を開くなど，子どもへの理解を深められ，いろいろな支援方法のアイディアを考えたりすることができる。園内での全職員が参加する研修会は，園外で開かれる他の研修会と異なり，職員全員が参加することによって，共通認識がもちやすくなる。そのためそこで学んだことを保育実践に活かすことが容易になる。個々の保育者がこれまでの実践で得た経験に併せ，園内研修で学んだ知識をもつことで，園全体の取り組みとして，それぞれの子どもへの適切な支援を行うことが可能となる。 （佐藤）

支援チーム

　発達特性のある子どもへの共通理解を図り，特性に応じた具体的な支援を共同で行うために編成されるチームをさす。

　障害幼児や気になる子を保育する時に，その子どもの担任だけが1人で問題を抱え込んでしまうことがある。しかし，園長，主任，加配担当保育者，他の保育者などいろいろな立場の人で支援チームをつくることによって，適切な支援が可能となる。なぜなら，子どもの園生活における人的環境は，担任1人ではなく，園庭で他クラスの保育者と遊び，園長や主任と関わる機会もある。また，延長保育の時間帯は担任以外の保育者と，担任が不在の時は代わりの保育者と過ごすこともある。担任以外の人々も，その子の得意なことや苦手なこと，どんな支援が必要かということを把握していれば，その子に適切な支援やかかわりができる。また，園内のいろいろな立場の人で支援チームをつくり，複数の目で子どもを観ることで，担任1人では見えなかった子どもの得意なことや課題を明らかにすることができる。職員間で課題や意識を共有し，子どもへの丁寧な関わりへとつながっていくことは，1人で問題を抱え込みがちな担任保育者の支援にもなり，よりよい保育実践が可能になる。具体的には支援チームで保育カンファレンスを行い，子どもの発達のチェックや，目標，支援計画，実践評価を行い，必要であれば他機関との連携を行ったりする。

（佐藤）

コンサルテーション

　精神科医や臨床心理士，大学教員など専門的な知識をもつ者が，コンサルタントとなり，保育者や教員などの相談を受けながら，助言を行うことをさす。昨今，保育や教育においては，専門家を取り込んだチームで取り組むチーム・アプローチの重要性がいわれている。幼稚園・保育所・こども園内での連携，あるいは地域内での連携をシステム化することにより，現在のさまざまな課題を効率よく解決することができる。現在，特定の発達や行動の気になる子どもや発達障害が疑われる子どもたちに対して，聞きとり，観察，面談，評価などを行い，支援の方法や指導方法を助言することが行われている。コンサルテーションを受ける際は問題点や実態把握を保育者が事前に明確にしておくことが大切である。またコンサルタントの言うままにならずに保育の実際に照らして自分の意見を言うことも重要である。支援の専門的なニーズが高いにもかかわらず，十分に対応しきれていない場面が少なくない。また地域におけるコンサルテーションの業務を担う専門職の養成も急務とされているが，まだ十分な制度として成立してはいない。今後それぞれの地域において，専門性の高いコーディネーター，スーパーバイザー等を育成し，コンサルテーションが自立的に機能するようにシステムの構築がなされつつある。

（星山）

7．保護者との連携

　少子化，核家族化などが進み，子育て経験の少ない保護者や，子育てをするなかで頼れる家族が少ない保護者も多くなっている。このような状況の中で，子どもへの支援において，さまざまな人が保護者と連携することは，子どもの育ちを保障するための環境づくりにつながる。
　子どもの発達に障害がある，発達に気がかりな点がある場合には，保護者と関係する人々との連携はさらに重要である。このようなケースではさらに，保護者には「育て方がわからない」などの不安や「子育ての悩みを知人と分かち合えない」などの孤立感が高まることも推測できる。子どもたちは保育現場においても地域の中においても，多くの支援を受ける。支援の方向性を統一するためにも，保護者と連携をとりながら子育て環境を作り上げていくことは重要である。特に昨今は，障害児の教育実践や研究も多く行われており，障害のとらえ方，育児の方法，療育の方法など，さまざまな情報があふれており，そのなかで保護者が混乱をしているケースも少なくない。このような場合に，子どもに関わるさまざまな人が，それぞれ異なる目標や方法で子どもの支援にあたると，保護者だけでなく子どもも混乱してしまう。そのため，園や関係機関，保護者が共通の基盤に立って，子どもの現状を理解し，子どもの支援にあたる必要がある。
　また，保護者が抱えるさまざまな問題に対して，園だけで対応するのではなく，各領域の関係機関と連携して，その特性を生かすとともに，保護者を支援できるいろいろな制度を活用し，子どもを取り巻く環境を安定させていくことが重要となる。
　保育や子育てに携わる支援者も，障害のある子どもに対して，どのように関わればよいのか悩む場面もある。そのような時にはやはり，子どもを最も近くで見続けてきた保護者からの情報が役に立つ。そのためにも幼稚園・保育所では日ごろから保護者から情報を得やすくするような関係を構築するといった工夫が必要となる。保護者と連携をとりながら，子どもの支援にあたることが大切である。　　（平田）

保護者の会

同じ障害や子育ての悩みをもつ保護者の集まりをさす。障害のある本人の集まりである当事者の会とは異なり、保護者が集まり、活動をする団体である。

現在、日本には、さまざまな保護者の会がある。同じ障害をもつ子どもの保護者が集まった団体、障害の種別は問わず、同じ目的（余暇活動支援や就職支援など）をもった保護者が集まった団体などがある。障害のある人が生活をするなかで、「もっとこのようなサポートがあれば」「現状がこのように改善されれば…」ということが出てくる。それを声としてあげ、制度化されるよう行政に働きかける団体が多い。

日々の具体的な活動の内容は多岐にわたっており、悩みの分かち合いから学習会の実施、地域への情報発信などさまざまな性格をもつ保護者の会がある。学校区や市町村内に限定されず、広範囲でつながりをもっている団体が多く、全国的に活動を展開している団体もある。

また、障害のある子どもを育てる際、悩みなど周囲の理解を得ることが困難であることもあり、同じ障害のある子どもをもつ保護者同士の集まりは、悩みの共有や共感、育児・生活などに関する情報源としても有効である。また、育児の方法に悩む保護者には、同じ障害をもった子どもの保護者の体験談は参考になる。どこへ行ったら必要なサポートを受けることができるか、といった地域内の情報も多く交換される。

（平田）

サポートブック

学校や地域で生活をする際に、支援を必要としている人が、効率よく適切な支援を受けることができるように、その本人に対する支援のヒントをまとめたものをさす。サポートブックには、適切な支援を受けるために必要な事柄（呼び名、コミュニケーションの方法、トラブルの対処方法など）が記述される。

サポートブックの活用は、障害のある本人、支援者、そして保護者にとってそれぞれメリットがある。まず、本人にとっては、幅広い人からの支援を受けることが予想されるため、サポートブックを活用することで、支援をする人が誰であっても、サポートの質と内容が保障されるというメリットがある。また、支援者にとっても、本人の情報が少ないなかで支援を行うと、手探りでの支援となり、うまくいかない場合に本人との信頼関係を築くことができず、意欲の喪失にもつながりかねない。コミュニケーションをとるヒントや介助の方法など、適切な情報を得てから支援に当たることができると、本人との信頼関係を築きやすく、意欲にもつながる。そして、保護者にとっても、育ちの経歴や支援方法を蓄積することで、支援者が変わる度に子どもとのかかわり方を一から説明をする労力が省けるため、よいツールとなっている。

障害についての解説ではなく、具体的な本人の生活について書かれるものである。現在では、雛形を提供する業者もある。

（平田）

7. 保護者との連携

● 専門機関連携

　子どもの発達に関わる主な関係機関として，医療機関，療育・教育機関，相談機関，福祉行政機関などがあげられる。

　医療機関では新生児スクリーニング検査や乳児健康診査を行い，早期発見・早期対応を目指している。医師の診断を受けて，保健センターの保健師や相談員が保護者への相談や支援サービスの情報提供，療育機関への紹介などを行う。

　療育・教育機関は，障害種別に応じた通園施設や医療機関と近接した総合療育センター，特別支援学校の幼稚部などがあり，子どもの発達に応じた支援計画や支援体制，プログラムを組んで療育を行っている。

　発達障害の場合，家庭では表面化しにくいため保護者は医療機関の受診をためらうことが多い。この場合，保健センターや子育て支援センター，大学の教育相談室などの相談機関と連携する必要がある。

　福祉行政機関のうち，児童相談所では主に各種福祉手帳の申請や養育困難なケースに対して一時保護などを行っている。発達障害者支援センターでは専門機関の紹介や福祉制度とその利用の仕方などに関する情報提供を行っている。また，各市町村の教育委員会や特別支援学校では，障害の特性や子どものニーズに応じた適切な就学の場についての相談業務を行っている。

　その他専門家チームによる巡回相談指導，親の会，ピアサポートグループなどがある。関係者は日頃から地域の関係機関の特色や情報をつかんでおくことが望ましい。

　　　　　　　　　　　　　　　（向井）

● 障害受容

　障害を有するということを本人あるいは保護者が受け入れ認めることをさす。特に，我が子の障害を受容する過程には，子どもの障害の内容や親の要因，さらに社会的要因などさまざまな因子が複雑に絡み合い，その受容過程はけっして単純なものではない。しかし，適切な支援のためには，障害を有していることをまず親が受け入れ認めることから始まるのである。

　ドローター（Droter, D.）らの段階説によると，先天性奇形障害をもつ子どもの両親の障害受容例を次のようにとらえている。子どもの誕生の後，ショック→否認→悲しみ・怒り・不安→適応→再起というプロセスを経て，障害受容が進んでいく。障害受容に関連するさまざまな要因の中で，子どもの障害の種類と程度は親の受容過程にもっとも大きな影響を及ぼすと考えられる。特に，発達障害などの場合，「目に見えない障害」であるが故に，子どもの障害の実態が見えづらいところがあり，その過程は段階的にスムーズにいくわけではなく，心理的葛藤や慢性的悲哀感なども強く複雑である。

　保護者への支援としては，絶望や希望の感情を抱きつつも我が子のために奔走している保護者のことを理解し，共感し，連携を密にはかりながら，精神的な支援をしていくことが重要となってくる。　　（三吉）

3章　障害

● 連絡帳・園だより

　幼稚園・保育所の生活において，保護者に必要な事柄を伝える手段として，保護者と保育者との間で日々やりとりされる「連絡帳」と，クラスや園から定期的に発行される「園だより」とがあげられる。これらは，日々の子どもの様子の伝達や，行事の連絡など必要事項の伝達に用いられる。さらに，連絡帳や園だよりは，子どもの成長に関する記録の蓄積・保管や，園と保護者の交流媒体としての機能も担っている。障害のある子どもを育てるなかで，子どもが成長しているという実感がもちにくかったり，家庭での子どもの姿と，子ども集団の中での子どもの姿が異なったりした場合に，子ども集団の中でしっかりと育っているわが子の姿が伝えられることは，保護者にとって大きな喜びとなる。

　加えて，保護者と保育者とが，子どもへの関わり方の意見やヒントを出し合い，支援をよりよいものにしていくことも期待される。

　このような場合に連絡帳などを活用することは，口頭で伝えづらいことも記すことができ，じっくりと考えながら記述することができるというメリットもある。

　また，幼稚園・保育所の集団の中で生活をしていると，定型発達の子どもの保護者が「あの子は何かあるのではないか」との思いを抱いたり，発達や障害への理解のなさから，障害のある子どもや保護者への不適切な対応につながるケースもある。そのような場合，多くの保護者に理解を求める手段としても，園だよりは有効である。（平田）

● 虐待防止

　障害のある子どもは，その育てにくさから，虐待を受けるリスクをもっているとされる。「発達への期待がもてない」「コミュニケーションがとれない」「訓練や療育のことで頭がいっぱいでゆとりをもって子どもをみることができない」などの理由から，「わが子であってもかわいいと思えない」と話す障害児の親もいる。また，「ほかの子はできるのに自分の子どもはできない」と子どものできない部分に目が向いてしまい，親子関係が悪循環に陥ってしまうこともある。

　そのようななかで，日々子どもと接し，そして保護者とコミュニケーションをとることができる保育者は，保護者の不安や悩みなどの小さなサインに気づき，虐待を未然に防ぐことのできる立場である。また，子どもの小さな発達の姿をとらえ，それを保護者に伝えることで，「わが子もしっかりと育っている」「こんなふうに関わってみよう」と保護者が思うようになり，支えとなることができる。

　また，地域の中で子どもに関わる人々の対応も，保護者のストレス軽減や虐待の防止につながる。「子どもから目が離せない」「公共の場で騒いでしまい，迷惑をかけてしまう」など保護者にとっての負担感は大きい。保護者の育て方が悪いのではないと伝えること，利用できる福祉サービスを紹介し提供することなど，保護者がゆとりをもって子どもと向き合うことができるための環境づくりも大切である。（平田）

きょうだいへの支援

　障害児のきょうだいに不適応行動や不適応症状の発生頻度が高いことが知られている。障害児のきょうだいに問題が生じる要因としては，障害児側の要因（障害の種類，程度など），「きょうだい」側の要因（障害児との年齢差，ストレスへの適応能力などの個人差），養育者側の要因（養育能力，養育への支援体制，障害受容など）が考えられる。

　障害のある子どものきょうだいは，障害のあるその子が保護者に手をかけてもらっていることについて，「あの子だけいいな」と感じてしまうことがある。また反対に，障害のある子どもの将来に不安があるなどの理由から，きょうだいが保護者の期待を過剰に感じてしまうケースも考えられる。また，自分は親に迷惑をかけてはいけないと我慢をする，「親亡き後は自分がこの子の面倒をみるのだろうか…」ときょうだいが悩む，といったこともある。さらに，自分の家族が障害をもっているということを受け入れることに難しさがある場合もある。

　障害のある子が家族にいるということは，そのきょうだいにとっては精神的な負荷をもたらすことがあるだけでなく，それは人間として成長するためのきっかけになる場合もある。そのために親も障害のないきょうだいのために，親子の時間をつくったり，かかわりの機会を増やすといった配慮が必要である。

　　　　　　　　　　　　　　（平田）

保護者の精神的課題

　障害のある子どもをもつ保護者はさまざまな心理・社会的ストレスを感じることが多い。子どもの障害特性から生じる負担や制約，子どもと家族の将来への不安，周囲の無理解や支援システムの不備など日常的な要因に，環境の変化やライフイベントが大きな影響を与えることがある。

　そのような心理・社会的ストレスの中で，保護者を支援する環境や体制が整っていない場合や保護者自身に課題がある場合には，深刻な状況や多くの問題が起こる。例えば，悩みを1人で抱え込み，うつ症状やアルコール中毒などによって養育困難になったり，育児放棄や虐待が起こったりするケースが増えている。また，診断や療育方針を受け入れられず医療機関や療育機関を次々回ったり批判を繰り返したりすることがある。一方，保護者が子どもの障害に対して過度に責任を感じて過干渉し，子どもの主体性や自立を妨げる場合もある。

　さらに，保護者が子どもと同じような課題あるいは障害をもっている場合がある。例えば，人と関わることが苦手である，さいなことで怒るなど感情のコントロールが難しい，電話連絡のように聴覚情報だけでは正しく伝わっていないなどである。こういった保護者は，自身が周囲の支援や理解を得られにくく，どこへも相談できずに孤立していることもある。子どもの理解と支援同様，保護者の理解と支援が重要であり，ケースによって専門機関と連携をとって慎重に対応する必要がある。　（向井）

8．小学校への接続のために

　小学校への入学は，その子どもにとって大きな環境の変化を意味する。小学校に早く適応できる子もあれば，入学をきっかけに「問題」をかかえる子もある。近年「小一プロブレム」という言葉が話題となっているが，これは小学校に入学したばかりの子どもが，集団生活のルールなどに従えず，自分本位の行動に走り，担任教師の手に負えぬ状態が長く続くことをさしている。こうした子どもたちへの適切な指導のあり方が，教育関係者の中で今模索されている。

　幼稚園や保育所などの保育現場では，日々の遊びや生活を中心にした保育活動が進められ，子どもたちには一定の自由が保障されている。しかし小学校に入学すると，そこでは時間割に沿った教科学習が進められ，同時に学級集団としての規律が求められるようになる。この大きなギャップが問題発生の一因と考えられるため，両者間の滑らかな接続を目指した取り組みが始まっている。例えば，就学前の5歳児を対象に，1つの目標のもとで仲間と協力しながら活動していく「協同的な学び」の導入がある。周囲の友達と力を合わせて取り組む活動の体験が子どもたちの成長に及ぼす効果が期待される。

　また，小学校への滑らかな接続を目指すためには，学習障害（LD）や注意欠如・多動症（AD/HD）など，特別な教育的配慮を必要とする子どもたちへの支援のあり方を検討する必要がある。例えば，これまで保育の場で積み上げられてきた成果（子どもへの効果的な接し方，成長の様子などの知見）を，貴重な情報として小学校側に正しく伝える努力が保育機関に求められる。また，家庭での様子を保護者が小学校側に正しく伝える必要もある。小学校としては，こうした情報をもとに学校としての受け入れ体制（クラス編制や担任配置など）を事前に整えることができ，これからの指導のあり方を検討することができる。また小学校には，教育的配慮を必要とする子どもについての理解啓発，教員間での情報共有，指導技術の研修などへの取り組みが必要とされる。

　このように，入学前から関係者間で情報の伝達と共有が丁寧になされることにより，子どもを継続してきめ細かく支援する体制が整っていく。

（松田信）

就学指導

　子どもが就学し教育を受ける際、発達の状況や障害の種類・程度、状態に応じて個別の指導や支援が必要な場合がある。学校教育法施行令が定める特別支援学校や特別支援学級への就学基準に該当する子どもの就学については、市町村および都道府県の教育委員会が保護者との就学指導（相談）を行い、医学、心理学、教育学の分野等の専門家から構成される就学指導委員会の意見をふまえて決定される。

　就学相談では、子どもの障害の状態、心理検査、教育や保育の状況などの実態把握を行い、保護者に特別支援教育の内容や子どもの発達段階に応じた教育の場についての情報提供や助言を行う。学校見学を行う場合も多い。就学先の決定だけでなく、学校への情報提供や環境整備など、保護者と学校との連携を支援する役割ももつ。

　「特別支援教育を推進するための制度の在り方について（答申）」（2005年）では、乳幼児期から学校卒業後まで一貫した障害のある子どもとその保護者等に対する相談支援体制の整備、特別支援学校に就学すべき児童生徒の障害の程度に関する基準や就学指導のあり方の見直し、学習障害等の特別な教育的支援を必要とする児童生徒への対応などについて提言が出された。学習障害、AD/HD、高機能自閉症の障害のある大半が通常の学級に在籍しており、「通級による指導」など一人ひとりのニーズに応じた適切な教育が行われるよう就学指導の対象が広がっている。

　　　　　　　　　　　　　（向井）

特別支援教育

　特別支援教育とは、これまでの特殊教育で対象とされてきた7障害（知的障害、肢体不自由、病弱、視覚障害、聴覚障害、言語障害、情緒障害）のみでなく、その対象に含まれていなかった学習障害（LD）や注意欠如・多動症（AD/HD）等の子どもも含め、その一人ひとりの教育的ニーズを把握し、当該児童生徒の持てる力を高め、生活や学習上の困難を改善又は克服するために必要な支援を行う教育である。

　通常学級に籍があり、かつ何らかの特別な教育的配慮を必要とする児童生徒数は、2012年の全国実態調査によると6.5％にのぼることが明らかとなった。こうした児童生徒への教育的支援を推進させることが、学校教育界の大きな課題であることが数値のうえからも示されたといえる。

　文部科学省は2001年、その再編に際して「特殊教育課」の名称を「特別支援教育課」に変更した。この新しい課では、盲・聾・養護学校（2007年度からの名称「特別支援学校」）および特殊学級（2007年度からの名称「特別支援学級」）における教育に加え、学習障害児や注意欠陥・多動性障害児等、通常の学級に在籍しつつ特別な教育的支援を必要とする児童生徒への対応も行うこととした。こうした改革も背景として、「特殊教育」あるいは「障害児教育」に代わり、「特別支援教育」という言葉が広く用いられるようになった。2007年度からは法令上にも「特別支援教育」が位置づけられ、わが国の教育は新たな時代を迎えた。

　　　　　　　　　　　　　（松田信）

特別支援教育コーディネーター

　学習障害（LD），注意欠如・多動症（AD/HD）等の子どもへの教育的支援については，担任1人での対応には限界のある場合が多く，学校としての組織的取り組みが必要とされる。この支援について，全校体制の中でどのように進めていくかを検討する組織が校内委員会である。この会の構成員としては，例えば，学校長，教頭，教務主任，担任，教育相談担当教諭，養護教諭，特別支援学級担任などがあげられるが，この会の活動の中心的役割を担う構成員が特別支援教育コーディネーターである。

　学習障害，注意欠如・多動症等の子どもたちへの教育的支援には，学校外の関係諸機関（医療，保健，福祉，労働等）と学校との連携協力が不可欠であるため，こうした機関との連絡調整役として，さらには保護者や関係諸機関に対する学校の窓口として，特別支援教育コーディネーターは重要な役割を担う。それゆえ，こうした連絡調整に関する知識・技能，障害全般に関する知識，教育相談に関する知識・技能などを有した人がこの役に就くことが望まれる。

　また，全国の特別支援学校や特別支援学級などで作成が進められている個別の教育支援計画は，子どもの乳幼児期から学校卒業後までを長期的に見通した計画であるため，この作成についても学校と関係諸機関との連携協力が不可欠である。ここでも特別支援教育コーディネーターは重要な役割を担う。
　　　　　　　　　　　　　　　（松田信）

就学連絡協議会

　保育所や幼稚園および小学校では，就学連絡協議会を組織し，職員同士の共通理解を深め，連携を強めることで，就学前の幼児および就学後の児童に適切な指導を行っている。就学連絡協議会は就学前の情報伝達がなされていないための就学後のトラブルを少なくするために，各地域で積極的に実施されている。

　就学連絡協議会では，障害の種別や程度の報告および入学先の学級への要望といった意見交換にとどまるのではなく，保育所や幼稚園および小学校での幼児の共通理解へ向けて職員同士が話し合える関係づくりも重要である。具体的には，年間行事予定表の交換を行い，公開授業への幼稚園教諭や保育士の参加，公開保育への小学校教員の参加などの職員同士の交流を通して，入学する幼児への指導に関する共通理解を深める。さらに，家庭での様子も含めて話し合うことにより，入学する幼児の障害の種別や程度以外に，生育歴など重要な内容を共通に理解する。その際，プライバシーの保持や資料とする文章の取り扱いにも注意が必要である。

　保育所や幼稚園の担当者が理解している幼児の発達課題を個人的な情報にとどめるのではなく，保幼小連携の中で共通理解を深めることが，子どもに適切な指導を行うことにつながる。
　　　　　　　　　　　　　　　（吉田茂）

交流および共同学習

わが国はこれまで交流教育に力を入れてきた。2008年告示の小学校学習指導要領には「小学校間，幼稚園や保育所，中学校及び特別支援学校などとの間の連携や交流を図るとともに，障害のある幼児児童生徒との交流及び共同学習や高齢者などとの交流の機会を設けること」(総則第4 (12))と定められている。幼稚園教育要領，中学校および高等学校学習指導要領にも同じ趣旨の定めがある。また障害者基本法にも「国及び地方公共団体は，障害者である児童及び生徒と障害者でない児童及び生徒との交流及び共同学習を積極的に進めることによって，その相互理解を促進しなければならない。」(第16条第3項)と定められている。交流とは相互理解をめざして行われる活動をさし，共同学習とは相互理解のために同じ内容の学習を同じ場で行うことをさすため，学校現場でもこれらの言葉を分けずに使用することが望ましい。

特別支援学校と小・中学校等との間では，学校行事(文化祭等)や総合的な学習の時間などで児童生徒が活動をともにしながら相互理解をめざす学習が進められている。小・中学校内での特別支援学級と通常学級との間では，学校生活のさまざまな場面(教科学習や遠足など)で，実施方法を工夫しながら学習が進められている。この学習を通し，障害のある子どもは，生活経験を広げながら好ましい人間関係を培うことが期待できる。障害のない子どもは，障害のある子どもとその教育に対する正しい理解と認識を深めることが期待できる。　(松田信)

通級指導教室

1993年に通級による指導が制度化された。この指導は，小・中学校の通常学級に在籍している児童生徒が，教科等の指導のほとんどを通常の学級で受けつつ，障害の状態の改善を目的とした特別の指導を特別の場で受けるという形態である。この指導が行われる場を通級指導教室と呼んでいる。この教室では，特に必要な場合には教科内容の補充指導も併せて実施されている。利用する児童生徒数は近年大きく増加してきており，2011年5月現在で小学校60,164人，中学校5,196人である。

この教室が対象とする障害は，2005年度までは言語障害，情緒障害，弱視，難聴，肢体不自由，病弱・身体虚弱の6障害に限られていた(必要に応じ，高機能自閉症等の児童生徒もその対象とすることは可能であった)。しかし，近年の障害の多様化をふまえ，柔軟かつ弾力的な対応が可能となるよう，当制度の対象や指導時間数について法令改正がなされ，2006年度からはその対象に学習障害(LD)，注意欠如・多動症(AD/HD)の児童生徒を含めることとした。例えば，注意欠陥・多動性障害の子どもに対して「相手の心情を理解し，行動する」「ルールを理解し，行動する」等の指導も制度上可能になった。また，自閉症を情緒障害から分離させ，対象障害の1つとして新たに明示した。

障害のある児童生徒，その保護者，教育関係者などからの通級指導教室へのニーズはきわめて高いため，その増設の要望には強いものがある。　(松田信)

小一プロブレム

　小一プロブレムは，小学一年生の子どもが引き起こす不適応行動によって，授業の不成立や集団生活の機能不全など，教師による子ども集団のコントロールが困難になるという教育問題をさす。その不適応行動は，例えば，授業中じっと座っていられず立ち歩き他児童にちょっかいをかける，チャイムが鳴っても教室に入れない，自分勝手な行動で他人に迷惑をかけても気にしない，思うとおりにならないとすぐにパニックを起こして暴れる，といったもので，個人差の範囲を超えており教師の円滑な学級運営を許さない。

　学級崩壊もこれによく似ているが，本質的には異なっている。学級崩壊の場合，授業や集団生活でのルールをすでに身につけているはずの子どもたちが引き起こしているのに対して，小一プロブレムでは，子どもたちは学校生活におけるルールが未獲得である上，小学校入学以後学級集団さえ未形成なままの状態だからである。したがって小一プロブレムは，まさに小学一年生ならではの問題であるといえるだろう。

　小一プロブレムへの対処には，子どもへのかかわり方の工夫や家庭との密なコミュニケーションに加えて，教師間の連携による組織的対応が不可欠である。また，保育所・幼稚園と小学校との環境の変化が大きく，連続性ある教育という点でこれまで配慮が十分ではなかった点も指摘されており，家庭との連携とともに保幼小連携の重要性が強調されている。
　　　　　　　　　　　　　　　（増田）

保幼小連携

　保育所・幼稚園などにおいて遊びを主導的活動として展開する幼児期の生活と，学校での学習を主導的活動として展開する低学年教育とを，内容的・方法的な工夫によって，スムーズな接続を図ること，あるいはそのための条件整備をさす。特に，特別な教育的配慮を必要とする子どもたちやその保護者にとって，就学に際する不安は大きい。その不安や障壁を解消するため，一人ひとりの連続的な発達や育ちに応じた円滑な移行を目的とした保幼小連携が必要とされる。

　「いつ」「どこで」「どのような」状況で問題が起きるのか，また「どのような」支援や配慮が必要となるのかについて，保育所・幼稚園で今まで具体的に蓄積された情報をまとめる必要がある。また，その情報をサポートファイルや個別の支援計画などの記録物にして小学校へ伝えることも，小学校側が幼児の行動の意味や必要な援助に生かすことができるため有効といえる。その他にも，保育中の子どもの姿や小学生との交流における子どもの様子について合同で事例検討を実施したり，連絡協議会を通して共通理解を深めていくこともできる。

　しかし，小学校側が求める情報と保育所・幼稚園側が伝えたい情報に乖離がある場合もある。大切なことは，幼児期の教育を小学校教育への準備段階としてとらえるのではなく，幼児期の教育と小学校の教育を相互に理解し，生かし合う視点をもつことである。
　　　　　　　　　　　　　　（田中沙）

4章　保育内容・方法

1. カリキュラム

　カリキュラムという言葉から，私たちが想起するのは「教育（保育）課程」「教育（保育）計画」「指導計画」「指導案」など，授業（保育）を行ううえで事前に規定される枠組み，または「幼稚園教育要領」「保育所保育指針」など，公的に定められた枠組みのようなイメージではないだろうか。しかし，こうした理解は，「カリキュラム」の概念をとらえる1つの側面にしか過ぎない。

　元来，カリキュラム（curriculum）とは，古代ローマの戦車競争のトラック（走路）を意味するクレレ（currere）が語源であり，そこから「人生の来歴（コース）」を表す用語として用いられるようになった。その後，オランダのライデン大学が所定の単位を履修する学生のコースを「カリキュラム」と名づけたことから，教育用語として定着したといわれている。ただし，この背景には，教会や国王の権力によって統制された教育課程を強制的に走らされる戦車競争の走路にたとえることで，揶揄と自嘲の意味があった。その後，20世紀初頭，アメリカ進歩主義教育の成立と普及によって，カリキュラムの用語は意味の変転を遂げることとなる。それは授業（保育）を行ううえであらかじめ規定される枠組みではなく，学校の中で教師（保育者）と子どもが互いに創出する活動の履歴，経験の総体として位置づけられることとなった。

　従来，幼稚園や保育所においてカリキュラムは，教育（保育）課程という訳語があてられることが多く，その定義は，教育目標に向かって子どもたちの活動を進めるための教育（保育）内容を，計画的・組織的に編成したものであるとされることが多い。しかしながら，この定義では，既述した活動の履歴，経験の総体としてのカリキュラムの概念を，必ずしも十分に反映しているとはいえず，他方で，創発的カリキュラム，ノー・カリキュラム，隠れたカリキュラムなど，非計画的，無意図的，偶発的な教育（保育）内容，可視化されない教育方法などの要素を含むものではない。つまり今日，カリキュラムという用語は，教育（保育）課程という訳語ではとらえることのできない，より広い概念を含み込んでいるのであり，それぞれの意味や状況に応じて定義されているのである。

（中坪）

教科と領域

「教科」とは，学校生活において子どもに教育すべき知識・技術の教育内容のまとまりで，小学校から高等学校における「国語科」「算数科（数学科）」「理科」「社会科（地歴科・公民科）」のように人類の科学的・文化的・芸術的な遺産を系統化したものである。これに対し，幼稚園や保育所では「領域」と呼ばれている。「領域」という用語は，1956（昭和31）年の「幼稚園教育要領」の中で使用され，「望ましい経験」として6領域が設定された。当初は，「領域＝教科」として小学校の教科との一貫性をもたせる意味でとらえられることが多かった。しかし，こうした考え方は，1964（昭和39）年，1989（平成元）年の改訂ごとに修正が加えられ，現在では「領域≠教科」という方向に向かってきている。「健康」「人間関係」「環境」「言葉」「表現」の5領域からなる「領域」は，個別の教育内容ではなく，子どもの心情，意欲，態度という内面の発達をみる5つの窓口であるとされている。例えば「歌を歌う」という活動は，「表現」だけでなく，場面を想像する楽しさを味わう「言葉」，友達の声を聞きながら一緒に活動する楽しさを味わう「人間関係」など，それぞれの領域のねらいからとらえることができる。ただ，「教科」における目標や内容とは違い，幼児の心情，意欲，態度をとらえようとする領域観では，達成目標が曖昧であり，さらに幼児の内面がどのように評価されるのかという課題も残る。　　　　　　（山内）

創発的カリキュラム

創発的カリキュラム（emergent curriculum）とは，幼児の興味・関心に基づいて生成され，発展的に計画・遂行されるカリキュラムのことであり，その実施にあたって保育者は，幼児の活動の様子を注意深く観察し，記録すること，柔軟性や忍耐性を兼ね備えることが求められる。保育者は，これから実施する活動に対して幼児の注意を引きつけるのではなく，むしろ幼児の声に耳を傾けながらカリキュラムを創り出し，豊かな活動を展開する。

とはいえ，創発的カリキュラムは，保育者の意図やねらいを排除して，幼児の活動のみを尊重することを意味しない。あくまでもカリキュラムは，保育者の責任に基づいて計画されるのであり，けっしてすべての活動を幼児の興味に依拠して展開するということではない。確かに幼児のアイディアは，カリキュラムを遂行する重要な源泉ではあるけれども，そうしたアイディアをつないだり，新たなアイディアを促したりしながら，幼児の探求の道筋を予測し，これから必要となるであろうさまざまな環境を準備することで，よりエキサイティングな活動へと誘うのは，保育者の大切な役割となる。

イタリアのレッジョ・エミリア市の公立幼児学校は，創発的カリキュラムを運用する教育機関の1つである。保育者と幼児が生み出す旅路のような生成・発展的な活動の履歴，事前計画の遂行ではなくオープン・エンドな探求が，この幼児学校の教育原理の中核に位置づけられている。（中坪）

アンチバイアス・カリキュラム

アンチバイアス・カリキュラム（anti-bias curriculum）は，ダーマン＝スパークス（Derman-Sparks, L.）が中心となり，多人種な幼児教育研究者・保育者のグループによって出版された本"Anti-Bias Curriculum"を通して普及した言葉である。わが国では「偏見に立ち向かうカリキュラム」とも紹介されている。アンチバイアス・カリキュラムは，幼児が後に偏見をもち，差別的な行動をとることを予防する目的で実践される。単に，多様な文化の祝日を祝い，民族衣装や伝統的な食事を楽しむのではなく，個々の違いに目を向けるような保育活動や環境構成が行われる。

アンチバイアス・カリキュラムの目標は，子どもたちが①自信ある自己アイデンティティを形成し，②多様な背景をもつ人々と心の通うかかわりをもち，③偏見に対する批判的な思考や，④自己や他人のために偏見に立ち向かっていく力を習得することである。

幼児は保育者からも偏見や差別を学びとる可能性があり，アンチバイアス・カリキュラムを実践するためには，保育者が自身の偏見や差別について見つめ直すことが求められる。そのためには保育日誌を書き，保育者同士で保育実践について意見交換をする。このようなアンチバイアス・カリキュラムの活動が，継続的なものとなるためには，子どもたちの家族の協力を得て，日々のカリキュラムに組み込まれることが求められる。
　　　　　　　　　　　　　（吉田貴）

隠れたカリキュラム

カリキュラムを学校教育における子どもの経験の総体として広くとらえると，「明らかにされた（顕在的）」-「隠れた（潜在的）」の2つのカリキュラムに分類できる。顕在的カリキュラムは，私たちがカリキュラムといって連想するような，学習指導要領，年間教育計画，授業指導案など表立って言明されたものである。他方で，潜在的カリキュラム（hidden curriculum）は，暗黙の下で潜在的に伝達される「隠れたカリキュラム」であり，ジャクソン（Jackson, P. W.）によって概念化された。例えば，授業の場面で一定の知識内容の教授が行われるとき，子どもたちは「手をあげたが指名してもらえなかった」「発言したが受け入れてもらえなかった」といった経験をする。子どもたちはこうした経験を重ねていくうちに，「忍耐」といった事柄を無意識に学んでいく。また，他者（教師や他の子どもたち）から自分の発言や行為の評価を受けることにより，自分の長所や短所や評価に対する対応の仕方なども学習したりする。さらには，休み時間も含めた学校生活全体を通じた教師たちのふるまいや言葉かけによって，「廊下を走らない」「人の意見を聞く」「時間を守る」「順番を守る」といった模範的な行為を無意識に身につけていく。こうした「隠れたカリキュラム」の研究は，保育場面における保育者と幼児の見えない関係性を明らかにする際の1つの視点としても注目される。
　　　　　　　　　　　　　（山内）

4章　保育内容・方法

● 見えない教育方法

イギリスの教育社会学者バーンスティン（Bernstein, B.）は，幼児教育の特徴を「見えない教育方法（invisible pedagogy）」ととらえ，その定義として，次の6点を提示している（1978）。

①子どもに対する教師の統制は，明示的であるよりも暗示的である。②子どもが再構成し，探索することのできる文脈を教師が構成する。③構成された文脈の中で，子どもが何を選択し，どのくらいの時間の幅で行動するのかは，子どもが自由に決めることができる。④子どもは，自分の行動や社会的関係を自分自身で規定することができる。⑤特定の技能の伝達と習得は強調されない。⑥この教育方法を評価する基準は多様であり，その測定は容易ではない。つまり「見えない教育方法」は，家庭や学校における初期の子どもの生活段階において顕著であり，教師と子どもの関係が「伝達者」と「習得者」といった明示的な主従関係ではないこと，従って伝達される知識や技能も明示的な順序規則に則っていないことが特徴的である。

ところで，「見えない教育方法」にとって基本となる概念は，遊びである。遊びは，子どもが自分自身を教師に向けて外在化する手段であることから，子どもの遊びが活発化し，行動範囲が広がれば広がるほど，教師は子どもの多様な側面の観察が可能となり，それによって子どもの中の発達段階や，レディネスの状態を推測し，理解することができる。　　　　　　　（中坪）

2．記録と評価

　今日，保育者の専門性形成の要素として，日々の保育を振り返り，省察することの重要性が指摘されている。これは，けっして自分の保育を責めることではなく，「あの場面ではこんな援助を行ったけれど，他にもこんな援助もあり得た」「幼児の行為の意図をこんな風に解釈したけれど，他にこんな解釈もあり得た」など，保育の中では判断できなかったいろいろな見方に気づくこと，日頃の保育の流れに飲み込まれてしまい，当たり前になっていることに気づくことなど，自らの保育を複眼的にとらえることである。こうした保育者の省察を促すうえで，日々の保育記録は，貴重な情報源であり，自らの実践を写し出す「鏡」として機能する。保育者は，記録を通して，幼児の活動や行為の意味の理解を深めることができるであり，記録を読み解くことで，自分自身の保育行為を編み直すことができる。保育の専門性形成は，記録を用いてこそ可能になると言っても過言ではない。

　一方，評価とは，保育者の計画するカリキュラムが，実際に子どもの中でどのように機能しているのかを判断するものであり，子どもの学びの事実を確かめる行為のことである。日々の保育の中で，幼児の活動がどのような成果を上げているのか，どのような成果を上げていないのか，その場合，保育者の実践にどのような課題があるのかなど，保育者が自らの保育の実情を把握し，次の保育をデザインするためにカリキュラムの改善を図ること，次の活動にフィードバックすることが評価の概念であり目的である。そもそも保育の営みは，評価に始まり，評価に終わるといわれるほど，評価は重要な営みとなる。

　ところで，記録と評価の関係は互恵的である。専門性の高い保育者は，幼児の声を拾い上げ，実践に生かすことができる。専門性の高い保育者は，カリキュラムを創発的にデザインすることができる。カリキュラムを創り出す作業には，評価という行為が不可欠であり，保育を評価する際の根拠の1つは記録である。保育の記録と評価は，明日の保育に還元されるのであり，私たちは今，質の高い保育の実現に向けて，あらためて記録と評価の可能性を検討する必要があるといえよう。（中坪）

保育カンファレンス

カンファレンス（conference）はラテン語を語源としており，「（衆知）を集める」や「共に歩む」という意味がある。もともとは，医師，看護師，ケースワーカーなどの専門家集団が，臨床事例に関して意見交換し，より適切な理解や処置を図っていくための協議の場をさす。その考えを保育に応用したのが，保育カンファレンスである。

森上史朗は，保育者が有している保育観や実践は，他者と交流し省察を重ねるなかで，より適切になっていくとしている。そのため，保育が固定化しないように，保育カンファレンスにおける他の保育者との協議の重要性を述べた。しかし，単に保育者が集まって協議をするだけでは，保育カンファレンスにならない。保育カンファレンスを有効に実施する条件は，①「正解」を求めようとしない，②「本音」で話し合う，③園長や先輩による若年保育者の指導の場にしない，④批判や論争をしない，⑤それぞれの成長を支えあい育ちあうこと，である。つまり，保育カンファレンスは，保育上の課題をテーマに本音で協議し，最終的に保育実践に寄与するものでなくてはならない。

保育カンファレンスには大別して，3つの目的がある。第1に，保育者の力量形成，第2に，保育者の悩みの解消，第3に，保育上の問題解決である。どのような目的で実施するのか，事前に参加者間で共通理解をしておくことが，保育カンファレンスの成果を得るためのポイントになる。（松井）

（幼稚園における）学校評価

幼稚園における学校評価は，2002（平成14）年の幼稚園設置基準の施行を機に注目されてきた。そこでは，各幼稚園は，自己評価の実施とその結果の公表に努めることが示された。さらに，2007（平成19）年には，学校教育法，学校教育法施行規則が改正され，自己評価・学校関係者評価の実施・公表，評価結果の設置者への報告に関する規定が明記された。幼稚園における学校評価は，3つの形態に分類される。各園の教職員が行う「自己評価」，保護者や地域住民など園の関係者などによって構成された評価委員会等が，自己評価の結果について評価する「学校関係者評価」，園外の専門家による「第三者評価」である。2008（平成20）年の「幼稚園における学校評価ガイドライン」によれば，「自己評価」については，園長のリーダーシップの下に全教職員が参加し，設定した目標や計画等の達成状況や取組の適切さについて評価を行うこと，「学校関係者評価」とは別に保護者や地域住民を対象とするアンケート等による幼稚園教育に対する理解や要望を把握すること，が必要とされている。評価項目や評価方法，委員会組織の有無，情報公開の方法は，基本的に各園に委ねられているが，重要なことは目標（Plan）－実行（Do）－評価（Check）－改善（Action）のPDCAサイクルに基づき，継続的な教育改善を行っていくための教職員の意識改革と仕組みをつくることである。（山内）

保育環境評価スケール（ECERS）

アメリカの保育プログラムの質を評価する指標として1980年に初版が発行されて以降、アメリカ国内だけでなく、ヨーロッパ、アジア等でも幅広く使用されている評価スケールである。子どものニーズに着目し、どうすればすべての子どもにとってよいプログラムとなるか、という考えに立脚して作成されている。1項目につき、7つの段階的評価を行うことで、上位レベルへの具体的方向性も示されるという特徴的評価方法をとり、「空間と家具」「個人的な日常のケア」「言語－推理」「活動」「相互関係」「保育計画」「保護者と保育者」（項目名の訳語は、埋橋の訳書による）という大項目と、43の小項目から構成されている。アメリカにおいては、州法によって補助金の要件として義務化されている州もある。

初版は、ノースカロライナ大学のテルマ・ハームス（Thelma Harms）、リチャード・クリフォード（Richard M. Clifford）によって発行され、改訂版では著者にデビィ・クレア（Debby Cryer）が加わった。日本では、2004年に保育環境評価スケール①として幼児版（Early Childhood Environment Rating Scale）が、②として乳児版（Infant and Toddler Environment Rating Scale）が、埋橋による日本語訳書として刊行されている（原文には家庭的保育版・学童保育版もある）。　　　（上村）

ポートフォリオ

ポートフォリオとは、保育所・幼稚園の活動における子どもの努力・進歩・達成の過程や成果を表す作品を意図的に収集したものである。教育学領域でポートフォリオという時は活動の記録や成果を集めた「ファイル」をさす場合と、ポートフォリオファイルを用いた「ポートフォリオ評価法」をさす場合がある。

ポートフォリオファイルには、「その子どもを表現するための資料一切」が集約される。具体的には手形、なぐり書き、文字、絵など紙媒体のものから、屋外につくった秘密基地、お気に入りの玩具あるいは子どもの姿や活動の様子を映した写真、ビデオ、DVDなどがあげられる。子どもへのインタビュー、保護者のコメント、保育者の作成した活動計画や子どもによる自己評価表が含まれてもよい。

ポートフォリオ評価法は子どもの発達に対し肯定性を示す点から出発し、次のステップをとらえていく方法である。このため、ポートフォリオ評価法では子どもの「できること」に焦点が当られる。

ポートフォリオの活用で最も重要なのは、収集される内容物の選抜、選抜における判断の価値尺度、評価の決定に子ども自身が主体として関わることである。

したがって、子どもがファイルを開き、「私／僕はだれ？　私／僕は何ができるの？　私／僕は何を望んでいるの？」という問いに自ら答えを見つけていけるように作成されていることが重要である。（大野）

ドキュメンテーション

　イタリアのレッジョ・エミリア市の公立幼児学校においてドキュメンテーション（documentation）は，幼児の協同的な学びを可視化するツール，保育者の省察とカリキュラムの生成を促す情報源，親や地域住民の教育参加を促す通路として機能しており，いわば質の高い保育を支える強力な道具として位置づけられている。

　レッジョ・エミリア市の公立幼児学校では，各クラスに2人の保育者が配置され，プロジェクトなど保育の大切な場面では，そのどちらかが幼児の発言をメモしたり，録音したり，デジタルカメラやビデオカメラを用いて幼児の活動の様子を撮影したりする。こうして作成された記録物こそがドキュメンテーションであり，その役割は，単に保育の現実や幼児の心情を理解するだけでなく，今の保育をさらに発展させたり，以前の状況に立ち戻らせたりするための解釈を促す貴重な資料となる。

　ドキュメンテーションは，幼児の活動の経緯，思考の過程，知識構築の道筋などを明示してくれることから，保育者は，収集したデータの中から重要部分を抜き出し，プロジェクトの過程が一目でわかるように編集する。こうして編集された記録物は，幼児学校のスタッフ，幼児，親，地域住民などにも開示され，パネル・ビデオ・スライド・本・写真といった形で展示されることから，ドキュメンテーションは，保育者と幼児の思考と活動の軌跡を写し出す「鏡」としてとらえることができる。

（中坪）

エピソード記録

　「〇〇ちゃんの悔しい気持ちは伝わってくるのに，何もしてあげられなかった」。このような心にひっかかる経験をしたことはないだろうか。エピソード記録は，「私」と子どもや周囲の人々との関わりのなかのちょっとした出来事から，その背後にある意味を問い直す作業である。

　従来の保育の記録物（経過記録，児童票など）では「〇〇ちゃんが〜をした」という行為や発話などの客観的な事実だけが記録されてきた。その一方で，エピソード記録は，他の誰でもない「私」の経験を，その時の主観的な思いや感情も交えて記録していく。例えば，鯨岡峻が提唱する「エピソード記述」は，保育者としての「私」と子どもとの個別具体的な関係性の中で生じる「あるがまま」を記述する重要性を指摘している。その出来事の中の，「私」の悩みや嬉しさなどの思いをストレートに表現し，「私」を通して感じられる他者の感情状態をも丁寧に記述する。それは，一人の主体としての「私」の問題意識や，子どもとの関わりの歴史が存在しているからこそ浮かびあがってくるものである。

　エピソード記録を書くことは，日々の保育の中で無意識のうちに隠れている意味を問い直すことであると同時に，「私」と向き合い，自己をさらけ出すという苦しい作業でもある。このような点で，エピソード記録は経過記録などの記録物とは異なり，記録をとることで自分の保育を振り返り相対化する契機を与えてくれるものである。

（岡花）

事例研究

ケーススタディ（case study）。多数を対象として一般的な傾向をみる統計的な研究に対置され，個別の事例の緻密な情報収集によって個人や特定の問題を総合的に理解しようとする研究。一個人の事例の場合もあれば，複数人の事例を類比的，対比的にまとめる場合もある。精神医学，臨床心理学，ソーシャルワークの領域にとって欠くことのできないメジャーな研究方法であるが，保育や教育などの分野においてもしばしば用いられる研究方法である。事例についての資料は，ごく一般的には，①認知や対人関係などの能力の発達経過，②家族構成，家族歴，生活環境，③学歴や職歴などを含んだ生活史，④問題状況，⑤社会的・環境的条件，⑥処遇とその予後などが対象となる。それらに関する情報は，本人自身の報告，関係者の記述，逸話記録，観察記録，他者の印象レベルの評価など，多岐にわたる。こうした多面的な資料を，継続的・系統的に採取し，さらにそれらを1つのまとまりとして物語化していく。事例研究については，その主観性が批判されることがある。この点については，事例に関わる基本姿勢，多様な資料を集め分析する方法，事例に関わる背景理論などに十分留意する必要がある。事例研究によって，既存の一般法則が再検討・分化されたり，ときに反証が提示されることもある。実験的・数量的な研究との間の相補的な循環関係が生まれることが望まれる。　　（山内）

3．幼稚園教育要領の変遷

　幼稚園の教育において，その保育内容を定め，各幼稚園がしたがわなくてはならないものとして，幼稚園教育要領が位置づいている。幼稚園教育要領は前身の保育要領から，最も新しい2008（平成20）年まで，次の通り計5回の改訂を行っている。
　1948年　保育要領　　　　（文部省刊行）
　1956年　幼稚園教育要領　（文部省編集）
　1964年　幼稚園教育要領　（1964年3月告示，同4月施行）
　1989年　幼稚園教育要領　（1989年3月告示，1990年4月施行）
　1998年　幼稚園教育要領　（1998年12月告示，2000年4月施行）
　2008年　幼稚園教育要領　（2008年3月告示，2009年4月施行）
　戦前における幼稚園の保育内容については，1876（明治9）年に開設された日本で最初の幼稚園といわれる東京女子師範学校附属幼稚園による。この時期は海外文化を輸入し，そのまま日本に適用したものであり，保育内容についてはフレーベルの恩物を取り入れた保育が行われていた。この園の保育内容が，後発の幼稚園のモデルとなるが，実際にその内容が法律で制定されたのは，1899（明治32）年の「幼稚園保育及設備規程」である。ここで保育内容は「遊技，唱歌，談話，手技」とされていた。大正時代に入り，1926（大正15）年には「幼稚園令」が交付され，保育項目は「遊技，唱歌，観察，談話，手技等」となった。
　戦後，GHQの指導のもと，幼稚園・保育所・家庭における保育の参考書として位置づけられる「保育要領」が刊行された。その後，幼稚園だけを対象とした保育内容を規定するものとして，最初の幼稚園教育要領が編集された。しかし，初めて領域という概念を導入したこと，計画に使いにくいといった指摘から1964年に改訂される。この要領が以後四半世紀の間，重用されていった。
　1989年に時代の変化やニーズに合わせる形で，要領も大きく改訂された。いわゆる「元年ショック」である。この改訂で「環境を通して行う」という現在の要領にまで通底する幼児期の教育の考え方が示された。少子高齢化社会の影響を受けて，さらに2度の改訂を経るわけだが，幼稚園が地域や家庭との連携を重視し，生涯にわたる学習の基盤として重要なものとしてみなされてきている。
　　　　　　　　　　　　　　　　　　　　　　　　　　　　　　　　（上田敏）

3．幼稚園教育要領の変遷

◯「保育要領」時代の保育内容

戦後，GHQ（連合国軍総司令部）の管轄下で，『保育要領－教育の手びき』が1948（昭和23）年に文部省から刊行された。それまでの「幼稚園令」（1926年）が教科的に受け止められていたなかで，幼児にはふさわしい生活があるという新しい風を受けての革新的な内容であった。その特徴としては，幼児の広い生活範囲を取り上げ，自由・自発的な活動を重視し，生活を通しての指導が示されている点である。保育内容は幼児の楽しい経験として，「1 見学，2 リズム，3 休息，4 自由遊び，5 音楽，6 お話，7 絵画，8 製作，9 自然観察，10 ごっこ遊び・劇遊び・人形芝居，11 健康保育，12 年中行事」の12項目があげられていた。副題に幼児教育の手びきとあるように，これは幼稚園での保育内容を厳格に規定するものではなく，幼稚園・保育所・家庭での保育における参考書としての位置づけである。幼児が養育される場所すべてにおいて使用できるという点では，非常に有益であったが，一方で，幼稚園の教育内容を示すものとしては，不備な点があり，カリキュラムの作成には不便であったなどの問題もはらんでいた。　　（上田敏）

◯1956年「幼稚園教育要領」

幼稚園・保育所・家庭の保育に対する参考書としての保育要領から，1956（昭和31）年に幼稚園での保育内容を定めたものとして幼稚園教育要領が制定された。戦後の新しい教育がGHQの管轄下で進められていったことに対して，1951年に平和条約締結を経たことから，日本独自の教育政策へと転換していった時期のことである。同時期に小・中・高等学校の学習指導要領が改訂されたことを受けて，幼稚園の教育内容にも国家基準的性格をもたせる必要から，幼稚園だけが対象とされた。この幼稚園教育要領の特色として，初めて「領域」という概念が提示された。これは学校教育法にあげる目的・目標にしたがって，教育内容を「望ましい経験」とし，その経験を「社会」「健康」「自然」「言語」「音楽リズム」「絵画製作」という6つに分類して示したことである。このことは，幼稚園教諭が教育内容を組織し，指導計画を立案することの便宜から行われたものであり，「教科とはその性格を大いに異にする」とあったものの，現場では，教科であるかのようにとらえられ，領域を曜日や時間によって定めるなどの混乱をもたらした。　　（上田敏）

◯1964年「幼稚園教育要領」

幼稚園教育要領が1956（昭和31）年に示されてから，満5年しか経ていない1961年3月から幼稚園教育要領の改訂作業が始まった。その理由は，①前の教育要領に誤解が生じ，適用しにくかったということ，②小・中学校の学習指導要領が改訂され，告示されたことなどから，幼稚園の場合もこれにならう必要があり，その改訂が要求されたからである。とりわけ前の幼稚園教育要領で領域という概念が導入されたことは，さまざまな議論を呼び，現場に混乱をきたした。そこで幼稚園教育の過程の基準

として確立，明確化し，教育課程の構成についての基本的考え方を明示するなどの観点が盛り込まれた。

例えば，1956年の幼稚園教育要領の自然をみると，「2　動物や植物の世話をする。／種をまいたり，苗を植えたり，水をやったりする。…」とあるが，1964年に制定された幼稚園教育要領では，「身近な動植物を愛護し，自然に親しむ。／（2）動植物を飼育栽培することを喜ぶ。…」と，教育内容の記し方が経験や活動ではなく，ねらいで示されている。これによって幼稚園教育における「望ましい経験や活動」が生活経験に即した，各領域をまたがる総合的なものであることが示された。　　　（上田敏）

1989年「幼稚園教育要領」

1964年の幼稚園教育要領から四半世紀を経て，改訂の準備が進められた。その背景には，幼稚園教育要領に関する調査研究協力者会議による「幼稚園教育の在り方について」の存在があった。そこでは，従来の幼稚園教育要領における基本的な概念があまり明らかにされておらず共通理解を得られていないこと，全体の構造が理解しにくいこと，時代の変化に伴ってさまざまな問題点が指摘されていることから，改善の必要性が述べられていた。これを受ける形で，幼稚園教育要領が大きく改訂されることになった。

特に重要なことはその基本方針が「環境による教育」であるとし，①幼児期にふさわしい生活，②遊びを通しての指導，③一人一人の発達特性に応じた指導であると示された。また，これまで6領域であったものが，「健康」「人間関係」「言葉」「表現」「環境」という5領域へと変更になった。これは単に1つ減じたものではなく，領域がこれまで教科のように扱われていたことへの反省から，子どもが育つ姿をみる視点として強調されたものであり，内容も「ねらい及び内容」とその関係が明確化した。同時に，年間の教育日数を最低39週とするとともに，1日の保育時間を1日4時間を標準とするが弾力的に対応できることも明記された。

この基本方針は現在の幼稚園教育要領まで続くものである。しかし，当時は「環境を通して行う」ことの周知が十分にできておらず，いわゆる「元年ショック」として混乱を招いた。　　　　　　　　（上田敏）

1998年「幼稚園教育要領」

1998年の幼稚園教育要領は，1989年のものを基本的には踏襲しているため，幼児教育の理念等については変更はない。しかし，環境を通して行うことが，放任的にもなってしまうという批判から，教師が計画的に環境を構成すべきことや，さまざまな場面における役割を果たさなければならないことが明確化された。また，教育課程の編成については，幼児期の発達特性をふまえて作成することが明記された。これまで「留意事項」として示されていた項目がその重要性から「内容の取扱い」となったが，5領域は堅持された。また，特に留意する事項として，特別支援学校や小学校，地域との連携をはかること，子育て支援，預かり

保育について記されている。　　（上田敏）

● 2008年「幼稚園教育要領」

　2006（平成18）年に教育基本法，2007（平成19）年に学校教育法が制定後初めて改正された。幼児期の教育に関しては，両法の改正によって，その重要性が強調され，以後の教育の基盤となるものとして位置づけられている。この改正をふまえる形で現行の幼稚園教育要領は改訂され，2008（平成20）年に告示，2009（平成21）年4月1日より施行された。

　幼稚園教育の基本的な考え方は1998年のものと同様であるが，時代のニーズに合わせていくつかの点で改訂された。改訂のポイントとしては，①小学校との学びの連続性，②家庭生活との連続性，③子育て支援の充実などがあげられる。

　①学びの連続性という観点では，人間関係の内容で「協同的な遊び」や「規範意識の芽生え」が記され，表現で「他の幼児の表現に触れる」ことなどがあげられる。②家庭生活との連続性という観点では，「食育」の充実が述べられ，地域や家庭の資源を活用することがあげられる。③子育て支援の充実では，認定子ども園との連携，預かり保育の充実，地域の幼児教育のセンターとしての役割を担うことが記された。

　本幼稚園教育要領で重要なことは，単に小学校との接続をはかるのではなく，その後の生涯にわたる教育を支える基盤を形成する時期として，幼児期の教育が位置づけられたことにあろう。　　（上田敏）

4．保育所保育指針の変遷

　太平洋戦争終結後の1947（昭和22）年12月「児童福祉法」が公布され，保育所はその第7条において児童福祉施設として位置づけられた。翌年12月には「児童福祉施設最低基準」が発令され，保育所の保育内容が規定されている。その保育内容は健康状態の観察や個別検査といった保育所保育の性格を特徴づけるものであった。一方幼稚園は1946（昭和21）年公布「学校教育法」第1条により義務教育およびその後の教育の基礎を培うものとして学校教育に位置づけられており，幼稚園と保育所の2つの異なる機関によって就学前教育が担われることとなった。この幼稚園と保育所の関係については，1963（昭和38）年の文部省初等中等教育局長及び厚生省児童局長の連名の通知「幼稚園と保育所との関係について」において，幼稚園は幼児に対し学校教育を施す機関であり，保育所は保育に欠ける児童の保育を行う機関であるとされ，両機関は異なる機能をもつとされている。ただし，同通知第3項では保育所のもつ機能のうち，教育に関するものについては，幼稚園教育要領に準じた指導をするよう書かれている。当時，保育所保育については幼稚園教育要領のように保育内容の基準について詳細に定めたものがなく，中央児童福祉審議会保育制度特別部会，全国社会福祉協議会保母会などで保育所独自の保育内容の基準を求める声が高まっていった。1965（昭和40）年8月にはついに厚生省児童家庭局長通知として保育所保育指針が発表された。法的拘束力はないが，保育所独自の保育内容の基準を詳細に示した画期的なものであった。指針はこの年に発表されてから2008年に厚生労働大臣告示として発表されるまで，1990（平成2）年，1999（平成11）年と2回改定されている。改訂を重ねても指針すべてに通底していることは，保育は養護と教育とが一体となって展開されるものであるという考えである。保育指針の基本精神は改定を重ねても変わることがなかったが，各期の指針の内容は当時の社会情勢を反映したものとなっている。1990（平成2）年の改定では延長保育，夜間保育，障害児保育等が，1999（平成11）年の改定では地域の子育て家庭に対する相談・助言等の支援機能等が，そして告示化，大綱化された2008（平成20）年の改定では小学校との連携等，保育所に求められる機能は増している。同時に職員の資質向上が指針上で強く求められるようになっている。

（芝﨑良）

1965年以前の保育所の保育内容

　1947年12月，児童福祉法が制定され，保育所は児童福祉施設の一種として位置づけられた。1948年3月，文部省は「保育要領―幼児教育の手引き」を刊行した。文部省が発表した文章ではあったが，その内容は幼稚園の保育内容・方法の基準を記すだけではなく，保育所や家庭での保育にも役立つよう配慮されたものであった。また，作成委員長に倉橋惣三をおいて作成されたことから，幼児の生活全般を保育内容としてとらえ，幼児の自発的活動を重視するものとなった。具体的な保育内容としては，見学，リズム，休息，自由遊び，音楽，お話，絵画，製作，自然観察，ごっこ遊び，劇遊び，人形しばい，健康教育，年中行事の14項目があげられている。なお，副題に「手引き」とあるように法律ではなく手引書としての性格をもつものである。同年12月，「児童福祉施設最低基準」が発令され，その第55条にて保育所の保育内容を規定し，健康状態の観察，個別検査，午睡，健康診断，自由遊びをあげている。保育要領と異なる点は健康状態の観察など保育所保育独自の内容を含むところである。また，自由遊びの具体例として，音楽，リズム，絵画，製作，お話，自然観察，社会観察，集団遊びなどがあげられている。1949（昭和24）年5月には給食が開始し，翌年3月，厚生省は「保育所運営要領」を発刊している。生活指導と自由遊びのあり方など，保育所保育の意義，対象，任務，内容について詳細な説明がなされたものである。（芝﨑良）

幼稚園と保育所との関係について（通達）

　1963（昭和38）年10月に，文部省初等中等教育局長及び厚生省児童局長の連名で各都道府県知事宛に「幼稚園と保育所との関係について」と題した通達が出された。ここには幼稚園と保育所との関係について行った両省の協議結果が記されている。6項目からなり，第1項には幼稚園と保育所の両機関の目的が記されている。幼稚園は幼児に対し学校教育を施す機関であり，保育所は保育に欠ける児童の保育を行う機関であるとし，両機関には機能の違いがあるとしている。ただし，ここでいう保育とは幼児の教育を含む活動であり，保育と教育を分離してとらえるべきでないとの但し書きが添えられている。第2項では幼児教育の義務教育化の可能性に触れ，両機関の本来の機能，すなわち第1項で示された機能の強化に努めることが強調されている。このように幼稚園と保育所の機能の違いを強調するものとなっているが，その一方で第3項では保育所のもつ機能のうち，教育に関するものについては幼稚園教育要領に準じた指導をするようある。第4項では幼稚園と保育所の普及に際しては両機関が十分に連携を図るようあり，第5項では保育所に入所すべき児童は保育に欠ける児童であり，その基準を満たさない児童は幼稚園への入園を勧めるとある。最後の第6項では，保母も幼稚園教育要領に沿った指導ができるよう現職教育を進めるべきであること，さらに保母の資格取得等についても検討を加え将来改善を図るとある。　（芝﨑良）

1965年「保育所保育指針」

1965（昭和40）年8月，厚生省児童家庭局長通知によって保育所保育指針は発表された。保育内容の向上のために参考になるものとして発表されたものであり，保育所保育の理念，保育内容，保育方法等が示されている。幼稚園教育要領が文部大臣告示であったのに対し，保育所保育指針は通知であるため，法的拘束力はない。とはいえ，保育所保育が養護と教育とが一体となったものであることを明示するなど保育所独自の保育内容の基準を示すものであり保育史上画期的なものである。保育内容のうち教育的な側面については幼稚園教育要領と同様に6つの領域となっている。ただし領域の名称については幼稚園教育要領の音楽リズム，絵画製作が保育所保育指針ではそれぞれ音楽，造形となっている。また，子どもの年齢ごとにその年齢にふさわしい活動の領域を考え，その保育内容に言及している。具体的には子どもの年齢を7つに区分し，1歳3か月未満および1歳3か月から2歳までは生活・遊び，2歳は健康，社会，遊び，3歳は健康，社会，言語，遊び，4～6歳は健康，社会，言語，自然，音楽，造形の6領域としている。4～6歳の領域区分が幼稚園教育要領の領域区分とほぼ同一であるのは，1963年の文部省初等中等教育局長及び厚生省児童局長の連名による通達「幼稚園と保育所との関係について」における，保育所においても教育的側面に関するものについては幼稚園教育要領に準じるとの取り決めに基づくものである。

(芝﨑良)

1990年「保育所保育指針」

1987（昭和62）年3月の児童福祉施設最低基準改正により，保育所の保育内容を規定していた第35条から自由遊び等各項の詳細な規定が削除されている。1990（平成2）年3月，保育所保育指針は大幅に改定された。この改定の背景には人々の労働意識や労働形態の変化による乳幼児や乳幼児を取り巻く社会状況の変化に対応する必要性や，1989（平成元）年に改訂されている幼稚園教育要領の内容と整合性を図る必要性などがあった。改訂された保育所保育指針では社会的要請から，保育所保育の養護機能を明確にする「基礎的事項」を位置づけている。基礎的事項とは子どもが保育所で安定した生活を送るために必要な心身の安定にかかわる事項である。また延長保育，夜間保育，障害児保育などを指針の内容に取り入れている。さらに1965（昭和40）年の保育所保育指針では領域として6つをあげていたが先に改訂された幼稚園教育要領と同様に健康，人間関係，環境，言葉，表現の5領域となっている。また1965（昭和40）年の保育所保育指針の領域は子どもの活動領域の区分であったが，今回の領域は子どもの発達の側面から区分したものとなった。指針の記述の仕方も保育士が子どもの内面，精神的なありように関心を向けられるよう配慮がなされている。年齢区分（発達過程）については6か月未満児が追加され旧指針の7区分から8区分となった。また改訂された要領と同様指針も環境による保育を重視する内容となっている。

(芝﨑良)

1999年「保育所保育指針」

核家族化および少子化の進行といった児童や家庭を取り巻く環境の変化をうけて，1999（平成11）年には再度保育所保育指針が改定された。改定後も保育所保育の精神に変わりはなく，従来の指針と同様に保育所保育が養護と教育が一体となったものであることが強調されている。改訂のポイントは5点あり，1点目は保育所の機能の1つに地域の子育て家庭に対する相談・助言等の支援機能を新たに位置づけたことである。児童や家庭を取り巻く環境の変化により，保育所が各家庭，地域社会などと協力，連携していくことがより重要な課題となってきたためである。2点目は乳幼児突然死症候群の予防，アトピー性皮膚炎対策，児童虐待への対応などについて新たに記載されていることである。3点目は，新たに保育士の保育姿勢に関する事項が盛り込まれており，保育士の専門性の向上や業務上知り得た情報の秘密保持について述べられている。4点目として，幼稚園教育要領と整合性を図るため追加された事項があることである。保育所保育は養護と教育が一体となったものであるが，その教育的側面については，改訂幼稚園教育要領との整合性を保つよう保育内容等について事項が追加されている。また，5点目として，子どもの人権への配慮にかかわる項目が追加されていることである。この人権に関する配慮については，1999（平成11）年4月，「「人権を大切にする心を育てる」保育について」と題された通達の記載内容に基づくよう指導されている。

（芝﨑良）

2008年「保育所保育指針」

2006（平成18）年，座長に大場幸夫を置き「保育所保育指針」改定に関する検討会が発足し，保育所保育指針の構成および内容等について検討が始まった。2006（平成18）年12月には教育基本法（昭和22年法律第25号）が改正され，家庭教育の重要性や幼児期の教育の振興が盛り込まれるなど，子どもの教育に社会的な注目が集まった。その後2008（平成20）年に厚生労働省より新しい保育所保育指針が告示された。指針は児童福祉施設最低基準（昭和23年厚生省令第63号）第35条の規定に基づき定められている。以前の指針が厚生省児童家庭局長通達であったのに対し，今回の指針は厚生労働大臣の定める告示である。これは大臣の定める告示とすることにより指針が保育所における保育内容の最低基準であることを明確化し，各保育所の保育内容の質の向上を図るためである。告示という性格上，指針の内容は従来の指針とは異なり大綱化が図られている。保育所保育の性格については，従来の保育所保育指針と同様養護と教育が一体となったものであることが強調されており，さらに保育のねらい及び内容が「養護に関わるねらい及び内容」「教育に関わるねらい及び内容」と別に記載されている。また，小学校との連携強化，保護者の意向を尊重しつつ保護者の養育力の向上，食育に関する事項，さらに，計画，評価などに関する保育士の資質向上の必要性や，それを満たすための施設長の責務などが盛り込まれた内容となっている。

（芝﨑良）

5．保育の理念・主義

　幼稚園と一口にいっても，制度上は，①設置機関が国である場合，②地方公共団体（市町村）である場合，③学校法人等である場合，の3つに区分することができる。①国が設置する大学等の附属幼稚園を国立大学法人幼稚園，②地方公共団体（市町村）が設置する幼稚園を公立幼稚園，③学校法人等が設置する幼稚園を私立幼稚園と称しており，幼稚園教育要領をもとにして，それぞれの園ごとに特色ある理念・主義による保育が行われている。

　ただし，公立幼稚園の場合，設置機関となる各地方自治体の教育委員会の指導により，幼稚園教育要領の内容に即した保育が行われる。地方自治体の地域の特性を考慮しながらも，実際には，他園との差が生じることのない保育に努めている。それに対して，私立幼稚園の場合，教育方針や保育内容について，教育委員会から監督や指導を受けることがない。そのため幼稚園教育要領に沿うことを基本としながらも，実際には，理事長や園長の保育理念・主義に基づいて教育方針を掲げ，独自の保育を展開している。

　例えば，仏教の教えに基づく保育を行う私立幼稚園では，保育に関わる問題を解決するためには，仏教の教えが不可欠であるという立場に立つ。また，神道の教えに基づく保育を行う私立幼稚園では，神社内の自然環境の中で子どもの情操や人間形成の発達を目指す。さらに，キリスト教信仰に基づく保育を行う私立幼稚園では，子どもはすべて神の子であり，敬愛の念をもって神聖な連携に努めるとともに，神を信じ，神に愛されるキリスト者に育てることを目指す。この他，モンテッソーリ主義の幼稚園では，子どもが活動に没頭する姿を尊重するために，モンテッソーリ教具と呼ばれるさまざまな遊具を用いて保育を行っている。シュタイナー主義の幼稚園では，幼児期の特性である子どもの「模倣」を尊重するために，保育者は子どもの模倣の対象であり，子どもに手本を示し，子どもの模倣を促す役割を担うことを重視している。このように，今日の私立幼稚園は，個々の保育理念・主義に基づいて，多様な教育を展開している。

（中坪）

仏教保育

釈迦の教えをもとに，各宗派の宗祖の教えを付け加えた仏教精神による乳幼児期の保育。仏教精神の根幹は，「慈悲」「智慧」「恩」などで構成されており，保育においては，子どもが生き物を慈しみ，知識や体験を積み重ねた判断力を身に付け，すべてのものに感謝する心をもてるよう育てることを追求するものである。

「はい」という素直な心，「ありがとう」という感謝の心，「わたしがします」という奉仕の心，「おかげさま」という謙虚な心，「すみません」という反省の心を，保育者がその手本となり，態度と言葉で示すことによって，低年齢の子どもにもわかりやすく，その精神が伝わるのである。

（上地）

キリスト教保育

キリスト教精神に則った乳幼児期の保育。子どもも保育者も人間はすべて神によって創造され，生かされているという考えのもと，子どもが神の愛に気づき，喜びをもって生きることを目指す。そのことによって生涯にわたる生き方の基礎を培い，ともに生きる平和な社会と世界をつくる自律的な人間として育つことを目標とする。そのため，一人ひとりを唯一無二の存在として尊び，他人を生かし自分も生かされるという「ともに生きる体験」を重ね，さらに，人間の素晴らしさや偉大さだけでなく，人間のわがままや弱さに気づく必要があるとされる。保育者は子どもに教え込むのではなく，保育者も神の意志に従って子どもとともに生きる姿勢が大切である。

キリスト教保育は，日本における教会の歴史と関連して発展し，わが国の幼児保育に多大な影響を及ぼした。

（上地）

神社保育

神社神道の教えをもとに行う保育。自然を崇拝し，祖先が継承している行事や体験を大切にする神道精神を保育理念とする。神社に古くからある森（鎮守の森）は子どもの遊び場としてだけではなく，参拝者が訪れたり，お祭りなどの行事があったりと，さまざまな人々との交流の場所でもあった。そのような役割の場所を中心とする環境で子どもは，自然の恵みを感じながら遊ぶ体験や，伝統行事の体験，地域の人々との交流を通して，「清く・明るく・正しく・素直」な心を養い，ひいては神を敬い感謝する心や，他者を思いやる心を培っていく。

（上地）

フレーベル主義

幼稚園の創始者であるフレーベル（Fröbel, F. W. A.）の教育思想およびその実践運動の総称。フレーベル主義は，19世紀後半に全盛を迎えていった。当時，世界的につくられ始めた幼稚園のほとんどがフレーベル教育に基づいて「恩物」を用いた幼稚園（フレーベル主義幼稚園）であり，1897（明治9）年に日本で初めて創設された東京女子師範学校附属幼稚園も，フレーベル主義幼稚園であった。他方で，20

世紀初頭には，保守的で形式的な幼児教育のシンボルとしてしばしば批判的な意味でとらえられるようになる。そのなかで特に問題とされたのは，恩物を手引き通りに教えようとする形骸化した教育実践，子どもの神性を啓発することを教育目的とする象徴主義であった。アメリカでは，進歩主義教育を推進するデューイ，キルパトリックらによって，日本においては倉橋惣三らによって，批判された。　　　　　（山内）

● モンテッソーリ・メソッド

イタリアのモンテッソーリ（Montessori, M.）の科学的教育の思想・教育方法をさす。もともと医師・女性運動家であった彼女が科学的教育を構想したのは，当時，世界的に著名であったイタリアの犯罪学者ロンブローゾ（Lombroso, C.）の生来性犯罪者論の影響によるものである。子どもの道徳が未発達なのは，彼らの遺伝プログラムが非衛生的な環境により阻害されているためだと考えた子どもへの賞罰に替わって医学的処方や衛生的な環境を提供することによって，彼らの正常な身体を確保し，本来ある道徳性の発現を促そうとした。「ローマの奇跡」と称えられた1907～09年のローマのスラム街の「子どもの家」（Casa dei bambini）での幼児教育実践は，こうした構想をもとに当時のヨーロッパの障害児教育で用いられていた感覚教具（後にモンテッソーリ教具と呼ばれる）を取り入れ，感覚訓練の要素を取り入れたものであった。子どもは「精神的胎児」であり，母胎のように彼にふさわしい「環境」が整えば，子どもは栄養を吸収するかのように自発的に学習するとした。教育実践の特徴としては，異年齢集団での保育を基本とし，教師は言語よりも身振りによって援助を行うという点があげられる。1929年にはオランダに国際モンテッソーリ協会が設立され，厳密なカリキュラムの中でモンテッソーリ教員養成が今日まで展開されてきている。

　　　　　　　　　　　　　　　（山内）

● シュタイナー教育（保育）

南オーストリア（現クロアチア）出身のシュタイナー（Steiner, R.）の思想および教育方法をさす。活躍の舞台となったドイツでは，ヴァルドルフ教育学と呼ばれる。彼は，物質世界を超えた霊的世界に深い関心をもち，1912年には自ら人智学協会を設立する。1919年には，最初の学校「自由ヴァルドルフ学校」が設立される。彼の人智学と社会改革運動は，教育のみならず，医学，建築，芸術，農業など多方面に影響を与えた。彼の人智学では，人間は「物質体」「アストラル（生命）体」「エーテル（意思）体」「自我」の4つの構成要素からなる。第1七年期（0～7歳），第2七年期（8～14歳），第3七年期（14～21歳）では，先の3つのそれぞれの構成要素の成長が課題となる時期であり，第3七年期以降は「自我」の発達を課題とした。教育実践の特徴としては，4～6週間にわたって算数なら算数，歴史なら歴史を行い続ける「エポック授業」，自己内対話を行いながら曲線や渦巻きなどを色彩的に描く「フォルメン」，リズムにのって優雅に歩いたり，

母音の響きに従って体を動かす「オイリュトミー」，などがある。「シュタイナー学校」は，欧州を中心に全世界に広がっている。彼は存命中は幼児のクラスを設けることはできなかったが，後の指導者たちによって人智学に基づく保育が方向づけられた。現在では，世界中に1,000園以上の「シュタイナー幼稚園」があるとされている。　　　　　　　　　　　（山内）

6．保育の形態

　保育の現場においては幼児の姿や活動の内容，環境などを考慮して，さまざまな形態で保育が行われる。保育の形態について，幼稚園教育要領の第3章指導計画の作成に当たっての留意事項には「幼児の行う活動は，個人，グループ，学級全体などで多様に展開されるものであるが，いずれの場合にも，幼稚園全体の教師による協力体制をつくりながら，一人一人の幼児が興味や欲求を十分に満足されるよう適切な援助を行うようにすること。」と示されている（2008（平成20）年告示）。
　ここでは主に，個人，グループ，集団という観点で保育の形態について述べられている。幼児が興味や関心をもって活動に取り組むとき，それが個人ではじめたものであっても，周りの友達との関わりからグループ，集団へと活動が広がることがある。また，クラスで一斉に活動を楽しんだ後，幼児1人でその活動を続けていくこともあり，幼児は形態をさまざまに変化させながら活動していくといえる。保育者は保育の目標やねらいに沿って内容を計画し，その内容に適した保育形態を考える必要があるが，充実した活動を展開させていくためには，保育の形態を固定して活動をさせるべきではない。例えば次のような実践がある。1人の幼児が新聞紙をまるめて一生懸命パンをつくっていた。保育者がそれに気づいて，「おいしそうなパンね，食べさせて」と1つ食べるふりをした。それを見た他の幼児が同じように食べるふりをはじめたことからパン屋さんごっことなり，別のコーナーでままごとをしている子と遊びがつながり，気がついたらクラス全体がお店屋さんごっこをしていた，という事例である。保育者は，幼児の主体的な活動を援助しながら，形態をダイナミックに移行させていく柔軟さをもつことで，一人ひとりの幼児が興味や欲求を十分に満足されるような保育を実践していけると思われる。　　　　　　（池田）

6．保育の形態

● 自由保育

　幼児の興味や関心に沿って主体的に活動する保育をさす。保育方法における理念を意味する場合と，保育形態におけるスタイルを意味する場合とがある。一般的な実践場面では，自由な遊びの時間に，子どもたちが自ら遊びを選択し，自由に展開していく形態をとることが多い。保育者は子どもの発達や時期などに合わせて，指導のねらいを達成できるような遊びを計画し，環境を整えておく。また，子どもたちの中から生まれてきた遊びを保育者が援助しながら発展させていくこともある。どちらにしても，子どもたちが主体的に遊び込むことが大切である。子どもたちは遊び込む過程の中で，自分で気づいたり考えたり感じたりした体験を通して，幼児期に必要な学びを習得していく。

　一方，自由保育には子どもを放任しているだけの活動となってしまう危険性がある。自由とは，子どもの主体性を大切にすることであって，活動すべてが何もかも自由であるわけではない。遊びを通して，友達との関わりやルール，基本的生活習慣などを身に付けていけるように，保育者の援助と計画が必要なのである。また，遊びをさらに深めて発展できるように，保育者の環境設定や工夫が行われるべきである。子どもたち一人ひとりが主体的に充実した気持ちで活動を展開できるようにするため，保育者は子どもの姿を的確にとらえ，さまざまな準備や計画を行う必要がある。　　（池田）

● 一斉保育

　保育者があらかじめ設定した保育の目的やねらいに基づいて，幼児に一斉に活動を促す保育形態の１つ。その点で，自由保育としばしば対比してとらえられる。実践場面では，クラスで一斉に活動する形をとることが多く，保育者によって計画された指導のもと，子どもたちが同じ課題に向かって取り組む。ある程度制約された環境の中で同じ活動を行うことで，子どもたちが活動に集中し，お互いに教え合ったりアイディアを広げていったりしながら，活動を展開させることができる。全員に同じねらいを達成させるためには有効であるが，個々の発達の差を考慮し，個人指導を行う配慮は必要である。

　一斉保育については，子どもたちの興味や関心を無視して，保育者が一方的に教え込む形になるという批判もある。しかし，保育者が子どもたちの姿を的確にとらえて計画すれば，子どもたちとともに進めていく活動を実践することができる。子どもたちの自由な発想から生まれてきた活動を一斉保育で取り上げ，子どもたち主導で活動させたり，一斉保育で行った活動を自由な遊びの中でさらに発展させたりと，保育者の工夫によってさまざまな実践が期待できる。大切なことは，自由保育であっても一斉保育であっても保育者が子どもの興味や関心をとらえ，主体的に活動できるように援助していくことであり，その目的のために，保育形態を選定するべきである。

　　　　　　　　　　　　　　　　（池田）

縦割り保育

異年齢の幼児集団で保育を行うことを縦割り保育という。幼稚園では同じ年齢の幼児でクラスを編成することが原則とされているが（幼稚園設置基準，第4条），保育所には特別な規定はない。また僻地などでは，異年齢集団でしかクラスを編成できない場合もある。しかし，常時異年齢集団で保育を行うことは少なく，保育のねらいや内容によって，一時的に縦割りの集団をつくって異年齢交流を行うことがほとんどである。

縦割り保育には，子どもたち同士で教え合い学び合うことができるという利点がある。年少の幼児にとっては身近なモデルを見ながら学ぶことができ，成長することへの憧れや期待の気持ちをもつことができるようになる。また年長の幼児にとっては，教えたり世話をしたりすることで思いやりの気持ちが育ち，年長としての自覚や自信をもてるようになる。また，効果的に異年齢交流を行うことで，日常的に縦のつながりを生かした保育が展開しやすくなる。少子化によって，家庭や地域で異年齢の子ども同士で関わる機会が少なくなっているため，保育における異年齢交流の意義は大きい。しかし，保育のねらいや内容を検討して行わなければ，幼児が自分の力を十分に発揮できない活動に陥りやすいため，園全体の計画の中で，保育者同士の共通理解を図りながら，十分な配慮のもと行っていく必要がある。

（池田）

ティーム保育

複数の保育者が共同で保育を行うことをティーム保育という。自由保育の場面では，子どもたちが平行していろいろな場所で活動するため，保育者がお互いに協力して子どもたちの援助をするティーム保育が行われる。保育者には，常に幼児の姿や保育の展開について情報交換を行い，保育のねらいや内容について共通理解を図って保育を行うことが求められる。一斉保育場面におけるティーム保育は，1つの活動を複数の保育者が指導する形で行われる。保育者が役割分担をすることで，効果的に指導することができ，一人ひとりに個人指導が行いやすいという利点がある。また，外部から特別な技能をもった講師を招いてティーム保育を行う場合，保育者はコーディネーターとしての役割を果たし，指導のねらいに沿った活動ができるように援助していく。

ティーム保育においては，指導のねらいについて保育者間で共通理解を図り，連携して保育を進めていくことが大切である。

（池田）

混合保育

一般的には同年齢集団で編制されたクラスを中心に保育を行うことが多いが，保育者の人数が足りない，乳幼児の同年齢の人数がクラス編制できるほど集まらない，保育室の数が足りないなど，便宜的な理由によって異年齢でクラス編制をして保育を行うことを混合保育という。そのため，年齢別における人数のバランスがとれていない

ことも多い。また，早朝保育や延長保育など，特定の時間帯のみ一時的に混合保育を行う場合もある。

　これに対して，指導のねらいをもって積極的に異年齢交流を行う保育のことを縦割り保育，異年齢に限らずクラス編制の枠を超えた集団で保育を行うことを解体保育という。　　　　　　　　　（池田）

7. 保育メディア

　メディアとは，情報伝達の媒体，記憶・保管するための媒体のことをいう。この意味で，保育のさまざまな場面で用いられている絵本，テレビ，コンピュータなどもメディアである。メディアを保育に取り入れる際には，メディアの特性を十分に知り，ねらいに即してメディアを適切に選ぶことが重要である。

　メディアの特性を知るために，情報を①文字②音声③画像（静止画，動画）の3つの要素でとらえると，おもなメディアは次のようにまとめられる。
　・絵本：文字＋肉声＋静止画
　・テレビ：文字＋音声＋動画
　・コンピュータ：文字＋音声＋動画＋手

　絵本は絵（静止画）が主役の媒体である。まだ十分に文字が読めない幼児には，大人が読み語ることによって物語を楽しむことができる。テレビは特に画面上の動き（動画）やリズミカルな音響効果などが子どもの注意を引く。子どもがテレビを長時間見るのはそのためである。コンピュータはインタラクティブ性をもち，文字，音声，映像をデジタル情報として等価に扱うことができるマルチメディアである。マウスやキーボードなどを扱うために手を動員するので必然的に能動的なかかわりとなる。

　メディアがなかった時代には，昔話は大人から子どもへ「肉声」だけで語り継がれていた。絵本の読み語りも，人を介するということの意義は大きい。それに対してテレビは，人がいなくても子守りをさせることができる。絵本やテレビは五感のうち視覚と聴覚を使うメディアである。動画よりも静止画のほうがまだ想像力を働かせる余地はあるが，それ以上に，音声だけの情報しかもたないラジオ（あるいはCDやカセットテープ）は，保育メディアとして再評価されてもよいのではないか。

　メディアは，大人が子どもに与えるだけのものと考えるのではなく，子どもが創り出すものを保育の中に積極的に認めるべきである。例えば，絵本や紙芝居づくり，さらにはコンピュータも，そのマルチメディアという特性を活かせば，創造的な遊び活動が展開する期待がもてるだろう。

　　　　　　　　　　　　　　　　　　　　　　　　　　　　　　　　（湯地）

絵本，紙芝居

　絵本と紙芝居は，どの年齢の子どもにも親しみやすく，わかりやすい保育教材として，集まりの時間などさまざまな場面で多く利用されている。

　絵本は平安時代の絵巻物，室町時代の奈良絵本，江戸時代の草双紙に源流がある。現在は質，量とも豊富で，文字なし絵本，仕掛け絵本，物語絵本，生活絵本，観察絵本，科学絵本，保育絵本，絵雑誌など，表現形式や表現技法ともに多種多様である。紙芝居は，宗教・教育・保育のための教材として教育紙芝居が刊行されて以来，現在でも保育向けに数多くつくられている。

　保育現場では，絵本も紙芝居も同じように扱われる傾向にあるが，もともと紙芝居は紙人形を舞台で動かす「立絵」が前身であるように，文字通り「芝居」である。それは，絵本とは明らかに違う点である。戦前戦後に子どもたちの人気を集めた街頭紙芝居のように，語り手が舞台の下手に立って，子どもたちと直接に交流しながら演じるところに紙芝居のおもしろさがある。

　絵本と紙芝居は，本来，その成立過程や性質が違うことを十分に理解し，文字をただ読むのではなく，物語をいきいきと子どもの心に送り届けることによって，想像する楽しさを引き出すことが大切である。そのような楽しい経験がもとになって，子どもたちの遊びの中で絵本や紙芝居づくりが生まれ，それを見せ合うようになる。そのための環境準備や雰囲気づくりもまた大切である。

（湯地）

童話

　子どもが読む物語。英語のフェアリーテール（fairy tale），ドイツ語のメルヘン（Märchen）の訳語。

　江戸時代の曲亭馬琴『燕石雑誌』（1811年）などでは「童話」は昔話を意味していた。明治時代に巌谷小波は昔話を素材とした「お伽噺」を再話し，「口演童話」「児童演劇」も活発に行った。

　大正時代，『赤い鳥』（1918年創刊）の主宰の鈴木三重吉は，一流の文学者の創作による「童話」を数多く掲載し，「童話」の芸術性を高めた。それ以降，「童話」はしばらく子どもの文学全般を意味していたが，「児童文学」が総称として使われるようになり，「童話」は児童文学の1つの表現形式として確立して現在に至っている。

　童話集としては，ペロー童話集，グリム童話集，宮沢賢治の童話集，アンデルセン童話集などが有名である。これらは，絵本やアニメにもなっており，二次作品が保育で用いられることも多い。しかし，絵本化，アニメ化された作品は，教育的見地から昔話の繰り返しや残酷な表現などが，省略されたり編集・脚色されたりしている。再話よりもアニメの物語しか知らない子ども（あるいは保育者）もいるほどである。特にディズニー映画の影響は大きい。子どもに読む場合，例えば，子豚が狼に食べられる内容の再話を選ぶべきか，食べられない話を選択するか，意見が分かれるところである。最近では，前者が見直されつつある。

（湯地）

手遊び

　手や指の動きと歌が1つになった遊び。手や指だけでなく，腕，肩，足などを伴う動作もある。また，1人で遊ぶもの，一対一で遊ぶもの，集団で遊ぶものなど，さまざまである。手遊びの歌には，国内外の民謡やわらべうた，創作されたものがある。

　手遊びには，リズムやメロディに合わせて手や指を動かす楽しさがある。手や指を何かに見立てたり模倣をしたりする楽しさもある。保育者やほかの子どもたちと一緒に遊ぶ楽しさもある。

　子どもたちは，手遊びを繰り返し楽しみながら，リズム感や感覚運動機能を身に付けたり，大きい－小さい，はやい－おそいなどの概念や，言葉・数などを自然に覚えたりする。体と体の触れ合いを通して，安心感を抱き，大人や周りの友達との信頼関係を築くなど，コミュニケーションにも大切な役割を果たしている。

　保育においては，子どもたちの注意を引きつける効果があるので，場を落ち着かせたり遊びの区切りや場つなぎの道具として用いられたりすることが多いが，手遊びの楽しさやその教育機能にも目を向け，保育の中に積極的に取り入れることが重要である。そのためには，子どもの発達段階やいろいろな場面に合わせて，いきいきとした手遊びが展開できるように，保育者が手遊びのレパートリーを増やしたり，それを自らが楽しんでいる姿を見せたりすることが重要である。

(湯地)

楽器

　一般に音楽を奏でるための器具を「楽器」という。保育では，カスタネット・鈴・タンバリン・大太鼓・小太鼓などのリズム楽器，ピアノ・オルガン・ハーモニカ・鍵盤ハーモニカなどの鍵盤楽器，木琴・鉄琴などの鍵盤打楽器が用いられている。

　これらの楽器を使ってする合奏は，お互いの音色やリズムを聴き合い，調和の美しさや心地よさをともに感じる経験になる。その際，最初から楽器の正しい奏法を教えるよりも，自分なりに音を楽しむ体験を重ねながら，しだいに楽器本来の使い方に気づくように促すことが重要である。また，行事の前にだけ楽器を用意するというのではなく，いつでも自由に使えるような環境を整えておくことも大切である。

　さらに，広い意味で，音の出るものすべてを楽器としてとらえる必要がある。声も一種の楽器であり，からだ全体も打楽器になる（ボディパーカッション）。乳児がガラガラなどを喜ぶように，音のでるおもちゃも楽器といえるだろう。また子どもたちは，周囲にある自然物や廃材などを利用していろいろな楽器をつくったりする。

　楽器は，子どもの働きかけに対して「音」というわかりやすい反応でフィードバックされるという点で応答的な環境である。このような遊びの要素を大事な視点にしながら，素朴な音に対する興味・関心を出発点として，子ども自身が表現する楽しさを味わう経験を通して，音楽への豊かな感覚を育てることが大切である。

(湯地)

テレビ

テレビジョンの略。日本において1953年から始まった地上アナログテレビジョン放送は2011年に終了し、2003年から開始した地上デジタルテレビジョン放送へと移行した。デジタル化によってテレビは新時代を迎え、「見る」テレビから「使う」テレビへ転換し、ハイビジョンによる高画質・高音質をいかした教育番組や双方向性を用いた参加体験型の授業など、教育利用にも期待が大きい。

子どもは、子ども向けの番組だけを見ているだけでなく、バラエティ、ドラマ、ニュースなど一般対象向けのものも家族と一緒に見る機会が多い。子どもはテレビからたくさんの情報を見たり聞いたりしながら、好奇心を抱いたり、感動したり、あこがれたりする。そのような感情体験があるので、テレビの内容を素材にして遊びの中で試したり、友達と共有したりする姿がみられるように、テレビは子どもの遊びや生活経験を広げたり深めたりする。

しかし、性や暴力表現など放送内容が問題にされたり、長時間のテレビ視聴による近視や生活習慣の乱れ、さらには言語発達の遅れなど、子どもの心身の発達への悪影響が心配されたりしている。テレビのデジタル化は、教育効果をさらに向上させるのと同時に、悪影響を強める危険性もある。したがって、子どもが情報を批判的に読み、主体的に必要な情報を引き出したり活用したりするメディア・リテラシーの育成が、今後ますます重要になる。　　　（湯地）

コンピュータ

電子計算機とも呼ばれた。コンピュータの種類には、ワークステーション、マイコン（マイクロコンピュータ）、ゲーム機などがあるが、一般的にはパソコン（パーソナル・コンピュータ）を意味することが多い。

1970年代後半から一般・家庭用のパソコンが出始めたが、1995年マイクロソフト社のWindows95の発売をきっかけに、パソコンやインターネット利用が急増し、コンピュータを中心とした高度情報化社会が到来した。そのため、コンピュータや通信ネットワークなどの情報手段に慣れ親しみ、コンピュータの基本的な操作や情報モラルを身に付け、情報の処理・発信する能力を育成するためのコンピュータ教育が重視されてきている。学習指導要領においても、各教科でのコンピュータの積極的な利用が記されている。

コンピュータを保育に導入している園は増えつつあるが、絵本や紙芝居などと同じように、当たり前の環境として定着しているとは言い難い。それは、乳幼児期の保育は、自然に触れて遊ぶという直接的な体験が重視されていることもあり、間接体験を助長するものはこれ以上必要ないという考えなどが根底にあるからだろう。ハードウェアやソフトウエアの開発という課題もあるが、指やタッチペンで操作できるようになった携帯用ゲーム機の成功例をみると、将来、そのようなもっと身近で、アナログ的なコンピュータが登場し、保育環境として位置づくことも予想される。　　　（湯地）

8. 海外の保育

　各国の保育制度・内容・方法は，その国の文化，経済，歴史的背景を反映している。以下では，アメリカ，イタリア，ニュージーランドの幼児教育を取り上げることで，その国の保育の実情に接近する。これらはいずれも，今日世界の注目を集める実践である。

　アメリカには，NAEYC（National Association for the Education of Young Children：全米乳幼児教育協会）と呼ばれる民間の保育関係者専門職組織があり，現在10万人を超える会員で構成されている。NAEYC の目的は，「幼児保育実践における専門性の向上と，幼児保育分野で働く人々の労働条件の改善の促進」「幼児とその家族のための質の高いプログラムに対して，社会の理解と支援の拡大」である。これらを達成するために，公的政策形成への関与や保育施設を中心とした調査・研究を行っている。NAEYC が刊行した乳幼児の『発達にふさわしい教育実践（Developmentally Appropriate Practice：DAP）』は，アメリカ国内の保育政策を牽引するほどの影響力を与えている。

　イタリアの幼児教育は，従来から世界中の注目を集めている。子どもたちの100の言葉を具現化するレッジョ・エミリア市の幼児教育実践は，今日の教育関係者のホット・イシューの1つである。また，世界で最も地方自治が進んでいるといわれるボローニャ市の実践，あるいは，100年以上前から今日まで，モンテッソーリ・メソッドと呼ばれる独自の教育方法を確立したモンテッソーリ教育を取り上げることもできる。イタリアにおける今日の幼児教育の発展は，学校教育の発展と，その背景をなす歴史的状況とが結びついている。

　ニュージーランドは，日本の70％にあたる国土に人口約390万人が居住する，第一次産業を中心とした国である。1980年代，保育と教育を統合した「エデュケア」の概念が発展するとともに，多種多様な保育サービスが展開されることとなった。主な特徴は，次の通りである。①保育と教育が一元化されている。②民間主導，行政支援で運営されている。③契約は親と保育サービス提供者が自由に行う。④少数民族の保育にも配慮を行っている。⑤保育サービスの種類が多い。　　　　（中坪）

8．海外の保育

ヘッド・スタート

　ヘッド・スタートは，アメリカ連邦政府が行う就学前の幼児を対象とした補償教育プログラムである。ヘッド・スタート（Head Start）とは，順調な出発，幸先のよい始まりを意味する。ジョンソン大統領の「貧困との戦い」の一環として，低所得者層や少数民族などの社会的・経済的に不遇な立場にある幼児が就学後の知的・情緒的発達や学業成績のうえでのハンディキャップを負わないようにすることを目的に，1965年から開始された。ヘッド・スタートは，各地に設置された「児童発達センター」を中心に，医師，栄養士，ソーシャルワーカーの協力を得ながら，主として小学校や幼稚園教諭，保育士，大学生，ボランティアによって行われてきている。また，「セサミストリート」などに代表されるテレビ番組を通じたプログラムも展開されている。ヘッド・スタートは当初，低所得者層や少数民族の5歳児向けの8週間の夏休みプログラムとして開始されたが，現在ではそれらの子どもや家族にとどまらず，移民や季節労働者やその他の子どもや家族にも拡大され，出生前教育，健康教育，栄養教育，両親教育なども含みこんだ広範囲な国民サービスとなってきている。その評価としては，学習機会に恵まれなかった子どもの読む能力や算数の能力を向上させ，スムーズな就学への移行を果たせているという成果が確認されている一方で，就学後の自己抑制がうまくできていない事例などが指摘されている。　　　　　（山内）

DAP

　アメリカで最大の乳幼児教育の専門職組織である全米乳幼児教育協会（NAEYC）が，0歳から8歳までの乳幼児の保育・教育実践についての基本見解の略称。『発達にふさわしい教育実践（DAP：Developmental Appropriate Practice）』として，1987年に初版が発行され，1997年に第二版が，2009年に第三版が出ている。DAP誕生の社会的背景としては，1980年代における，幼児教育現場でのアカデミック・スキル（読み・書き・算数）重視の一斉授業の実施，テストによる年長児や小学校1年生における留年問題などがある。DAPでは，「乳幼児のために考案されるプログラムは，乳幼児ついての知見に基礎をおくべきである」という基本原則に立ち，乳幼児を尊重したあたたかな学びの環境や自由でお互いに学び合う教育を実現するために，理論的な考察とともに「発達にふさわしい実践／ふさわしくない実践」を具体的に明記している。日本における保育所保育指針や幼稚園教育要領のような国家レベルの保育指針がないアメリカにおいて，DAPは多くの州教育局における保育のガイドラインとして採用され，また乳幼児保育者の養成機構の専門教育の内容にも大きな影響を与えている。DAP初版に対しては，子どもの人種，民族，ジェンダー，文化などの社会文化的要因が考慮されていない，「発達にふさわしい実践／ふさわしくない実践」で例示される実践例が偏っている，などの批判を招いた。これらの批判を受け，第二版では修正が加えられている。　　　　　（山内）

4章　保育内容・方法

● レッジョ・エミリア・アプローチ

1991年12月，アメリカの週刊誌「NEWSWEEK」が，世界で最も革新的幼児教育施設として全米に紹介したディアーナ幼児学校は，イタリア北部レッジョ・エミリア市（人口138,000人）に位置する公立幼児学校の1つである。

レッジョ・エミリア・アプローチ（Reggio Emilia Approach）とは，この小都市の幼児教育プログラムの総称であり，その起源は，第二次世界大戦終結の6日後，親たちの手で開始されたことに由来する。「ヴィラ・チェラという小さな村で学校を造る人たちがいる…私が自転車で駆けつけると，女性たちが竈からレンガを取り出して洗っていました。ドイツ軍が残した戦車や鉄屑を売って資金を調達するというのです。私は教師です…そう私が言うと，だったら一緒に働いてほしいと彼女たちが言うのです」。今日，権利の主体としての幼児の可能性を重視し，子どもたちの100の言葉を育てる創造性の教育を確立した創始者ローリス・マラグッツィ（Loris Malaguzzi）は，その起源を神話的語り口で振り返る。

「幼児の能力は小集団の文脈の中で開花する」「環境は第三の教師である」「保育者は幼児の活動結果を評価するよりも，活動過程を解釈せよ」「カリキュラムを計画するよりも，幼児の活動を偵察せよ」など，教育の営みや保育者の役割を鮮やかに提示するレッジョ・エミリアの理念は，日本の幼児教育や学校教育のあり方を考える示唆的エッセンスにあふれている。　　　（中坪）

● プロジェクト・アプローチ

プロジェクト・アプローチ（Project Approach）とは，子ども自身が自分たちの周囲の世界に対して抱く疑問や好奇心に基づいてトピックを設定し，そのトピックを深く調査・探求（in-depth investigation）するための小集団のプロジェクト・チームを組織することで，問題解決能力とともに，知識，技能，性向，感性などの能力を獲得する活動のことである。

プロジェクト・アプローチは，大きく3つの段階に区分することができる。第1段階は，プロジェクトの開始である。この段階において教師は，子どもの既得の知識や経験など，準備の状態を理解するとともに，子ども同士の話し合いを奨励し，調査・探求すべき問題を明確にすることが求められる。第2段階は，調査と表現である。この段階において教師と子どもは，フィールドワークを実施し，観察やインタビューからデータを収集するとともに，それらを分析する。第3段階は，まとめである。プロジェクトの成果をさまざまな技法で展示し，他の教師たち，他のクラスの子どもたち，親たちにプレゼンテーションすることで，活動を振り返り，評価する。

アメリカの幼児教育研究者カッツ（Katz, L. G.）とチャード（Chard, S. C.）が提唱するプロジェクト・アプローチ（2000）は，けっして新しい教育方法ではないが，幼児期から児童期への子どもたちに対して，複雑で解答のない課題に協同で挑戦する機会を提供することのできる教育方法である。

（中坪）

プロジェクト・スペクトラム

ハーバード大学教育学大学院を中心に行われている数十にわたる教育研究プロジェクト（プロジェクト・ゼロ）の1つで、幼児期～小学校低学年を対象として行われた教育評価開発プロジェクト。ガードナー（Gardner, H.）とフェルドマン（Feldman, D. H.）を中心的な指導者とし、現場の教員も参加して1983年から9年間にわたって行われた。スペクトラムとは、子どもの知能、スタイル、傾向が広範囲の分布（spectrum）として表出するよう、その名が選ばれた。このプロジェクトは、1983年の全米審議会報告書『危機に立つ国家』をきっかけに多用された「標準テスト」の妥当性への懐疑を契機とし、「標準テスト」に替わって、この時期の特筆すべき子どもの能力をとらえるための評価方法を確立することがその大きな目的であった。ガードナーの多元知能理論（MI理論）を基礎として、「機会と構成」「科学」「運動」「音楽」「社会理解」「言語」「美術」という7つの領域（domain）を設定し、その中に合計31の鍵となる能力（キイ・アヴィリティ）を設定した。さらに、それぞれの能力を公正に評価するために、子どもたちの実際の活動に即した文脈評価の方法の研究が進められた。この試みは、具体的な評価言語の不在、ペーパーテストに替わる客観的な評価方法の未確立、という幼児教育における課題を考える際に参考となるものである。

(山内)

テ・ファリキ

ネイティブであるマオリが欧州人とともにつくり上げた国ニュージーランドにおいて1996年に公布された多文化共生を根本精神とする幼児教育統一カリキュラム。子どもの学びの環境として「健康と安全」「所属感」「貢献」「コミュニケーション」「探究心」をあげ、そこにおける教育内容が行動目標として示されている。テ・ファリキ（Te Whariki）とは英語の「The Mat」、マオリ語で「織物」のことであり、幼児教育のプログラムをつくるうえで、縦糸と横糸が交互に織られた織物のように、互いにしっかりと支え合い、違いを認め合いながら美しい調和を保つという意味が込められている。また、学びを、子どもの経験と意味とが結びついて織りなされる一人ひとりの模様、図柄ととらえる学習観を表すものでもある。

テ・ファリキのカリキュラムは単に保育者のためのガイドラインではなく、誰もが活用できる実践的な幼児教育の枠組みである。多くの幼児教育機関において親が利用しやすい場所に置かれており、テ・ファリキを手がかりにすることで、親と保育者が協同で子どもの教育にあたることができる。社会文化的アプローチを採用し一人ひとりの学びに視点をおくテ・ファリキでは、子どもの肯定的な面を積極的に評価する。学習の評価、保育実践の評価としての「学びの物語（ラーニング・ストーリー）」は、写真と文章、子どもの作品などからなる子どもの成長、学習、保育の記録であり、親や子ども自身にも共有されている。(青井)

5章　子どもの生活

1．健康

　栄養の改善，保健衛生の向上，医療技術の進歩などにより，子どもが感染症により命を落とすことがほとんどなくなった一方で，子どもの運動能力の低下や身辺自立の遅れ，基本的生活習慣の確立の遅れが指摘されるようになった。これらの課題は，急激な社会変化の中，子どもたちが健康な心と体を育むための機会を奪われたことにその原因の1つがあると推測される。
　そこで，保育者は保育の中で子どもに対し，特に乳幼児期は，生涯にわたって必要となる健康な心と体の基盤をつくる時期であることを考慮し，健康上必要な生活行動を習慣づけていくことが必要である。
　幼稚園教育要領では，健康な心と体を育て，自ら健康で安全な生活を作り出す力を養うために，以下の3つのねらいが定められている。このことから，「健康」の領域は，他のすべての領域の基盤であり，非常に重要な領域ととらえられている。
　　①明るく伸び伸びと行動し，充実感を味わう。
　　②自分の体を十分に動かし，進んで運動しようとする。
　　③健康，安全な生活に必要な習慣や態度を身につける。
　また，2000（平成12）年度以降，保育所保育指針に，子どもの発達過程を十分にとらえた未満児への養護に関する内容が新たに加わった。これは生涯における心身の健やかな発育発達のためには低月齢時からの愛情ある適切な養護が不可欠であることや，その後の保健指導や健康教育の基盤となることが重要視されたためである。
　保育者は乳幼児の健康の保持増進のための保育・教育を行うことと同時に，子どもの生活の主体である家庭への助言も必要となる。そのため保育者は，子どもの心身の発達段階を正しく理解し，その時期に生じやすい問題の対処方法を身につけておく必要がある。保育者が心身ともに健康であり，健康的な生活を送ることによって，養護の行き届いた保育や適切な保健指導が可能となる。まずは，保育者が自らの健康について意識し，心身共に健康的な生活を送るよう心がけたい。

（七木田方）

病児保育

病児保育とは，子どもが病気のときに保護者に代わって子どもの世話をすることである。病気の子どもにとって最も重要な発達のニーズを満たすための専門家（保育士・看護師・医師・栄養士等）による保育と看護が必要となる。実施する場所は，病院における病児保育室が中心であり，病児に必要とされる医療的ケアが十分になされていることが求められる。

厚生労働省が刊行する保育所保育指針において，2000（平成12）年度より乳幼児健康支援一時預かり事業として，病児保育が定義づけされ，2008（平成20）年施行の保育所保育指針においても第6章2保育所に入所している子どもの保護者に対する支援（3）において，保護者の仕事と子育ての両立等を支援するため，病児・病後児に対する保育を保護者の状況に配慮し，子どもの福祉を尊重するよう努めて実施することが定められている。

実施に当たって，保育者は，看護師，医師，栄養士との連携のもと，保育者の役割はいったい何かを考えておきたい。また，現行の保育所保育指針にもあるように児童の最善の利益を十分に考慮し，保育のプロとして，病中もしくは病後の子どもの気持ちをくみ取り，病児のための保育に取り組みたい。　　　　　　　　　（七木田方）

発育測定

量的・形態的な変化，増大のことを発育という。発育測定は，子どもの発育の様子を知るために行う。計測する項目として，身長，座高，下肢長などの身体の長軸に沿った計測，頭幅，肩幅，骨盤囲などの身体の長軸と直角に交わる方向の計測，頭囲，胸囲，上腕囲，下肢囲などの身体周囲の計測，重量の計測として体重，その他には皮下脂肪厚，体表面積がある。

体重は，発育状態，健康状態，栄養状態を把握するための指標である。観察のポイントは計測値はもちろんであるが，増加の経過である。

身長は，2歳児以下では乳児用計測身長計を用い，仰臥位で計測する。身長は計測時の条件に左右されにくいが，正しく測定するには補助が必要となる。

頭囲は，巻き尺で後頭部の一番突出した部分と眉間点を通る週径を測る。

胸囲は心拍機能や筋肉・骨格の発育状況を反映し，巻き尺で両方の肩胛骨の真下（背面）と乳頭のすぐ上（前面）を結ぶ週径を測る。

発育測定は，発育の異常や偏りを早期に発見して対応するためにも毎月実施することが望ましい。測定値がどれだけ増えたかをみるだけではなく，基準値（パーセンタイル値）と比較したり，カウプ指数やローレル指数などの発育指数を用いて評価してはじめて有効となる。特に成長曲線は，描いてみると心身の情報が多く読みとれる。発達の偏りをはじめ精神疾患・発達障害・虐待などの早期発見となる。（七木田方）

乳幼児健康診査

乳幼児健康診査は，乳幼児の健康状態を

把握し，疾病や異常等を早期に発見し，乳幼児の健康を保持・増進するために実施される。1歳6か月児健診，3歳児健診の実施が母子保健法に基づき，すべての自治体で行われている。健診時期や回数は自治体によって異なり，乳児や5歳児に対して実施しているところもみられる。すべての子どもに医療，療育そして教育が適切に行われるよう適切な保健指導が行われる。

乳児の健康診査は出生後1～12か月未満（対象月齢は市町村によって異なる）を対象に実施される。新生児以降の健康状態の把握とその育児支援，新生児期以降に出現した疾病異常等の早期発見，発育発達状況の評価と促進，疾病予防や事故予防，虐待防止等を目的とする。内容は身体発育の状況と体格の評価，精神運動機能の発達状況，栄養状態，身体各部位の疾病の有無，四肢の運動障害の有無，予防接種実施状況，虐待の疑いを含む育児上問題となる心身の状況の有無，生活習慣に関する項目となっている。

1歳6か月健診では，乳児期から幼児期への円滑な切りかえと不安の解消，乳児期以降の心身の疾病異常の早期発見と対応などを目的とし，3歳児では幼児期の育児としての適切さの評価や生活習慣の自立のための働きかけを確立させることなどを目的に，視聴覚の異常の有無，情緒面の障害の有無，歯・口腔内の異常の有無，事故による障害，社会性の発達状況などの内容が乳児期の項目にプラスされて実施される。5歳児健診は，発達障害の早期発見，発達障害児に対する早期支援を主な目的としている。
　　　　　　　　　　　　　　（七木田方）

夜尿症

体に特別な異常がない5歳以上の小児が，1週間に2晩以上「おもらし」があり，その期間が3か月以上続く場合を夜尿症とよぶ。また，1年以上夜尿がなかったのに夜尿が再び始まる場合を2次性夜尿とよぶ。小学校入学後の6，7歳以後に続く場合は，積極的な生活指導や，投薬による治療など，適切な対策をとることが望まれる。

頻度が高いようであれば，昼間の遺尿があるかどうかを観察する。尿路感染，背中下方のくぼみ，陰部の低形成などがないことを前提に，①便秘があるか（排泄全体の神経の機能を判断），②低身長がないか（腎機能全体を評価），③心理的ストレスがないか（神経因性膀胱を探す）を確認する。どれにも該当しないようであれば，普通のおねしょと考えられる。

しかしながら，治療を中断すると再発することもある。おねしょは5歳で20％，7歳で10％，10歳で5％，15歳で1％という統計があり，年齢が上がるにつれて徐々に治る。おむつは恥ずかしいことではないということを話して，就寝前に，安心して生活したほうが解消するという専門家もいる。
　　　　　　　　　　　　　　（七木田方）

母子健康手帳

母子健康手帳は，妊娠が確認され，妊娠の届け出がなされると，母子保健法第16条に基づいて，子ども1人につき1冊が必ず交付される。乳児期から地域で行政サービ

スとして行われる乳幼児健康診査と保健指導の際には，この母子健康手帳を持参する。母子の健康を保持増進するための大切な覚書として活用される。

　妊娠，出産，育児に関する親子の健康記録をするものであり，妊娠中，出産時，産後の経過，そして出生から6歳までの発育発達過程，健康診査，保健指導，予防接種の結果などが記載される。記載は，保護者，医師，助産師，看護師などが行う。

　乳幼児期については，発育のパーセンタイル曲線に個々の計測値を記入し，保護者が年月齢ごとの子どもの様子を簡単にチェックできるようになっている。また，地域で行政サービスとして行われる乳幼児健康診査の記録や，予防接種や歯科検診の記録も記載されるため，子どもの発育発達や健康の様子がこの1冊でほぼ把握できる。

　母子健康手帳は，子どもの発育発達の詳細な記録を記すためのものである。そして生涯の基礎となる乳幼児期の健康が，行政によって守られている証でもある。

（七木田方）

出席停止となる病気

　学校で流行する伝染病の蔓延・流行を防ぎ，予防に留意しなければならないという観点から，学校保健安全法施行規則第18条に，出席停止の措置をとる病気が定められている。保育所や幼稚園もこの学校保健法に則って同様の措置が行われる。

　学校伝染病は第1種・第2種・第3種に分類されており，第1種は，エボラ出欠熱，クリミア・コンゴ出血熱，重症急性呼吸症候群（病原体がSARS（サーズ）コロナウィルスによるもの），痘そう，南米出血熱，ペスト，マールブルグ熱，ラッサ熱，急性灰白髄炎，ジフテリアであり，治癒するまで登校が禁止される。

　第2種は，インフルエンザ（発症後5日を経過し，かつ解熱した後2日（幼児は3日）を経過するまで），百日咳（特有の咳が消失するまでまたは5日間の適正な抗菌性物質製剤による治療が終了するまで），麻疹（解熱した後3日を経過するまで），流行性耳下腺炎（耳下腺，愕下線または舌下線の腫脹が発現した後5日を経過し，かつ全身状態が良好になるまで），風疹（発疹が消失するまで），水痘（すべての発疹が痂皮化するまで），咽頭結膜炎（主要症状が消退した後2日を経過するまで），結核（病状により，学校医その他の医師によって伝染のおそれがないと認めるまで）である。

　第3種は，コレラ，細菌性赤痢，腸管出血性大腸菌感染症，腸チフス，パラチフス，流行性角結膜炎，急性出血性結膜炎，その他の伝染病であり，病状により，学校医その他の医師において伝染のおそれがないと認めるまでと定められている。

　保育所や幼稚園は，乳幼児が集団で生活する場所である。乳幼児は重篤になる感染症にかかることも多いため，2012年厚生労働省より「保育所における感染症対策ガイドライン」が出された。

（七木田方）

2．しつけ，生活習慣

　子どもは生まれながらに社会の中で生活できるわけではない。社会生活を営むために必要とされる行動は，身近な大人のしつけによって，子どもに身についていく。しつけとは，大人が社会のルール，公の場での礼儀作法，道徳などを子どもに教えることである。しつけは，日常生活の中で繰り返し行われることにより，望ましい行動様式の習慣化につながる。幼少期には，生命を維持するために必要な基本的生活習慣のしつけが肝要である。基本的生活習慣とは，食事，排泄，睡眠，着脱衣，清潔である。これらは，なにげなく生活する大人の日常が子どもに反映することが多い。
　現代の子どもは，夜ふかしによる集中力の低下，運動不足による体力低下や肥満傾向の増大など，基本的生活習慣の未確立から起こるさまざまな問題を抱えている。これらの問題を解消するためには，まず，大人が率先して，就寝と起床のリズムを整え，朝ごはんをしっかり摂ることから始めるべきである。そのようにして，体内リズムを整え，朝・昼・晩の3食をきちんと摂ることで，基礎代謝が高まり，体を動かす意欲も出てくる。つまり，朝の光を浴び，昼間の身体活動量を増やすことこそ，子どもが伸びるために必要なことである。
　しつけは，家庭だけで行われることではなく，保育所・幼稚園とも連携して行う。現在では，保育所での生活時間が家庭での生活時間を上回る子どももめずらしくない。保育者は家庭と連携し，基本的生活習慣が身についていない子どもに対して，指導することも求められる。食事の時間にマナーを，身体測定やプールの時間に着脱衣の方法を，排泄習慣の身についていない子には時間排泄などのトイレットトレーニングをというように，子どもに応じて，保育の流れに沿って指導する。午睡は家庭での睡眠習慣と密接に関連しているため，配慮が必要である。保育所・幼稚園では，かたづけに代表されるように，集団の中で行動様式を学ぶという利点がある。保育者が教えようとしなくても，子ども同士がお互いの姿を見て学ぶことも多い。家庭と保育所・幼稚園では，しつけも生活習慣も異なるものであり，それぞれの利点を生かして相互補完的に行われるのが理想的である。

　　　　　　　　　　　　　　　　　　　　　　　　　　　　　　　　（松井）

5章 子どもの生活

早寝早起き朝ごはん

　子どもの生活は一緒に暮らす大人の生活リズムの影響を受けやすい。近年，大人の労働の長時間化や働き方の多様化によって，子どもにも大人同様の夜ふかしや朝食抜きなどの問題がみられるようになった。これは，子どもの体力低下を招き学習の活性化を妨げるものとして保育・教育現場では従来から懸念されていた。2003（平成15）年度実施の小・中学校教育課程実施状況調査によって，基本的な生活習慣が身についている児童生徒のペーパーテストの結果が高い傾向にあることが明らかになり，学力低下の流れを止めるためにも子どもの基本的生活習慣を確立することが教育改革の流れの中で課題となった。また，国民全体の食の課題を受けて，2005（平成17）年に食育基本法が制定された。そこで2006（平成18）年からは早寝早起き朝ごはん国民運動のための全国協議会が設立され，官民が連携して啓蒙活動や事業を推進していくこととなった。

　早寝早起き朝ごはん運動では，家庭における子どもの生活習慣の改善を目指すとともに，学校や地域社会が一体となって子どもの生活習慣や生活リズムの向上を支援する仕組みをつくることを促している。教育・保育現場においては，睡眠や食事の記録によって生活習慣を振り返ったり，生活習慣アンケートを行ったりするなどの活動が行われた。また，官民ともに運動や食のイベントを通じ，社会的な関心を喚起する活動がみられた。

　　　　　　　　　　　　　　　（鍛治）

かたづけ

　家庭においては，子どもの興味ある物やおもちゃの使用は大人の態度や空間によって制約されており，たとえおもちゃが豊富にあるとしても一定の空間があればそれをいちいちかたづける必要はなく，大人の意図によってかたづけが行われることが多い。

　一方，集団で過ごす保育の場では，大勢の子どもが一定の空間を共有して生活しているため，物や遊具のかたづけが必要なことも多い。保育者はさまざまなねらいをもって子どもと一緒にかたづけをする。例えば，生活の場をきれいに整えることが衛生上大切だと子どもにわからせること，整った空間や整える行為が気持のよいことだと子どもに感じさせること，ものごとのけじめを身に付けさせること，かたづけの中で友達と協力したり，手伝ったり手伝ってもらったりする経験をすること，などである。遊びとかたづけは表裏一体であり，子どもが自分でできることは自分で行うという自立のための一歩でもある。しかし，あまり負担になると遊ぶ意欲を低下させ，一番大切な遊びを楽しむということができなくなってしまう。保育者は，無理矢理かたづけをさせるのではなく，常に一緒に行いながら，がんばったところやできたところを認め，遊びを含む生活全般に主体的に取り組むことができるよう援助していきたい。

　　　　　　　　　　　　　　　（鍛治）

2．しつけ，生活習慣

● 体内リズム

　多くの生物と同様に，人間も体内時計の働きにより，体の機能が時刻により変化することをさす。新生児は昼夜の別なく睡眠，授乳，排泄を繰り返すリズムをもっているが，次第に約24時間を周期としたサーカディアンリズム（概日リズム）を示すようになる。このような体内リズムは一般に太陽の光に影響を受け，人の体内に形成されていく。子どもの体内リズムは特に日中の活動と睡眠，生活リズムに影響を受けている。

　子どもの健やかな成長発達のためには，規則正しい生活を通して正しい体内リズムを形成していくことが大切である。特に保育所や幼稚園などに通うようになると，体内リズムの乱れがすぐにマイナスの影響を及ぼすことになる。例えば，登園時に機嫌が悪く保護者と長時間離れられなかったり，保育中に気持ちが不安定になり泣き出したりするような姿がみられる。さらに，集中できる時間が短くなり，活動に楽しく参加できないこともある。何となく調子が悪いととらえられる姿が体内リズムの乱れであることも多い。

　保育者は，家庭との連携を図って規則正しい生活ができるよう心がけるとともに，早寝早起きを促すため，日中は積極的に体を動かす遊びに誘ったり，戸外での運動の機会を設けたりしていきたい。また，体内リズムが乱れている子どもは，午睡の際寝つきが悪かったり，目覚めてもなかなか起き上がらなかったりするが，個々への対応を考え，安易に長い時間寝かせることのないよう留意したい。　　　　　　（鍛治）

● トイレトレーニング

　排尿・排便のしつけをさす。生後5～6か月までの乳児は，大脳皮質の抑制機能が未発達であるため，尿がたまるとそれを感じることなく反射的に排泄してしまう。しかし1歳半以降になり膀胱がかなり大きくなると，排尿の間隔が開き尿のたまった感覚もわかるようになる。ちょうどこの頃歩けるようになり，言葉も話し始めるが，この時期がトレーニングを始めるおおよその時期となる。まずは子どもの排尿間隔を把握し，排尿するタイミングを見計らっておまるやトイレに座らせてみる。排尿における3つの感覚（放尿感，視覚的認知，聴覚的認知）を子どもに体験させ，成功したらほめてあげるとよい。しかるよりもほめることで子どもがもつ生理的な機能をよりよく発揮できる。おまるやトイレ以外でしてしまっても前向きに受けとめることが大切である。また，排尿機能の発達は個人差が大きいため，一人ひとりの子どもの発達に沿って進めていくことが望ましい。排便に関しては，排尿より比較的早く意識できるようになる。子どもがいきんだら，驚かさないようにトイレやおまるに誘導し，出たらほめ，やさしくふいてあげるとよい。誘導は徐々に減らし，子どもが自ら排尿や排便について予告できるように促していく。パンツへの移行は3歳前後を目安にするとよいが，あくまでも子どもの発達状態にあわせての移行を考える。失敗しながら覚えていくものなので，養育者は焦らずゆっくり取り組む姿勢で臨むのがよい。　（長尾）

身体活動量

　身体活動量とは身体のあらゆる動きの量のことをさす。すなわち，体力の維持向上のために行う運動だけではなく，服を着る，入浴する，掃除をするなどといった日常生活のあらゆる動きである生活活動量も含めて身体活動量という。身体活動量を測定するには，歩数や心拍数，酸素摂取量を測定する方法や，日常生活における行動やスポーツ活動を記録する方法，行動観察法などがある。近年，子どもの身体活動量の減少が危惧されているが，運動能力や体力の低下を伴うだけでなく子どもにさまざまな影響を及ぼすといわれる。例えば，小児肥満が増え，生活習慣病予備軍といわれる子どもや，防衛反射機能が落ち，けがをしやすくなる子どもが増加している。また，骨密度の低下もまねくため，子どもの骨折の増加につながる。身体活動量低下の要因としては，子どもを取り巻く社会環境や生活環境が変化したことにある。例えば，交通手段の発達による歩くことの減少，少子化や近所の人間関係の希薄化による集団遊びの減少，習い事や塾通いによる遊び時間の減少，屋外遊びから屋内遊びへ遊びの質が移行したことなどがある。幼児・児童期は心身の発達の著しい時期であるとともに，一生の健康の基礎が培われる重要な時期でもある。運動遊びを通した体力づくりだけでなく，子どもの成長にあわせて身の回りのことや手伝いをさせるなど普段の生活習慣を見直していくことも大切である。

（長尾）

午睡

　午睡とは昼寝のことをさす。新生児期は寝たり起きたりを繰り返す多相性睡眠をとるが，乳児期以降は大人と同様の，夜間にまとめて睡眠をとる単相性睡眠の基礎ができてくる。その過程において，乳児期は午前と午後に1回ずつ，幼児期は午後に1回の午睡が必要となる。新陳代謝がさかんであり体力を消耗しやすい乳幼児にとって，午睡は心身を整えたり脳を成長させたりするための休息の時間となる。養育者は子どもが安心してゆったり眠れるように，静かで落ち着いた雰囲気をつくるよう心がける。配慮すべきことはいくつかあるが，室内の温度や湿度，照度を適度に調節することや，リラックスできる服装にさせること，自分で寝返りができるようになるまでは仰向けに寝かせることなどがあげられる。寝入ってからも子どもの状態をよくみることが大切である。睡眠時間には個人差がありその日の生活や体調にも左右されるため，子どもに沿って対応していくことが望ましい。年齢があがるにつれ，あまり寝ないようになる子どもも出てくるが，日中元気で機嫌がよく夜もよく眠るなら心配しなくともよい。子どもの生活が一日の活動と休息，食事と密接に関わっていることを心にとめ，生活のリズムを整えていくという視点で午睡をとらえるとよい。また，子どもが快適に眠るためには，目覚めている時間を充実させることが大切であり，健やかな心身の発達のためにも睡眠の環境を整えることが必要である。

（長尾）

3．行事

　行事とは，毎年特定の時期に行われる活動をさす。幼稚園や保育所など，子どもたちが集団生活を行う施設における行事は，通常の保育とは異なる形態の保育活動を保育の計画に組み込むことによって，子どもたちの生活に変化と潤いを与えるものとして位置づけられている。行事は子どもの日々の生活と遊びの延長線上にあるため，子どもの発達を無視したものであったり，行事を行うこと自体が目的となったりしてはならない。そのためには，日常の保育の充実と子どもたちの生活に調和した行事の計画・実施が不可欠となる。

　日本の保育行事の特色は，その種類の多さにあるといってよい。行事は，四季の移ろいを反映した年中行事（七夕・お月見・餅つきなど）や啓蒙的な社会行事（母の日，虫歯予防デー，敬老の日など）にかかわる暦の上の行事と，園が主体となって編成する行事とに大別することができる。園行事には，子どもの成長を祝う節目となる行事（入園式，誕生会，卒園式など），子どもの経験を豊かにする行事（園外保育，生活発表会など），健康・安全管理に関する行事（健康診断，避難訓練など），家庭や地域との交流を図る行事（保護者参観，バザーなど）のほか，それぞれの園の特色を生かした行事（宗教行事，公開保育，園まつりなど）がある。

　行事の規模や参加形態は，行事の種類によって多様であり，子どもたちに対する保育者の働きかけも通常の保育とは異なった配慮が必要とされる。一方で，行事の中には，儀礼的正確さや外見的な成果が過度に強調されたり，子どもが集団としての行動することを強制されたり，一人ひとりへの配慮や援助が行き届かなくなったりすることが問題となることが少なくない。したがって，行事が子どもの生活や遊びにとって本当に意味のあるものとなっているのか，その目的・内容・方法について常に問い直すこと，また，行事に向けての子どもの育ちの過程や行事を通した遊びの展開を保障することが保育者には求められる。

（入江）

園外保育

園外保育とは、園児が園内の活動では体験できない自然や事象の変化に出会い、親しみ、情緒を豊かにする経験を園外に求める活動のことである。園外保育は日常の保育の一環であるので、おもしろい遊具があるから行くなどの保育者の思いつきではなく、子どもの発達や遊びの実態を押さえて実施する必要がある。

例えば、生の自然に触れようと山登りを計画した場合、3歳児と5歳児では適した距離・段差・傾斜は異なる。また、遊びの内容や方法も年齢によって異なる。したがって、その時の子どもたちの発達状態、友達関係、興味・関心をしっかりと把握し、日常の保育と関連づけた園外保育を計画する必要がある。子どもたちの興味・関心に基づいた保育を行うという意味では、体験したいことを子どもたちと相談し行き先を決める方法もある。

園外に出る際、往復路や目的地など園とは違う新奇な環境で遊ぶことは、保育者や友達に対する親しみをより増し、交通のきまり、公共施設の利用の仕方、集団の行動の仕方を身に付ける機会ともなる。子どもたち一人ひとりが園内とは違った環境において、どのような経験をするかを丁寧に把握し、それを日常の保育につなげていくことが、保育者には求められる。　　　（入江）

入園式・卒園式

入園式・卒園式は、子どもの成長を祝う節目の重要な行事の1つである。入園式では初めて出会う友達や先生の中で、子どもたちは緊張や不安、期待をもって参加する。中には保護者から離れられない幼児もいる。しかし、入園してさまざまな経験や学習をし、卒園式を迎える頃になると、子どもたちは園生活で得た自信と小学校に入学する期待や不安とともに今まで過ごしてきた園から旅立つ寂しさを感じるまでに成長する。

入園式は、同じクラスの子どもや先生との初対面でもあるため、子どもたちに園生活が楽しみになるような気持ちをもたせる工夫が重要である。卒園式は、小学校への旅立ちを祝い、子どもたちが成長した実感を持てるようにする。

入園式・卒園式は、保護者にとっても子どもの成長の喜びを感じ、自らの子どもを見直すきっかけともなる。しかし、わが子の姿を記録に残そうと過度のビデオ撮影をしたり、少しでもよい場所を取ろうと早朝から順番待ちをしたりする保護者も少なくない。自らの目で全体の子どもたちの雰囲気をとらえながら、多くの友達に囲まれて成長してきたわが子をあたたかく見守ってあげたい。

園側も、そうした入卒園式を式自体の見栄えのよさを追及しすぎたり、社会的儀礼として子どもたちに押しつけたりするのではなく、子どもたちが「1つ大きくなった」「新しいところでもがんばるぞ」というように気持ちを新たにする機会としてとらえ、執り行いたい。　　　（入江）

3. 行事

● 遠足

　幼稚園や保育所等の遠足では，子どもたちを中心として参加者自身が楽しんだり，交流を深めたりすることが目的である。遠足と聞いて，目を輝かさない子どもはいない。それは，園生活とは異なる新奇で魅力的な環境の中で，大いに遊び，気持ちを発散したり友達と楽しく関わったりすることへの期待の表れであろう。

　遠足には，同学年の子どもたちで行く場合や異年齢の子どもたちで行く場合（異年齢遠足，お別れ遠足など），親子で行く場合（親子遠足）など，さまざまな形態がある。異年齢の子どもたちで行く場合，年上の子どもが年下の子どもの手を引いて歩くなど，異年齢での交流が行われる。そのなかで，年下の子への思いやりや年上の子に対する憧れが自ずと形成されるであろう。また，親子で行く場合は，遠足先のリラックスした環境の中におけるわが子の遊び方や友達との関係性を保護者が把握したり，保護者同士が交流したりする機会ともなる。

　時代の流れとはいえ，自家用車の普及，公共交通機関の充実などにより，遠方まで短時間で，快適に出向く利便性を手に入れた代わりに，歩くことが少なくなっている。遠足という行事をきっかけに，歩くということにも意識を向けたり，考えたりできるように保護者への働きかけが必要な時代となってきている。　　　　　　　　（入江）

● 生活発表会

　子どもの日常活動による成果を発表することが目的で実施される行事をさす。したがって，生活発表会は，子どもたちの日々の生活や遊びの延長線上に位置しなければならない。保育者は，外見的な要素や出来栄えを求めすぎず，子どもの「表現したい」という欲求や意欲が高まるような配慮や援助をする必要がある。

　園生活の中で，子どもたちは歌を歌ったり，簡単なリズム楽器を使ったりする楽しさや，ごっこ遊びで自分のイメージを動きや言葉にし，演じる楽しさを味わっている。そうした普段の遊びを個人のレベルではなく，皆で共有し，協力して作り上げたものが，生活発表会の中の劇，合唱，合奏などとして発表される。また，幼児期後期ともなれば，自らの思いを表現することとともに，子ども同士で動きやセリフを話し合い，よりよいものに変えていく姿がみられる。

　このように生活発表会の取り組みは，子どもたちの毎日の生活を中心に据えたうえで行う。「昨年もしたからしなければならない」「生活発表会は終わったのだから，気持ちを切り替えて別の遊びをしよう」というのでは，本末転倒なのである。

　　　　　　　　　　　　　　（入江）

● 保護者参観

　保護者が自分の子どもの幼稚園・保育所の生活の様子を参観することをさす。子どものよりよい育ちを促すためには，保護者と園が協力し，連携することが重要である。

その協力や連携は，子どもを中心に据えたうえで，お互いを知ることから始まる。保護者参観もそうした目的で位置づけられ，保護者が園における保育を自由に参観し，子どもの普段の様子やクラスの雰囲気，園での遊びやその意味を知るためのものである。

保護者参観は，子どもが活動している姿を保護者が参観する形式と，保護者も保育に参加し，親子の交流を図る形式がある。平日に行われることもあるが，共働きの家庭が参加しやすいように土日に行われることもある。また，最近では子育て支援の一環として，未就園児の保護者を対象とした園庭開放や自由参観，園児の祖父母を対象とした祖父母参観，広く地域の方々に園を開放し，保育に参加してもらうような参観など，時代のニーズに合わせて保護者参観の形式も多様化してきている。

園としては，単に保育を見せるだけではなく，保護者に対してわかりやすく保育のねらいを解説し，子どもたちが今関心をもっていることなどを知らせる努力が必要である。子どもたちの豊かな育ちを保障するために，保護者参観を園や保護者，地域が協力・連携し，相互理解を深めていく機会として位置づけることも必要である。

〔入江〕

する意欲と能力をよりいっそう高めていく。運動会やそれに向けての取り組みはそうした身体面の発達を促すだけではない。音楽に合わせて伸び伸びと身体を使って表現する，あるいは1つの目標に向けて皆で協力するなど，さまざまな意義を含んでいる。

特に，皆と協力し1つのものを目指していくことに関して，運動会では「勝ち負け」の要素を遊びに組み込むことがある。例えば，綱引きの場合，4歳児は，綱を引く際に力を合わせるか否かが勝ち負けを左右するということがわかってくる。また，5歳児になれば，勝つために皆と協力するという合目的的な意識をもつことができ，並ぶ順番や綱の引き方を皆で相談したり，負けた時に励まし合ったりすることができる。

一方で，運動会といった公衆の面前で行われる勝ち負けが，大人にも子どもにも，潜在的な順位をつけてしまいうることも忘れてはならない。勝ち負けのある遊びは，本気ですればするほど，勝った時，負けた時とで強く心が揺さぶられ，子どもたちのさらなる意欲を引き出すもの，また協力することの大切さを体感することができるものとしてとらえたい。単なる順位づけに終わらないように，がんばったことをお互いが認め合うような雰囲気をつくることが保育者の役割である。

〔入江〕

○ 運動会

幼稚園・保育所が一定のプログラムに従って行う体育的な行事のことをさす。運動会に向けての取り組みを通して，子どもは身体を動かすことの楽しさを感じ，運動

4．園具・教具

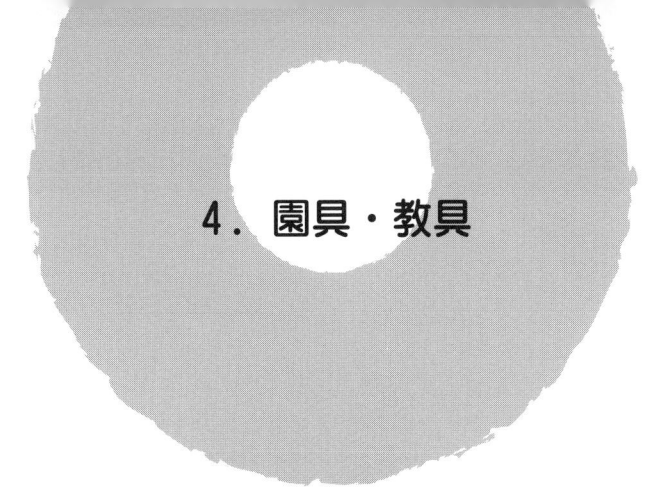

　子どもの生活を豊かにし，発達に必要な体験が得られるための物的環境をさす。
　これまで，幼稚園における園具は，1956（昭和31）年の幼稚園設置基準において，最低限必要なものが個別・具体的に示されていた。しかし，各幼稚園での園具・教具の選択が画一化する傾向や，現状に合わないものもでてきたことから，1995（平成7）年，幼稚園における園具・教具の規定が大綱化された。
　これに伴い，各園が創意・工夫して，園具・教具の整備をするための参考となる報告書が出された。「幼稚園における園具・教具の在り方について」（1996年）である。この中には，各幼稚園での整備が望まれる園具・教具が具体的に示されており，以下の5種類に大別されている。
　①主に体を動かして遊ぶもの：すべり台，ぶらんこ，ボール，なわ，フープなど。②主に身近な自然に親しむもの：栽培に使う用具，花壇，飼育小屋，砂遊び場，水遊び場など。③主にさまざまな表現を楽しむもの：製作に使う用具類，粘土類，積み木，ブロック類，ままごと用具類，ぬいぐるみ，鈴，ピアノなど。④主に身近な情報にふれるもの：絵本，紙芝居，カメラ，黒板，ビデオカメラなど。⑤主に園生活をを送るために必要な園具・教具：机，椅子，個人用物入れ，靴箱，傘立て，収納棚，清掃用具，避難用具，保健衛生用具など。これらの配置にあたっては，子どもの動線を考慮し，園生活や遊びが充実するよう配慮が必要である。
　子どもは，園具・教具をさまざまなものに見立てて遊ぶ。本来の使用目的や機能とは異なるものに見立てられ，遊びの中で活用される場合もある。例えば，すべり台が泥団子を転がす斜面として利用されたり，傘立てが乗り物やお店に見立てられたりする場合などである。
　保育者は，園具や教具の本来の使い方だけに目を向けるのではなく，それらが遊びの過程の中でどのような意味をもっているかを把握したうえで，援助することが大切である。保育者手作りの園具・教具を保育に用いることや，遊びに必要なものを子どもが自分でつくる活動の充実も必要である。
　園具・教具活用の際には，清潔と安全の確保に注意を払うことが重要である。消毒や安全点検記録の作成，指導体制の検討などに園全体で取り組み，事故防止・安全保育を目指した園具・教具の整備と充実が望まれる。

(真宮)

恩物

幼稚園の創始者であるフレーベル（Fröbel, F. W. A.）が考案した教育遊具であり，ドイツ語でGabe（ガーベ）という。日本では，関信三によって恩物と訳された。恩恵により仏や父母から賜った物の意訳である。

恩物は，1837年以降に製作され，フレーベル主義幼稚園の普及とともに世界へ広まった。日本では，1876年に東京女子師範学校附属幼稚園が開設されるとともに導入され，恩物を形式通りに教え込む教育が行われた。

フレーベルは，子どもの内面にある神性を開花させることが教育の本質であると考え，自己活動としての遊びを重視した。そのための媒体が恩物であり，自然界のあらゆるものを簡易に象徴したものである。恩物を用いた創造的な遊びを通して，事象の本質を直感的に認識することが，教育の有効な方法の1つであるとした。恩物の遊び方として，生活の形式・美の形式・認識の形式が示されているが，遊び方を子どもに教え込まないように強調されている。

恩物は，以下の10種類である。

第1恩物：子どもが握れるサイズの毛糸の球6個（赤，橙，黄，緑，青，紫）。

第2恩物：木製の球，円柱，立方体が各1個。紐でつりさげ細棒で回転させる。

第3恩物～第6恩物：立方体の箱に入った積み木。立方体，直方体，三角柱などが入っている。

第7恩物：色板。

第8恩物：木製の細い棒。

第9恩物：金属製の輪。

第10恩物：粒。

(真宮)

モンテッソーリ教具

イタリアで女性初の医学博士号を取得したモンテッソーリ（Montessori, M.）が開発した教具をいう。モンテッソーリは，ローマのスラム街に設立された子どもの家（1907年）の実践とその研究によって，モンテッソーリ・メソッドという教育法を確立した。この教育法の基本は，敏感期という学習に適切な時期をとらえ，それに応じた環境を整えるところにある。例えば，子どもサイズの机や椅子，無用の干渉をせずに見守る教師などの教育的な環境を整えることによって，子どもは能動的に環境から学び，自然の法則にしたがって，自ら発達するものであるとした。モンテッソーリ教具とは，その教育のために考案された教具である。障害児教育で使われていた感覚訓練の教具が応用され，幼児の保育にも用いられるようになった。教具は，日常生活の訓練，感覚教育，算数教育，言語教育，文化教育の5種類に体系化される。これらの教具の特徴は，自ら誤りが訂正できるように工夫されており，自動教育，自己教育を可能にする点にある。モンテッソーリ・メソッドの成果は，1910年頃より世界的に認められ，広く知れ渡った。日本では，恩物中心のフレーベル主義に対し，感覚練習を重んじるモンテッソーリ教育法として倉橋惣三らが紹介し，モンテッソーリ保育が試みられるようになった。今日でも，日本を含む多くの国で，モンテッソーリ保育が展開されている。

(真宮)

積み木

積み木という用語は，1890年頃から使用され始めた。その原型は，フレーベル（Fröbel, F. W. A.）が考案した第3恩物から第6恩物にある。フレーベルは，子どもの遊びを教育的に意味づけし，積み木（恩物）を教育玩具として位置づけた。日本には，1876（明治9）年に東京女子師範学校附属幼稚園が開設されるとともに導入された。

恩物とは異なる積み木が考案され始めたのは1910（明治43）年頃からである。積み木は，形の認識，空間の構成力，創造力，目と手の協応，人間関係能力などを育てる玩具であると認識され，一般家庭にも普及した。

今日では，箱積み木，床上積み木，ウレタン製積み木，組み板などのさまざまな種類が考案され，色，大きさ，形，重さ，素材も多様化している。積み木遊びの際には，積み木の特性，子どもの発達や遊びの状況をふまえ，場所の広さ，その量や種類，保管場所などに配慮することが必要である。

(真宮)

園具・教具の整備

これまで，幼稚園における園具・遊具は，幼稚園設置基準（1956（昭和31）年）において，最低限必要なものが個別・具体的に示されていた。しかし，各幼稚園での園具・遊具の選択が画一化する傾向や，現状に合わないものもでてきたことから，1995（平成7）年，幼稚園における園具・遊具の規定が大綱化された。

これにより，各園が創意・工夫して，園具・遊具の整備をすることが求められるようになった。その参考となるのが，幼稚園における園具・遊具の在り方について（1996年）と幼稚園における園具・遊具活用事例集（1998年）である。

これによると，整備の留意事項として，次の5項目があげられている。①長期的・総合的な視点をもった整備，②地域や個々の幼稚園がおかれている環境に応じた整備，③配置，④収納，⑤安全性と親しみやすさである。幼児の園具・遊具への多様なかかわり方を予測し，各園の実情に応じた特色を生かした整備を図ることが大切であるとされる。

(真宮)

壁面構成

広義には，園舎内の黒板やロッカー，棚などの壁面への配置を意味する。狭義には，壁面に平面又は半立体の装飾を施すことをいい，季節感や行事などに関する造形作品の展示が一般的である。壁面構成は，生活環境に変化を与えるとともに，子どもが季節を感じ，行事等への関心を高められる教材といえる。

保育者が製作物を構成し，子どもが鑑賞するだけにとどまらず，子どもも作品づくりに取り組む機会をつくることが重要である。体験や想像を子どもが表現し，その作品を展示することで，満足感や友達への関心につなげ，その時期のねらいをふまえた活動として位置づけることが望ましい。作品の完成度よりも，子どもとともに生活環

境をつくる姿勢が大切である。　　（真宮）

○ コーナー保育

　保育者が子どもの興味や活動を予想し，生活や遊びに必要な空間，園具・教具等を用意しておく方法あるいは，その環境自体をさす。子どもがしたい活動を自ら選択し，遊びの拠点や自由な遊び活動への契機となるようなコーナーの設定が望まれる。

　コーナー保育は，イギリスとアメリカのオープンエデュケーションの流れを受け，1980年頃から保育における試みの1つとして取り組まれるようになった。

　絵本，ままごと，ブロック，製作，飼育・栽培などのコーナーが一般的である。必要な遊具・道具類を，子ども自ら取り出せるように整理・整頓しておくことが必要である。絵本，ままごとなど，常設されることが多いコーナーは，マットを敷き，棚で仕切るなどして，くつろげる空間とする工夫が望まれる。

　コーナー保育は，子どもの発達や生活リズム，遊びの状況や要求，季節，指導計画との関連などに配慮し，保育のねらいに応じた動的な環境づくりが求められる。

　　　　　　　　　　　　　　（真宮）

5．食育

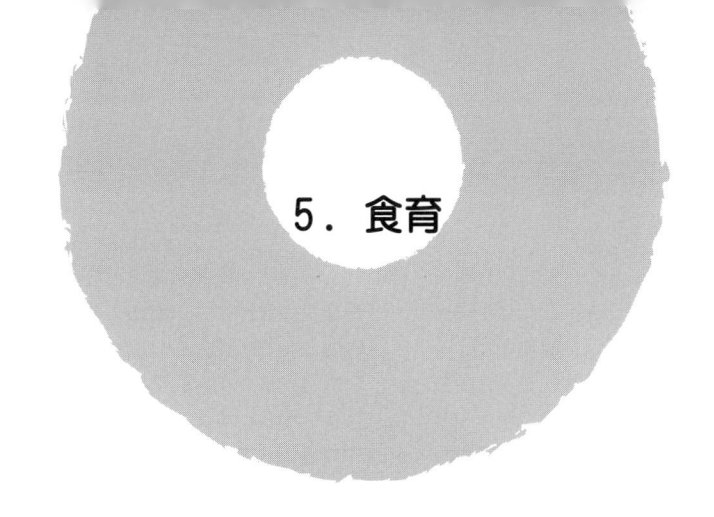

　食育とは，子どもたちがさまざまな経験を通じて，「食」に関する知識と「食」を選択する力を習得し，健全な食生活を実践することができる人間を育てることをさす。2008（平成20）年に改訂された幼稚園教育要領で，初めて領域健康に食育という言葉が使われ，保育所保育指針では，第5章健康及び安全の3「食育の推進」において，保育所における食育とは，食を営む力の育成に向けての基礎を培うことであると明記された。従来，食生活は，家庭教育に委ねられてきたものであるが，社会の変化に伴い，子どもの食生活の乱れなどの問題がクローズアップされる中，幼稚園・保育所と家庭とが連携して食生活を含む基本的な生活習慣の自立を図ることが領域健康の内容や内容の取り扱いに組み込まれた。幼児期の食育においては，友達と一緒に楽しんで食べることが大事であるとしながらも，ただ好きなものを食べるだけでは栄養が偏るので，さまざまなものを食べるように指導し，食事のマナーを教えることもしていかなければならない。
　幼稚園での食事は，給食，家庭の手作り弁当，業者による弁当などがあるが，家庭の弁当の場合，家庭との連携をとり保護者の食育への理解を求める必要があろう。一方，保育所保育指針での食育の考え方は，①いただきます，ごちそうさまと心から口に出して，生命ある動植物に感謝すること，②自然物である動植物が飼育，栽培されて，生産者から消費者の手に渡るルートを知ること，③子どもが空腹を感じるように，十分に体を動かして食事を心待ちにするような保育活動や食事を楽しくする環境づくり，④保育者自身が感謝の気持ちをもって子どもの前でおいしそうに食べることである。また，食事は健康を支える最も基本となるものなので，健康を維持し楽しい食生活が送れるよう，多種類の食材や料理が用意され，食物アレルギーの子どもへの配慮が必要であると記載されている。さらに，小学校については，学校教育法第28条第8項に，栄養教諭は児童の栄養の指導及び管理をつかさどる，とある。職務内容は，①食に関する指導，②学校給食の管理，③食に関する指導と学校給食の管理の一体的な展開となっている。食育は幼児期から児童期を通して，学校や保育所等において推進することが求められているのである。　　　　（白川）

アレルギー

　生体の外から侵入した抗原に対して、体内に特殊な抗体ができ、これらが結合して抗原抗体反応を生ずる。抗体ができることにより病原性が弱められることを免疫といい、生体にとって有利に働くが、生体が抗原に対して異常に敏感に反応するような病的な現象をアレルギーと呼ぶ。アレルギーから生じる疾患には、アレルギー性鼻炎、気管支ぜんそく、湿疹、蕁麻疹、食物アレルギーなどがある。食物アレルギーとは、卵や牛乳など特定の食品を飲食することによって体内に取り込まれた際に、アレルギー状態が発生する免疫反応のことである。近年、食物アレルギーは食の欧米化に伴い増加傾向にある。食物アレルギーの抗原として最も多いのは、卵、牛乳、小麦、蕎麦、エビ、ピーナッツ、大豆などである。アレルギーの主な症状としては、発熱、鼻水、口唇腫脹、呼吸困難、嘔吐、湿疹、頭痛などである。例えば、卵アレルギーの子どもの場合、食べた直後に口唇腫脹、腹痛、下痢、嘔吐などの反応が起こる。そのため、医師や栄養士の指示に従い、アレルゲン抗体検査などの専門的な検査をもとにアレルゲンを特定し、アレルギー疾患の子どもへの除去食の提供を行う必要がある。なお、アトピーと食物アレルギーは原因や対策・治療で共通する部分が多い。また、アレルギーにはウサギやニワトリへの動物アレルギーもあるため、子どものアレルギーについて入園前に保護者から十分な聞き取りをしておく必要がある。　　　　　　　（白川）

栄養指導

　栄養学や保健栄養などを基礎理論として、健康の保持増進、疾病の予防・治療等を目的として、個人や集団など指導対象に対して食生活や栄養改善を中心とした知識の普及や実践指導等を行うことをいう。幼稚園の場合、栄養教諭（2005（平成17）年4月に制度開始）が配置可能である。保育所においては栄養士が配置されている場合には、栄養士が栄養指導を行う。指導内容は、栄養効果の十分な給食の提供、給食担当者の栄養に対する知識向上や食品の調理方法の改善について必要な指導である。また、子どもが栄養面でのバランスのよい食事を摂るためには、家庭との連携が必要であるので、給食の献立表や子どもの喫食状況を保護者に知らせるなどの工夫を通して保護者の理解を得ることなどが考えられる。

　子どもに対しての栄養指導の例としては、給食の食材の栄養素を三色食品群の分類を使ってわかりやすく説明し、子どもたちが自分たちの食べている食材の働きが理解しやすいように工夫する取り組みがよくなされている。園によっては、給食当番がマグネットなどに貼った食材カードを、赤色群、黄色群、緑色群の3つのグループに分類して他の幼児に説明するなどしているところもある。また、給食に使われた魚や野菜など食材のもとの姿を子どもたちに見せるなども栄養指導の1つである。　　（白川）

三色食品群

　栄養素の働きや特徴をもとに、赤色群、

黄色群，緑色群の3つの群に分けて，栄養素をバランスよく食べるために考案された食品分類法である。赤色群は，血液や肉，歯や骨をつくるもので，魚や肉・豆類・卵・乳類などのたんぱく質やミネラルを含む食品である。黄色群は，力や体温になるためのエネルギー源として使われるもので，パン・ご飯などの穀類・砂糖・油脂類・イモ類などの炭水化物や脂肪を含む食品である。緑色群は，体の調子を整え，たんぱく質や炭水化物・脂肪の代謝に必要なもので，緑黄色野菜・果物・海藻類・きのこなどの無機質・ビタミンを含む食品である。毎食，この各群の中から2種類以上の食品を摂取するようにすれば，栄養素のバランスがとれた食事になるように考案されている。また，これは子どもにとってもわかりやすいため，学校給食の栄養指導にも使用されているものである。さらに，たんぱく質，無機質，カロチン，ビタミンC，炭水化物，脂肪の6種類の栄養素に分類した基礎食品群もよく使われている。　　　　　（白川）

食育基本法

　食育に関する基礎理念を明らかにしてその方向性を定めることにより，現在および将来にわたる健康で文化的な国民の生活と豊かで活力ある社会の現実を目的として，2005（平成17）年に施行された法律をさす。
　食育基本法には，食に関する感謝の念と理解，保護者，教育関係者等の役割，家庭における食育の推進，学校，保育所等における食育の推進などが具体的に述べられている。幼稚園教育要領や保育所保育指針にも食育の推進に関する取り組みが推奨されている。
　日本人の食生活に関する環境の変化に伴い，人が生涯にわたって健全な心身を培い，豊かな人間性を育むための食育を推進することが課題となってきている。特に，子どもたちが豊かな人間性を育み，生きる力を身に付けていくためには，食が重要であると考えられている。しかしながら，今日，社会経済状況がめまぐるしく変化し，多忙な毎日を送るなかで，毎日の食の大切さを忘れがちである。栄養の偏り，不規則な食事，肥満や生活習慣病の増加，過度の痩身志向などの問題に加え，食の安全性の問題や食の海外依存の問題も生じてきており，国民一人ひとりが食についての意識を高めることが急務となっている。　（白川）

食品添加物

　食品衛生法第4条2によると，食品の製造の過程において又は食品の加工若しくは保存の目的で，食品に添加，混和，浸潤その他の方法によって使用する物をいう。その用途は，着香，着色，保存，酸化防止，乳化，強化などに分類されており，表示が義務づけられている。食品添加物の役割を否定することはできないが，食品添加物の安全性については配慮していく必要がある。危険な食品添加物としては，カビ発生を防止するために果実の表面に塗られる防カビ剤（例えばOPP），食品の黒ずみを防ぎピンク色に保つために使われる発色剤（例えば，亜硝酸ナトリウム），清涼飲料水や食

品を着色するために使用される着色料（例えば，赤色2号・106号，青色1号，緑色3号），食品の酸化を抑えるために使われる酸化防止剤（例えば，BHA），砂糖の代わりに甘みを加える甘味料（例えば，アスパムテール，サッカリンナトリウム，サッカリン），食品に粘性やトロミをつけるために使われる増粘安定剤（例えば，カラギーナン，トラガントガム）などがある。

特に，乳幼児期の子どもが摂取する食品については，食品添加物の多用は避け，旬のものや季節感のある食材や手作りのメニューを心がけることが望ましい。（白川）

肥満度（カウプ指数）

肥満度をはかる指数にはいくつかあるが，生後3か月から満2歳までの乳幼児の発育状態を知る目安としてよく用いられるのがカウプ指数である。算出方法は，体重（g）÷身長（cm）^{2}×10である。肥満への判断基準値は年齢によって調整される。学童期の発育状態を知る目安にローレル指数があり，身長充実指数とも呼ばれる。

肥満は，全身的に脂肪組織量が増加した状態をいい，食習慣と関連がある。子どもの肥満は，近年，増大傾向にあり，社会問題となっている。そのままにしておくと生活習慣病に移行するおそれがあるので気を付ける必要がある。

肥満は，長期間にわたって摂取するエネルギー量が消費するエネルギー量よりも多いときに起こる。大多数の肥満は食べ過ぎによる肥満なので，乳幼児期であっても，肥満傾向の子どもには，おやつを控えめにしたり，お弁当や給食のカロリーを少なめにする工夫が必要である。また，食事の内容も動物性脂肪を減らして野菜類を多くとるようにしたり，食事制限をさせたりすることも1つの方法ではあるが，食事の楽しみを奪ってしまうことにもなるため，できるだけ遊んで身体を動かすことで消費エネルギーの量を増やすことも大事である。

（白川）

孤食

子どもだけでなく大人も含めて1人で食事をすることをさす。親の仕事や子どもの塾通いのため，家族がそれぞれ自分の都合のよい時間帯に好きなものを食べる家庭も増えてきている。1人での食事は，栄養バランスが崩れやすく，家族とのコミュニケーションが希薄になることが危惧される。孤食から派生して，個食（家族で一緒に食べても食事メニューが異なる），子食（子どもたちだけで食べる），固食（同じものばかり食べる），粉食（パンや麺などの粉からつくられるものばかり食べる），濃食（濃い味付けのものばかり食べる），小食（食事の量が少ない）のようにさまざまなコ食がいわれるようになった。

幼少期から孤食の生活を続けていると，1人でないと食事ができない会食不能症などになる危険性もあり，人に合わせるよりも自分1人で食べた方が楽と思うようになる。1日1食でも誰かと楽しく食事をする経験をもつことが大切である。　　（白川）

6．子どもを取り巻く環境

　少子化，核家族化といった家族形態の変化，自然環境や地域生活の変化，国際化，情報化の進展や仮想現実の日常化等，子どもの居場所であり成育環境でもある家庭や地域が急激に変化している。人々の価値観や生活様式が多様化している一方で，社会の傾向としては，人間関係の希薄化，地域における地縁的つながりの弱化，過度に経済性や効率性を重視する傾向，大人優先の社会風潮などの状況がみられるとの中央教育審議会の指摘もある。このような有形無形の環境変化は，相互に影響し合いながら，直接間接に，未来を生きていくために必要な基本的経験を子どもたちから奪っている可能性がある。

　わが国の社会変化の中で，核家族化に伴い祖父母が身近ではなくなり，少子化によりきょうだいが少なくなった。地域の遊び仲間の消失も顕著である。また，大人世代と比較して，より若い世代では，人間関係の多様性が乏しくなっているとも指摘される。家庭や地域における人間関係の中で，対立，主張，調整，我慢，妥協，そして協力など，人とかかわる力を培う機会は極端に減っている。

　都市化や情報化の進展によって，自然の中や広場における子どもの集団的な外遊びが減る一方で，テレビゲームやインターネット等の個別的な室内遊びが増えるなど，子どもの生活経験に偏りがみられる。室内遊びの増加は，子どもの体力や運動能力の低下も引き起こしている。子どもを取り巻く環境の変化は，従来それを当たり前のこととして受け入れてきた，子どもを育む大きな仕組みを静かに崩壊させつつあるのかもしれない。

　保育は，環境を通して行うことが基本である。保育者には，マクロな環境変化の影響を感受しつつ，子どもの身近な物的環境を整え，また自らが身近な人的環境となり，子どもを取り巻く環境の構成に心を砕くことが求められる。また，生活環境が個々の子どもでかなり異なることへの配慮も不可欠である。さらに，環境に働きかけ，よりよく変えていこうとする主体的な生活者としての子どもを育てていくことも重要である。現代の保育者には，環境の変化に伴う新たな課題に対応する，確かな実践力が必要とされている。

（西山）

ビオトープ

ビオトープ（独 Biotop）とは，身近な山野，河川，海や湖など，その地域に固有の環境の中で，本来生息する生き物が有機的なつながりをもちながら暮らす，ある程度まとまった自然生態系を構成する空間を意味する。語源は，ギリシャ語の生命を意味する bios と場所を意味する topos を合成した語である。

学校の敷地内につくられたビオトープを特に学校ビオトープと呼ぶ。子どもの日常生活の中に，人為的に造られた自然生態系を取り入れることにより，直接，自然に触れる機会をつくり，自然の仕組みや不思議さを体験的に学ぶことができる。ドイツでは野外の実験室とも呼ばれるように，地域の自然を保全・復元することを試み，人と自然との共存を目指して試行錯誤を繰り返す場ともなる。この経験が，子どもの問題解決力や行動力を養う。

「幼稚園教育要領」「保育所保育指針」には，生命，自然等の事象についての興味や関心を育て，それらに対する豊かな心情や思考力の芽生えを培うことが目標の1つとして掲げられている。自然環境とかかわる機会が希薄になるなかで，ビオトープは日常的に自然と触れあい豊かな心情を育む場となる。また，地域や保護者と協働する開かれた学校園づくりの契機としても，その可能性は大きい。他方，ビオトープを継続的に活用していくためには，資金や管理上の問題，教職員・保護者との共通理解の形成など課題もある。

（西山）

デス・エデュケーション

デス・エデュケーション（death education）は，死への準備教育と訳される。人にとって不可避な自他の死とどう向き合うか，人間らしい死を迎えるにはどうすべきか，などさまざまなテーマを含む，死と生に関する教育をいう。本教育が注目される背景として，超高齢化社会の進行，病院内での死の一般化による死に直面する機会の減少，高度医療・生命科学の進歩による死の定義の揺らぎなどをあげることができる。死への準備教育はよりよく生きるための生命尊重教育とも言われている。

近年の複数の調査は，一度死んだ人や生き物が生き返ることもあると考える子どもが，少なからずいることを示している。自他の生命をあまりにも軽視する事件も多発している。仮想現実の映像情報が，子どもの死生観に影響を与えているとの指摘もある。保育においては，動植物を育てたり，生活の中で展開される体験を通して，生命尊重の心を育む。このとき，子どもにとって大切な人（significant others）が寄り添い，その体験に丁寧に意味を与えることが重要である。

死は人にとって未知であり，不安や恐怖など負の感情を伴う。わが国においては，従来，死を取り上げることで命の尊さを語ることは，十分に行われてきたとは言い難い。生の実感の萌芽を，幼児期にふさわしい経験の中からもつことができるよう，計画的かつ積極的な実践が必要である。

（西山）

砂場

砂場（米 sandbox，英 sandpit）は，子どもの屋外遊びの場として広く設置されている。日本の砂場の起源は19世紀末のアメリカ児童遊園運動にみることができるとされる。日本では明治30年代半ば以降，本格的に普及し，大正10年頃までには，その設置が定着している。1956（昭和31）年に告示された幼稚園設置基準第10条には，園に備えるべきものの1つとして砂遊び場が示されている。

砂場は，子どもが自由な発想と想像力を発揮し，表現できる場である。砂は自由度が高く，可塑性に富む。子どもにとって砂は，山にも食べ物にも変化する自由な素材となる。水や石，小枝や葉っぱなどのまわりの素材や，スコップ，バケツなどの道具を持ち込み，表現は膨らむ。また，砂場では，ひとり遊びから共同遊びまで，発達の過程に応じてさまざまな遊びが展開されうる。さらに，自由にして保護された空間の中で砂に触れることは，心の安定に通じるとの心理臨床領域からの指摘もある。『人生に必要な知恵はすべて幼稚園の砂場で学んだ』と題する書籍もあるように，子どもの調和的な成長発達に適した場と考えられている。

近年，大人の極端な清潔志向や安全志向から，一部には砂場を避ける傾向もある。清潔で安全な砂の補給，衛生管理，広さの確保，手洗い・足洗い場の完備，日射病等への配慮などは，もちろん必要であるが，自由に遊びを展開できる空間として子どもに開かれていることが重要である。（西山）

人的環境としての保育者

保育は，幼児期の特性をふまえ，環境を通して行うことが基本となる。物的な保育環境とともに，人的環境は子どもの成長発達に大きな影響を及ぼす。なかでも，保育者をはじめとする，子どもにとって身近な人的環境は重要である。保育者には，一人ひとりの子どもとの信頼関係の中で，遊びと生活を展開できるよう，思慮深く人的環境を構成する力量が求められる。

幼稚園教育要領においては，幼児との信頼関係を十分に築き，幼児と共によりよい教育環境を創造するよう努めることが，まず謳われている。また，保育者の役割が1つのキーワードになっており，専門職としての保育者への期待が寄せられている。保育者は，心の拠り所として，生活の理解者として，またときには範として，柔軟に役割を果たす。保育者は自ら主要な人的環境の一部となりつつ，子ども同士の仲間関係や集団を育み，保護者や地域の人たちとの関係を築き，子どもを取り巻く風土や雰囲気を醸し出す。

今日，保育者の業務は多様化，多忙化している。他方，各園所は厳しい人員配置の中で保育をせざるを得ない状況にもある。このようななかで保育者は，保育の質を確保するため努力している。保育は人なりといわれるように，保育の要はそれを担う保育者にある。保育者は，人的環境としての自らの役割と影響の大きさを常に意識する必要がある。

（西山）

応答的環境

　応答的環境とは，子どもの行動や思いに対して，周囲が応えるという相互作用のある環境をさす。子どもに応えるものは，保育者であったり，遊具・玩具であったり，自然であったりする。

　子どもの発達は，その子どもが生活している環境，特に周囲の者との豊かな相互応答的な関係の中で促される。保育においては，子どもをありのままに理解し受容しようとする，保育者との信頼関係を基盤として，一人ひとりの子どもが安心して生活できることが大切である。そのようななかで実践される，継続的で，応答的な周囲の者のかかわりが，子どもの人格形成の基盤となり，豊かな発達を促す。また同年齢，異年齢の仲間の存在も，大人とは異なる相互応答の人間関係を経験する人的環境となる。

　他方，物的な環境にも応答性が重要である。子どもが環境に対して求めるものは，今のその子にとっては少し困難ながら，手を伸ばせば届くような水準のものである。適度な抵抗感は，子どもの活動を活性化し，持続させる。保育者は，子どもを丁寧に観察し，遊びや生活の展開を見通しながら，発達に応じたふさわしい環境を設定することにより，能動的，意欲的に活動ができるような環境を構成する。また，安全にも配慮しながら，いっそうその相互作用を促すような環境を用意する。応答的環境を重視する保育の根底には，指導としての保育ではなく，子どもの行動や思いに添って，援助・支援するという基本的スタンスがある。

(西山)

三間の減少

　三間とは一般に，時間，空間，仲間のことをさす。都市化，情報化，高学歴化等の社会的変化を背景として，子どもの三間が減少し，遊びや経験の質と量に深刻な影響を与えていると指摘されている。

　現代の子どもは，塾や稽古ごとに通うことが一般的になっている。遊び時間は相対的に減少している。子ども同士で遊ぶ曜日や時間帯を合わせることが難しく，細切れになった時間の中で，十分に遊ぶことは難しい。また，子ども同士が遊ぶにも，親による時間調整のもと，時間の使い方は大人から管理・統制されている。

　かつて近隣に散在していた，原っぱ，路地裏，空き地などは消失し，身近な遊び空間が少なくなっている。高度経済成長以降，室内は冷暖房の効いた居心地のよい空間となり，室外は交通事故や誘拐事件などに遭遇する可能性のある，危険な場所となった。テレビゲーム等の室内遊びの時間が増加する一方で，外遊びや集団遊びの機会は減った。

　少子化によるきょうだいの減少は，異年齢間の遊びの機会を奪った。かつてガキ大将が存在した異年齢集団は，社会性を学ぶ場であった。遊び仲間の少人数化により，複雑な人間関係を経験し難くなっている。

　これら三間の減少は相乗的に，子どもの育ちに影響を及ぼしている。生涯にわたる人間形成の基礎を培う幼児期に，子どもの豊かな経験が保障されるよう，手間をかけながら，三間を保障していくことが私たち大人の役目である。

(西山)

7．子どもの事故

　子どもの事故に対しては，防災，危機管理の面から対策が講じられている。
　保育所では児童福祉施設最低基準で，軽便消火器等の消火用具，非常口その他非常災害に必要な設備を設けるとともに，非常災害に対する具体的計画を立て，これに対する不断の注意と訓練をするように努めなければならないと規定されている。幼稚園では幼稚園設置基準で，園舎は，2階建以下を原則とすると規定されている。園舎を2階建とする場合，及び特別の事情により園舎を3階建以上とする場合にあっては，保育室，遊戯室及び便所の施設は，第1階に置かなければならない。ただし，園舎が耐火建築物で，幼児の退避上必要な施設を備えるものにあっては，これらの施設を第2階に置くことができると防災設備の基準が定められている。
　また，登降園時における誘拐や不審者による声かけ事件の頻発など，子どもの身辺の危険が増大していることに対して，危機管理マニュアルの作成が行政指導によって進んでいる。監視カメラやインターフォンの設置，子どもの安全を守るための安全マップの作成などの取り組みがなされ，地域ぐるみで安全への意識向上がなされている。さらに，子どもが自ら身を守り，安全に生活を行うために，安全教育が行われている。
　保育中の事故は，かすり傷，裂傷，打撲，捻挫が多い。園の扉にはさまれたり，玩具・遊具での怪我，誤飲や火傷などさまざまある。乳児については，うつぶせ寝を避け，乳幼児突然死症候群（SIDS）に留意する。夏場には，水の事故や食中毒に注意が必要である。プールを利用した水遊びや園外での活動時にはあらかじめルールを決めて行うことが事故防止につながる。食中毒については，食事前の手洗いを徹底する他，自園での調理の場合は食品の保存に留意する。
　直接には事故につながらなくても，ヒヤッとしたり，ハッとしたりしたことがあれば，ヒヤリハット報告や記録の共有によって，事故が起きないように環境の改善をし，保育者全員に周知するような園内体制をとると事故を未然に防ぐことができる。万一事故が起こった場合には，すみやかに保護者に対する説明責任を果たすことが重要である。

（松井）

SIDS

SIDS（Sudden Infant Death Syndrome）は，日本では乳幼児突然死症候群と呼ぶ。平成17年度3月の厚生労働省研究班によるガイドラインでは，それまでの健康状態および既往歴からその死亡が予測できず，しかも死亡状況調査および解剖検査によってもその原因が同定されない，原則として1歳未満の児に突然の死をもたらした症候群と定義されている。乳児期の死亡原因としては「先天奇形，変形および染色体異常」，「周産期に特異的な呼吸障害および心血管障害」についで，「不慮の事故」と並んで第3位である。日本での発症頻度は出生4,000人に1人と推定され，生後2か月～6か月に多く，1歳以上での発症は稀である。原因は未だ解明に至っていないが，睡眠に随伴した覚醒反応の低下を含めた脳機能の異常，先天性代謝異常症の存在，感染症，慢性の低酸素症の存在，などが考えられている。

養育環境のなかにSIDSの発生率を高める3つの因子があることが，明らかになっている。第1に，うつぶせに寝かせたときのほうがあおむけ寝の場合に比べて発症率が高いこと，第2に，タバコが大きな危険因子であること，例えば，両親が喫煙する場合，両親が喫煙しない場合の約4.7倍の発症率であるという研究結果が報告されている。第3に，母乳で育てられている乳児は，人工栄養の乳児と比較してSIDSが起こりにくいこと，である。これらはいずれも直接の原因ではないが，予防に向けて配慮しておきたいことである。　　　（松井）

誤飲

乳幼児が食物以外のものを誤って口に入れることをさす。乳児が手を使えるようになると好奇心から何でも口に入れようとして起こることが多い。また，年少の幼児は危険物の認識が乏しいために起こる。誤飲の報告が多く，命の危険性も伴うものに，タバコと化粧品がある。小さい子どもの誤飲でもっとも件数の報告が多いのは，タバコで，特にハイハイをはじめた頃から歩き始めの頃の6～17か月児の事故が多い。ニコチンは毒性が強く，体の小さい赤ちゃんが丸1本飲み込んでしまうと，死に至る可能性もある。また，タバコ以上にニコチンの浸出液を飲んでしまった場合の危険性はいっそう大きいため，吸殻の処理には注意しなければならない。化粧品は含有成分によって，重篤な症状に至る場合がある。特にマニキュアは毒性が高く，誤飲の報告が多いため，注意が必要である。

誤飲を防ぐためには，周囲の大人が配慮するのが最善である。普段から乳幼児のいる場所では，手の届くところに危険な物を置かないように注意しておく必要がある。それでももし，誤飲が生じた場合は，日本中毒情報センターのデータベースに処置の仕方が掲載されているが，子どもの体重や年齢，製品や誤飲量によって対応が変わる可能性があるので，緊急時にはかかりつけの小児科医に連れていくのがよい。

（松井）

ヒヤリハット

　ヒヤリとしたり，ハッとするなど，あわや事故になりかねない事故寸前の危険な事例のことをさす。アメリカの技師ハインリッヒは，労働災害の事例の統計を分析した結果，重大災害を1とすると，軽傷の事故が29，そして無傷災害は300になるというハインリッヒの法則を提唱した。これをもとに，1件の重大災害（死亡・重傷）が発生する背景に，29件の軽傷事故と300件のヒヤリ・ハットがあるということが周知され，重大な事故を防止するために，ヒヤリハット事例の収集と分析が求められている。ヒヤリハットの調査は，製造業，建設業，航空業界では以前から盛んに行われていたが，近年では国土交通省がヒヤリハット調査の方法と活用マニュアルを提起し，自動車業界にも一般的になったことから身近な言葉となってきている。

　このヒヤリハット調査は，分野に関係なく，医療事故の防止などでも効果をあげている。すでに保育においても，保育中のヒヤリハット事例を分析する試みが行われてきており，リスクマネジメントの意識の向上や保育環境の整備のための基礎的な資料として活用され始めている。このヒヤリハットは，保育者だけでなく，看護師や事務員など，施設内のすべての職員で共有することによって，安全対策としての効果がより高まる。子どもの安全を守る最初の取り組みとして，ヒヤリハット調査が位置づいている。

（松井）

食中毒

　細菌やウイルスが付着した食品や有毒・有害な物質が含まれた食品を摂取することによって，腹痛・下痢・嘔吐・発熱など，急性の健康被害が起こることをさす。食中毒は大きく4つに分けられる。第1に，サルモネラ，ブドウ球菌，腸炎ビブリオなど，細菌が原因で起こるもの，第2に，ふぐ，毒キノコ，ジャガイモの芽など，自然毒が原因で起こるもの，第3に，農薬など，化学物質が原因で起こるもの，第4に，サンマやみりん干など，アレルギーによって起こるものである。ただ，食中毒の原因の8割以上は細菌によるものである。食中毒の予防三原則に食中毒菌をつけない・ふやさない・やっつけるがあり，手や調理器具を清潔に保ち，食品の保存方法に気をつけ，調理の際に加熱を十分するといったことが食中毒対策の基本である。一般に，食中毒が多いのは夏場であるが，ノロウイルスを原因とした食中毒は気温の低下する冬場に多い。

　近年，保育現場では，O-157やノロウイルスによる集団感染が多く報告されている。集団感染が発生した事例は，そのほとんどが二次感染によるものである。つまり，菌やウイルスが付着している食物を摂取して感染した二次感染者を媒介に人から人へと広がって被害が拡大している。保育現場では，保菌している保育者（大人）は発症しなくとも，抵抗力の弱い乳幼児に二次感染する場合もあるため，普段から除菌の意識をもっておくなど，注意が必要である。

（松井）

防災マニュアル

消防法上義務付けられている防災計画を含め，設備，避難路・避難場所，保護者への連絡方法，医療機関との連絡方法，地域住民・防災担当者との連携，行政対応，職員間の連絡，非常招集方法というような，非常時における対策全般を網羅するものをさす。なお，保育所の場合，火災，地震による月1回の避難訓練が児童福祉施設最低基準で義務付けられており，行政当局による指導監査の必須事項となっている。また，幼稚園の場合，幼稚園教育要領の第3章指導計画作成上の留意事項の「2．特に留意する事項」の中で，「安全に関する指導に当たっては，情緒の安定を図り，遊びを通して状況に応じて機敏に自分の体を動かすことができるようにするとともに，危険な場所や事物などがわかり，安全についての理解を深めるようにすること。また，交通安全の習慣を身に付けるようにするとともに，災害時に適切な行動がとれるようにするための訓練なども行うようにすること」と明記されており，幼児に対する安全教育の実施や避難訓練を行うようになっている。

近年では，自然災害だけでなく，不審者対策，登降園時の誘拐や事故防止のために，地域の近隣住民の協力が欠かせなくなってきている。そのため，情報収集や携帯電話のメールなどを使用した保護者への連絡など，施設内だけでなく，地域を含めた包括的な防災マニュアルを作成する必要性が増している。
　　　　　　　　　　　　　　（松井）

安全マップ

子どもたちの安全を守るために，地域の危険な場所を示すために作成された地図をさす。2005年，広島県や栃木県で起きた登下校時の相次ぐ児童殺害事件を受けて，文部科学省は登下校時における幼児児童生徒の安全確保を通知した。そのなかで，通学路の安全点検の徹底と要注意箇所の周知徹底を図るために，通学路安全マップの作成について，学級活動や生活科，総合的な学習の時間，児童会・生徒会活動などで児童生徒自身の参加により作成を進めることを具体的に明記した。この通知を受けて，各学校では，授業を利用して児童生徒が自ら安全マップを作成するようになった。

安全マップには，児童生徒が実際にその地域を調査した写真やイラスト，書き込みを載せたりするなど，各学校で工夫されている。また，小学校低学年の児童は，上級生とグループを組ませ，保護者や警察官と一緒に実際の通学路を回るなど，年少の児童も参加できるようにしている。また，緊急時に避難できる子ども110番の家を含む住民へインタビューするなど，地域住民とも触れ合いながら，安全マップを作成している。

このような取り組みは，幼児児童生徒が地域の危険を認知し，自己防衛力の向上につながるとともに，幼児児童生徒の登下校を地域全体で見守る体制の整備に役立っている。
　　　　　　　　　　　　　　（松井）

8．子どもの権利

　子どもの権利は，いまだ明確に定義されておらず，市民，文化，経済，社会，政治の各権利を含んだ広範な概念である。人としての権利，いわゆる人権は，子ども，大人にかかわらず保障されるべきものである。とりわけ子どもは，大人と比べて自らの意思や意図を主張する力に乏しく他者に依存せざるを得ない存在であり，それ故に，子どもの権利は大人社会が責任をもって守らなければならないものであることについては，基本的に合意されている。

　かつて19世紀には，児童に低い賃金で過酷な労働を強制するなど，児童労働や児童虐待の悲惨な歴史が世界各地でみられたが，20世紀に入り，児童労働の禁止や義務教育制度化が確立されるなど，徐々に子どもの権利保障への歩みが進んだ。1922年ドイツではワイマール憲法下で児童法が制定され，同年イギリスでは世界児童憲章草案の提示がなされている。1924年には国際連盟により児童権利に関するジュネーブ宣言が，1959年には国際連合により児童権利宣言が採択された。その後，こうした子どもの権利に関する宣言をより実効性のあるものとし，積極的に子どもの権利を保障することを目指して，1989年に国際連合により子どもの権利に関する条約が採択された。

　日本では，第二次世界大戦後，戦災孤児の問題もあり1947（昭和22）年に児童福祉法が制定された。同法第１条児童福祉の理念に記されたすべての児童は等しくその生活を保障され，愛護されなければならないという文言は，わが国で最初に児童の権利保障を謳ったものである。また，1951（昭和26）年に制定されたわが国最初の児童の権利に関する宣言文である児童憲章は，冒頭に児童は人として尊ばれ，社会の一員として重んじられ，よい環境の中で育てられると謳われ，あらためて子ども固有の権利保障の理念を明文化している。日本は，1994（平成６）年に子どもの権利に関する条約を締結し，これ以降，児童福祉法，児童虐待の防止等に関する法律等の改正やその他子どもに関わる各施策の展開において，児童の権利・利益を擁護することや子ども自身の意向を反映させる取り組みが進んでいる。しかし，現在，児童虐待の問題が深刻化するなど，子どもの権利が十分に保障されているとは言いがたい。児童相談所や保育所など児童福祉に関わるすべての専門機関において，子どもの権利についての関心と理解を深め，それを保障することが重要である。

（横山）

5章　子どもの生活

子どもの権利条約

1989年11月20日の第44回国際連合総会において満場一致で採択された，子どもの人権を総合的に規定した国際条約であり，正式名称は，Convention on the Rights of the Child：CRC（子どもの権利に関する条約）である。

条文は，前文および3部からなる本文全54か条で構成されている。前文には，基本理念とともに，1924年児童の権利に関するジュネーブ宣言から出発した条約制定までの経緯が書かれている。本文の第1部（第1～41条）では，児童を18歳未満のすべての者と定義し，差別の禁止，子どもの最善の利益，締結国の実施義務，生命・生存・発達の権利や確保，子どもの意見表明権，親による虐待・放任・搾取からの保護，障害児の権利，健康・医療・社会保障・教育への権利，少年司法などが明記されている。第2部（42～45条）には，条約広報の義務，子どもの権利委員会の設置，締結国の報告義務などが規定されている。第3部（46～54条）は，条約の書名・批准・加入・効力の発生や改正などが規定されている。

日本では，1994（平成6）年3月国会での承認後，同5月22日に発効，158番目の締結国となった。条約の締結後，都道府県・政令指定都市を含む各地方自治体では，例えば，高知県こども条例，札幌市子ども権利条例，志免町子どもの権利条例など，その規模を問わず独自に条例が策定されるといった条約を尊重した動きがみられる。

（横山）

子どもの意見表明権

子どもの権利に関する条約の第12条「子どもの意見の尊重」において規定されている権利で，自己の見解をまとめる力のある子どもに対し，その子どもに影響を与えるすべての事柄について自由に自己の見解を表明する際に保障される（同条の1）ことをさす。また，この目的を果たすために，子どもは，自己に影響を与える司法的・行政的手続においても，直接または代理人もしくは適当な団体を通じて聴聞される機会を与えられており（同条の2），手続的権利としての実行性も求められている。

同条約における意見表明権は，原案当初には，結婚，職業の選択，医療，教育，レクリエーションについての意見表明とされ，子どもによる生活や生き方等について自由な自己の意思の表明を尊重することを主眼としたものであった。その後，子どもの最善の利益を守るためには，さまざまな司法的判断や行政措置を講ずる際に子どもの意思を尊重するという視点が加えられている。

わが国における子どもの意見表明権を保障する具体的な取り組みの例としては，東京都杉並区，狛江市などで開催される子ども議会があげられる。また，独自の子どもの権利条例を施行後，子ども自身が意見を表明する場を設けることを目的とした集会・子ども会議を積極的に開催している川崎市の例もある。

（横山）

子どもの最善の利益

子どもの権利に関する条約の第3条に規定されている文言である。子どもの関わるすべての活動において、その活動が公的もしくは私的な社会福祉機関、裁判所、行政機関または立法機関によってなされたかどうかにかかわらず、第一義的に考慮されなければならないものと定義されている。

同条約においては、子どもを親から分離する決定をする場合（第9条）、子どもを家庭環境から引き離す場合（第20条）、養子縁組の認可（第21条）、自由を奪われた子どもを成人から分離するか否か（第37条）、裁判や決定を親などの立会いのもとで受けるか否か（第40条）の判断の基準として、子どもの最善の利益が規定されている。これらの規定は単なる理念規定ではなく、子どもに影響を与えるすべての状況、あらゆる決定において、可能性のあるさまざまな解決策を検討し、子どもの利益を正当に重視することを求めた判断基準であると同時に、手続き上の原則、立法や政策策定上の指針であるとされている。

子どもの最善の利益に客観的な基準はなく、同条約の締結国の判断に委ねられている。子どもの最善の利益が確保されるためには、世界各国が、子どもが権利主体であるという観点をもち、子どもの意見表明権を保障していくことが必要とされている。

（横山）

子ども虐待ホットライン

日本で最初の子どもの虐待に関わる専門の電話相談のことをさす。NPO法人児童虐待防止協会が、1990（平成2）年の設立当初より児童虐待の防止を目的として開設した。こうした電話相談には、児童虐待の通告・情報提供を含め、子育て中の親などから、育児不安に伴うストレスや家族内の問題など幅広い内容の相談が寄せられており、単に関係機関との連携・調整機能だけではなく、子育てする親の悩みを聞き、支援する役割を果たしている。

この他、同様に子どもの虐待防止を目的とする電話相談の取り組みとしては、児童虐待防止推進月間（11月）に全国の民間虐待防止団体が協力し、子育てや虐待についての相談を受け付ける全国一斉子育て・虐待防止ホットラインが実施されている。

現在、国は子どもの虐待問題に特化した電話相談の開設を地方自治体に義務付けておらず、各自治体の裁量に任されているのが現状である。児童虐待に関しては、ほとんどの自治体がその通告も含め、子どもの問題全般に関わる相談のために開設された電話や児童相談所で対応している。また、こうした相談業務が24時間体制で実施されるかどうかも自治体の判断に任されており、実態には差がみられている。

（横山）

子ども白書

児童憲章の実現と戦争から子どもを守る運動を目標に掲げて1952（昭和27）年に結成されたNGO日本子どもを守る会が編集・出版する白書をさす。1964（昭和39）年に第1号『子ども白書1964年版』、翌1965（昭和40）年に『数字でみる子ども白書'65年』が刊行された後、1967（昭和42）年以降、2012年版まで48刊が発行されている。子どもに関わる白書は、厚生省が1963（昭和38）年に1度だけ『児童福祉白書』を刊行したが、それを民間の力で継続・発展させていこうという趣旨で子ども白書は刊行された。各号では、子どものいのちと健康、医療、家庭、福祉、司法、学校、地域、文化、メディア、環境・世界など10の領域ごとに、子どもの発達や権利保障についての問題が提起されている。

2012（平成24）年の子ども白書では、本来の中心的テーマである子どもの権利保障の問題とともに、東日本大震災後を生きる子どもたちについて記されており、日本の現代の子どもをめぐる課題が幅広く、かつ詳細に分析されている。　　　　　　（横山）

6章　家庭・家族

1．現代の家庭と教育

　急激な社会変動による家族の構造・役割の変化は，親から子への家庭教育の伝承を難しくし，地域社会を崩壊させ家庭を孤立させるようになってきている。核家族化・少子化による家族の縮小化や，共働きや単親家庭の増加にみられる親の生き方の多様化は，家庭の機能や役割を縮小させ，低下させる結果につながる。しかし，親の家庭教育に果たす役割と責任への期待は相対的に高まっている。90年代以降，少子化に伴う子どもの社会性や規範意識，意欲や公共心，生活習慣の乱れなどが問題とされ，同時にその形成の場としての家庭や親の教育力低下が注目されはじめ，1998（平成10）年の「家庭教育手帳・ノート・ビデオ」の作成・配布，2006（平成18）年教育基本法第10条（家庭教育）の追加，2007（平成19）年「親学に関する緊急提言」と，家庭や親教育に関する支援や政策が盛んになってきた。

　子どもにとって最初の教師は母親，最初の学校は家庭であり，人生早期の教育は養育者からの無意図的働きかけが多い。養育者は，日々の生活を共にしながら愛着関係を育みつつ子どもの人格の基礎を築き，子どもを所属社会に適応した生活者に育てる社会化機能の第一次的役割と責任を負う。しかし，現代の高度産業化・情報化社会は，孤立し機能低下した親たちを，基礎的社会化役割だけではなく優れた資質と能力をもつ子どもに育てる親＝教師役割へと駆り立てる。その結果，早期教育や育児雑誌に過度に依存する親や「教育する家族」を生み出し，親子の関係や養育態度を混乱させ，両親役割のバランスの喪失・放棄・虐待など，さまざまな家族間の葛藤や家族ストレスを引き起こしている。

　経験未熟な親の家庭教育力向上のためには，家庭や親への責任の押しつけではなく，身近に親を支え育てる機会と支援者の存在が不可欠であり，家庭を孤立させない，家庭と園・学校と地域の異世代ネットワークづくりが求められる。家庭の教育力向上は，母親だけに責任転嫁しない子育て観，父親参加が可能な働き方の見直し，子育てを家庭に閉じ込めない地域支援体制づくり，メディアの子どもへの影響を制御する施策など，総合的観点から考えられなければならない。

　　　　　　　　　　　　　　　　　　　　　　　　　　　　　　　（中野）

家庭・地域の教育力

　家庭の教育力とは，親もしくはそれに代わる養育者が，家庭という場で子どもに対して行う意図的，無意図的なかかわりやしつけをさす。特に乳幼児期において家庭の教育力の働きが重要である。狭義には，基本的・社会的生活習慣のしつけや規範・道徳教育，言葉づかいや他者への感受性の教育など子どもの生きる力を養う教育を，広義には居場所としての家庭がもつ雰囲気やイメージづくりなどがある。

　地域の教育力とは，子どもの成長や人格形成の向上のために，地域住民や地域環境が意図的，無意図的に子どもに与える教育的な働きかけの総称である。具体的には，地域住民によるしつけやかかわり，ならびに地域がもつ居場所としての空間の機能をさす。高度経済成長期を境に，子どもの遊び場や生活圏としての地域は街へと拡散し，地域文化や伝統文化の継承としての祭りや行事が廃れ，住民同士の密接な人間関係の喪失，他人の子にもかかわる社会的親としての役割の喪失は，新しい問題行動や犯罪を発生させている。

　子どもの生活は消費文化と塾やおけいこ，メディア接触の影響が増加し，直接的な人間関係が減少している。地域の異世代・異年齢集団との交流を取り戻し，地域と家庭が連携することによって，親も子も地域社会の成員としてかかわり成長できるような教育力の再生が模索されている。　（中野）

核家族化

　夫婦（ひとり親を含む）と未婚の子どもで構成される最小の基本的家族形態をさす。

　家族形態は，核家族・拡大家族（祖父母と既婚夫婦とその子）・複合家族（夫婦と複数の既婚子とその子）に分類される。農業社会から高度産業社会への産業変動に伴い，多世代家族が減少し，成員の縮小化・単純化による核家族が生み出された。

　核家族に残される機能は「子どもの社会化」と「成人のパーソナリティの安定化」のみになるとされている。核家族化から生じる問題には，子育ての孤立や育児不安の増大，仕事と子育ての両立の困難や親世代からの知恵や文化伝承の断絶などがある。
　　　　　　　　　　　　　　　（中野）

育児の孤立化

　産業化に伴う核家族化や地域の崩壊によって，近隣や社会との関わりを失って，育児が子育て中の親（とりわけ母親）だけに集中する現象をさす。特に都市の専業主婦家庭が近隣や社会から孤立している現象を母子カプセルと呼ぶ。

　乳幼児との接触体験が不足している現代の若い親は，子どもの発達理解や子育て技術の蓄積が乏しく，些細なことに戸惑い，自信喪失しやすい。特に周囲に身近な相談相手がいない孤立した家庭や子育て仲間がいない核家族などは，育児・子育ての不安が解消されず増幅しやすい環境にある。親世代から育児の伝承や物理的支援や心理的なサポートを受けられず，心身の負担やイ

ライラから育児ストレスを感じたり育児ノイローゼになる場合もある。母子の孤立化防止のためには，父親や親族の協力のみならず，地域の子育て仲間・子育て支援者づくりを推進する保育施設・保健センターなどの役割も重要である。　　　　　（中野）

○ 育児雑誌

育児用品・育児サービス・子育て情報の提供を意図して発行されている雑誌をさす。供給する育児産業側の意図と，投稿・情報交換によって共通の場で意見を出し合い共感しあいながら，育て方の提案や子育て不安解消に役立てようとする母親側の意図が一致して，多くの部数が発行されている。

育児書が医者や専門家による子育てについての考え方や方法の科学的・タテマエ情報を提示するのに対して，育児雑誌は子育ての当事者がホンネで語り合え，子育てを楽しくする仲間づくりを目指している。親子で雑誌に掲載される，意見を交換し合って子育てを共有し合うなど，子育て中の親の生活スタイルの一部ともなっている。
　　　　　　　　　　　　　　　（中野）

○ 早期教育

幼い時期から意図的な繰り返しの刺激を経験させ教育訓練することによって，特定の能力の伸長を目指す人生早期からの教育をさす。受験のための知的教育，小学校での実施を先取りした英語教育，音感や感性を養う音楽・絵画教育，水泳や体操などの運動教育などがその代表である。

脳科学の成果が宣伝に利用されることが多く，幼児が望むよりも親の期待や願いが優先する場合には，幼児の性格形成や対人関係，心身の健康に問題を起こしやすい。公教育普及以前の一部の天才教育，才能・英才教育をさす早教育と区別される。
　　　　　　　　　　　　　　　（中野）

○ 自然体験

自然を活用し，自然とのふれ合いや自然の中で身体や五感を使って行われる活動自体やそこから生まれる感動体験など，自然の中で身体を使って行われる活動の総称である。狭義には自然とふれ合う体験そのものをさすが，広義にはその体験を通して獲得される生命力や生活力，自発性や自主性育成なども含む。

都市化に伴う生活環境の人工化や空き地や原っぱなど自然の遊び場の喪失，戸外遊びの減少は，原体験・直接体験の減少と擬似体験の増加をまねき，子どもと自然の関係の変化をもたらしてきた。その結果，子どもの身体能力や生活技術力の低下，生命や自然を慈しむ感性や心情の変質，豊かな人間性育成への悪影響などが懸念されている。教育現場では，集団宿泊行事や自然体験活動，環境教育や農業体験などが実施されている。また，自然とふれ合い遊ぶために森に出かける取り組みをするなど自然の中で五感を使った体験をすることをねらいとした活動が行われている。　　（中野）

メディア環境

　子どもを取り巻く家庭環境は，絵本，雑誌，テレビ，テレビゲーム，パーソナルコンピュータなどのメディアであふれている。それだけに，メディア接触が子どもの心身の発達に及ぼす影響が心配されている。

　2004年に日本小児科医会と日本小児科学会は，言語発達が遅れる危険性が高まることから，2歳以下の子どもにはテレビ・ビデオを長時間視聴させないようにすること，授乳中や食事中はテレビをつけないようにすること，子ども部屋にはテレビ・ビデオを置かないようにすること，子どもとメディアを上手に利用するルールをつくったり，見せるときは親も一緒に歌ったり子どもの問いかけに応えたりすることなどの提言を行っている。

　子どものメディア接触には，メディア環境を備えたり，媒介者としての親の姿勢や役割が大きい。親と子どものメディア行動は類似しているという指摘もある。いまやメディア装置が「一家に1台」から「一人に1台」へと変化したことにより，チャンネル争いなどメディアをめぐる，お茶の間での葛藤も少なくなった。乳幼児期からメディア接触の時間と内容を制限することによって子どもに健全なメディア習慣を身に付けさせたり，子どもと一緒にメディアとかかわりながら，その内容についてお互いに話し合うことによって子どもの理解を助けたり情報を批判的に読み解くという力を自然に養ったりすることは，メディア・リテラシー形成において重要である。（湯地）

DEWKS（デュークス）

　Double Employed With KidS の略語で，子どもを産んだ後も子育てと仕事を両立する共働き夫婦をさす。1980年代後半からアメリカで使われるようになった共働きで子どもをもたない夫婦をさす DINKS（ディンクス：Double Income No KidS）の対語として生まれた。

　結婚前に就労していた女性の約6割が第1子出産を機に退職しており，日本のDEWKSは，子どもの成長とともに再就職するパート就労が多い。日本の子育て支援施策は仕事と子育ての両立を支援しているが，常勤職と子育てを両立するDEWKSは2割にも達せず，増加していない。

（中野）

祖父母の育児

　祖父母世代が親世代の育児を援助，ないしは肩代わりすることをさす。親世代の仕事と子育ての両立を支援し，子どもには世代を越えた交流や文化伝承を可能にする。

　近代以前の農業社会では家族全員が農業と子育てを分担せざるを得ず，3世代家族の育児の担い手は祖父母であった。産業化とともに核家族化した近代家族では，母親のみが育児担当者となり，労働から隔離された母親は専業主婦となった。乳幼児を抱えた専業母親家庭では，近隣や地域社会から孤立した母子カプセル化しやすいために，母親の社会参加や自己実現への閉塞感と子どもの対人関係の乏しさが母子の社会性を阻害しやすい。働く親の保育支援は保育所

のみならず祖父母に頼るところも大きく，近年では「イクジィ」の活躍が取りざたされている。

　親と祖父母が共同で行う子育ては，世代間の子育て観やしつけ方などの違いからトラブルも起きやすいとされる。「おばあちゃん子」は甘やかしや溺愛されやすい，祖父母の過度の経済的支援は子どもの金銭教育に好ましくないなどの欠点もあると言われることもある。しかし，大人同士が良好な関係にあれば，子どもは両世代からの文化とかかわりの豊かさを享受し，仕事と子育ての両立支援は長寿化社会における祖父母の存在意義を示す効果もある。（中野）

2. 保育サービスと子育て支援

　人口減少下にあるわが国においては，1994（平成6）年度から「エンゼルプラン」，1999（平成11）年度から「新エンゼルプラン」，次いで，少子化社会基本法や次世代育成支援対策推進法に基づいて，2004（平成16）年度からは「子ども・子育て応援プラン」，そして2009（平成21）年度からは「子ども・子育てビジョン」を策定して少子化対策・子育て支援策に取り組んできている。政府は「未来への投資」という視点から，すべての子どもの健やかな育ちを保障することを目指して，仕事と子育ての両立を支援する保育サービス（通常保育事業，放課後児童クラブ事業，延長保育・休日保育・夜間保育など）や，地域子育て支援サービス（全戸訪問事業，一時預かり，子育て支援拠点事業など），多様なニーズに対応する支援サービスを実施している。

　近年，子育て家庭，とりわけひとり親家庭の貧困化は深刻であり，親の就労形態の多様化による多様な保育ニーズへの対応が求められている。保育所保育や学童保育など仕事と子育ての両立支援として，長時間保育や休日・夜間保育，病児・病後児保育等，保護者のニーズへの適切な対応に加えて，地域の子育て家庭の支援として，保育所等での相談指導や子育てサークル支援などについても，その充実が目指されている。

　また2006（平成18）年より実施されている「認定こども園」は，子どもに教育と保育を一体的に提供する機能とともに，すべての子育て家庭に対する支援を行う機能の推進を目的としている。同年の「学校教育法」改正においては，保護者及び地域住民等からの相談，情報提供や助言など幼児期の教育の支援に努めることが明記され，それを受けて2008（平成20）年「幼稚園教育要領」においても，幼稚園における子育て支援と預かり保育の充実が明記されるなど，文部科学省と厚生労働省は連携しながら，地域子育て支援の体制づくりに取り組んでいる。

　少子高齢化が進行する中，すべての親が安心して生み育てることができるよう，精神的・経済的な負担を軽減するための施策が緊急に求められる。多様化する家族問題や障害のある子どもへの対応など保育サービスの担う役割も拡大している。子どもの最善の利益を保障し健やかな育ちを支援するためには，多様なニーズに応じたサービス提供のための優れた人材の確保，専門性の向上が必要であり，支援サービスの質の確保とともに量的拡充に努めることも課題である。

　　　　　　　　　　　　　　　　　　　　　　　　　　　　　　　（河野）

地域子育て支援センター事業

1993（平成5）年に「地域全体で子育てを支援する基盤の整備の形成を図るため，保育所等において保育士等の職員を配置して，子育て家庭等に対する育児不安等についての相談指導，子育てサークル等への支援などを実施することにより，地域の子育て家庭に対する育児支援を行うことを目的とする事業」としてスタートした。主として地域の保育所や福祉センターなどの公共施設を実施場所として，市区町村や社会福祉法人等が実施主体となり，相談事業や子育てサークル等の育成・支援を行っている。2002（平成14）年度からは，「センター型」事業に加えて「つどいの広場」事業も実施されている。主に乳幼児をもつ子育て中の親子が気軽に集い，語り合うことにより子育ての問題解決の糸口の機会となるような常設の場（週3回以上開設）を設けて，親子の交流や情報提供，講習会などを実施する事業である。核家族化が進み地域共同体の機能が失われてきている昨今，親子が気軽にかつ自由に集えるような子育てサークル等の育成は，地域における重要な子育て支援策になってきている。支援事業には，保育士など専門的な知識・経験をもつ者が相談や指導，育児や親子遊びなどの情報提供に積極的な役割を果たすことが望まれている。2007（平成19）年度からは子育て支援の拠点事業として，「ひろば型」「センター型」に「児童館型」が加えられたことにより，青少年期も視野にいれた地域子育て支援としての拡充を目指している。

（河野）

ファミリー・サポート・センター

地域の子育て支援，仕事と家庭生活の両立を支援する目的のために設置された相互扶助組織のことをさす。1994（平成6）年労働省が，地域住民相互による援助システムとして創設した。2012（平成24）年現在，全国に841か所設置されている。ファミリー・サポート・センターの設置・運営は，市区町村が行っており，地域において子育てや介護などの援助を受けたい人（依頼会員）と援助をしたい人（提供会員）がそれぞれセンターに会員登録することにより，センターのアドバイザーが適当な会員を紹介・仲介する仕組みになっている。

提供会員は，例えば，乳幼児の保育所への送迎や，放課後や夏休みに学童を預かる，また高齢者の部屋の掃除や買い物，通院や介護の支援などを行うことにより，依頼会員は決められた報酬を提供会員に支払う。会員は，特別な資格を必要とせず，センターでは会員対象に必要な知識や技能を身につけるための研修等も行っている。

2001（平成13）年度からは仕事と家庭の両立支援に加えて依頼会員を専業主婦などにも拡大しており，育児のリフレッシュのための預かりなども依頼できる。地域における子育て経験者など，有用な社会資源を活用した子育て支援として，今後もその機能の充実が期待されている。

（河野）

家庭的保育（保育ママ）

　保護者の子育てを支援・補完する保育サービスには，ベビーシッターやファミリー・サポート・センター事業など「家庭の中」で行うものと，保育所や家庭福祉員（保育ママ）による保育など「家庭の外」で行うものとがある。

　児童福祉法は第24条において，保育に欠ける乳児，幼児等について，保護者から申込みがあったときは，それらの児童を保育所において保育しなければならないとしたうえで，「ただし，付近に保育所がない等やむを得ない事由があるときは，その他の適切な保護をしなければならない」と規定している。このただし書きに基づき，保育所の補完的事業として地方自治体の判断によって行われる保育事業に家庭福祉員（保育ママ）による保育がある。「家庭福祉員」「保育ママ」など保育者の呼称は自治体によりさまざまであるが，家庭福祉員（保育ママ）による保育サービスはいずれも，自治体が規定する条件を満たす者が自宅の一部を利用して他人の子どもを預かり有償で保育を行うものであり，3～5人程度の子どもを対象に小集団で家庭型の保育サービスを提供するものである。こうした家庭的な環境での保育を家庭的保育と呼んでいる。「家庭の外」における保育サービスでありながら家庭的保育を提供する点で，保育所における施設型の集団保育とは対照的である。現在，家庭的保育事業実施における人材の確保と養成，保育所との連携などのため，国の予算も拡充されている。　（青井）

放課後児童クラブ（学童保育）

　親が就労などにより昼間家庭にいない小学生（主に低学年）を対象とした，放課後および学校休業中，継続的に生活の場を提供する保育活動をさす。「留守家庭の子どもに安全で安心の放課後生活を」という親たちの切実な願いと運動によって，各地に学童保育が開設され，次第に公的に認められ，地方自治体も設置を進めるようになった。1997（平成9）年の児童福祉法改正により，「放課後児童健全育成事業」として法制化された（1998（平成10）年4月施行）。

　「学童保育」という呼び名は運動の中から生まれた言葉で，広く一般的に使われてきたが，国は「放課後児童クラブ」と呼んでいる。運営主体は，市町村，法人，地域運営委員会など多様であり，開設場所も，学校の余裕教室，独立専用施設，児童館，民家などさまざまである。近年，国の少子化対策の柱の1つとして位置づけられ，施設の量的拡充や補助金の引き上げなど施策の改善が図られてきた。2007（平成19）年には，質の向上を図るためとして「放課後児童クラブガイドライン」が策定された。

　2012年5月現在，2万843か所で実施され，84万6,919人が利用している（全国学童保育連絡協議会調べ）。施設整備のいっそうの充実とともに，不安定な雇用と劣悪な勤務条件下にある指導員の勤務体制や待遇の改善を図ることなどが課題である。子育て環境が貧困化する昨今，異年齢の子どもたちが集団で遊び，自治的な生活が繰り広げられる場として，子どもの成長・発達にとっての意義が見直されている。（黒川）

2．保育サービスと子育て支援

ベビーシッター

ベビーシッターとは利用者の自宅で保育がなされる，いわゆる在宅保育サービスである。その歴史は，イギリスのビクトリア朝にさかのぼり，富裕層の家庭の子どもの教育・養育係としてナニーと呼ばれるイギリス独自のベビーシッターの職業が定着した。昨今では，在宅保育サービスに加えて，園や習い事等への送迎，行事での保護者の代替といった内容へと広がりつつある。共働き家庭の一番のハードルである子どもの急な発熱等により保育所利用が制限された場合の有効な対応としても，その利便性が期待されている。お稽古ごととの組み合わせや，送迎サービスを付加させるなどの工夫が施されている。わが国のベビーシッター制度については，一般的に費用が高い（1,500円前後／時間）ことや，一般利用の裾野が広がっておらず，なじみ深くないという課題があげられる。

ベビーシッターの資格については，わが国では，公益社団法人全国保育サービス協会の資格認定制度がある。同協会による「認定ベビーシッター」資格は，所定の研修・試験・審査・認証に伴い付与される。この認定資格のシステムを通じて，社会的信頼を高め，その質の保証，さらには，向上が図られており，今後その発展が期待されている。

（黒川）

子育てサークル

地域を拠点に，子育て中の親同士が子どもと共に集い，交流や情報交換等多様な活動を行うグループのことをいう。「育児サークル」「子育てグループ」ともいう。少子化，核家族化，近隣関係の希薄化といった社会の変化に伴い，親たちの育児不安や子育ての孤立化，子ども同士で遊ぶ機会の減少等，子育て・子育ちの困難な状況が広がってきた。こうしたなか，親たちの手で自主的に子育てサークルが作られ，1980（昭和55）年代頃から全国に広がった。近年では，地域子育て支援センターや保健センター，児童館，公民館，保育所等において，保育士や保健師等が主導して，子育てサークルを育成・支援し，拠点を提供しているところも多い。活動内容は，サークルの目的によって異なるが，大きく分けて，子どもの遊びを中心としたものと，親の活動を中心にしたものとがある。前者は，複数の親子が一緒に遊んだり，遠足に出かけたり，お誕生会を開いたりなど親子で楽しむ活動が組まれ，同時にそうしたなかで親同士が交流する機会がもたれている。後者は，子ども同士の遊びを見守りながら，親自身の活動として，例えば子育て情報誌の発行等社会的な活動が行われる。子育てサークルは，子どもにとって育ちの場であるとともに，親にとっては，子育ての仲間と出会い，子育ての不安や悩みが軽減され，子ども理解が深まるなど親育ちの場となるものである。

（黒川）

一時保育

保護者が突発的に通院や介護などを行う時などに緊急避難的（臨時）に施設などが行う保育をさす。買い物に出かけたり、リフレッシュしたりする際の利用などにも拡大解釈されることがある。その際の保育士不足を防ぐ人事管理を行うために、あらかじめ保護者のニーズを知る意味から、予約制などをとり対応する保育施設が多数みられる。
　　　　　　　　　　　　　　（福井）

預かり保育

通常の保育時間以外で子どもを預かる保育をさす。子育て支援の中核に位置付くこともある。早朝や夜間などに実施されることが多い。幼稚園では、1998（平成10）年に改訂された「幼稚園教育要領」に初めて盛り込まれた。定義上は、「通常保育終了後に希望する者を対象に行う教育活動」となっているが、現実的には前出の早朝や、場合によっては、夏休みなどの長期休暇中にも行われている。注意したいことは、通常の教育課程との整合性や、子どもにとっては通常より保育時間が長時間になるため、子どもたちの体力などを十分に配慮する必要がある。
　　　　　　　　　　　　　　（福井）

長時間保育

保育所に対するさまざまなニーズが高まるなかで、2000（平成12）年の新エンゼルプラン策定後、仕事と家庭生活両立を目指して「特別保育（国庫補助）事業」として位置づけられた。幼稚園で「預かり保育」などと呼ばれるものとよく似た内容をさすことが多い。「延長保育」と呼ばれることもある。正しくは「長時間延長保育促進基盤整備事業」となっており、通常の保育時間を超えて行う保育をさす。（福井）

病児・病後児保育

仕事と家庭の両立のためには、子どもが病気の時にも預けることができる施設が必要である。病後児保育は、1994（平成6）年より「病後児デイサービスモデル事業」として、補助対象となった。病児保育の対象は病気の回復期にあり安静にしている必要のある子どもでかつ親の勤務の都合や疾病、傷病、事故、出産、冠婚葬祭などで、家庭で育児を行うことが困難な児童である。実施施設は、病院（特に小児科病院）の併設型、保育所併設型、乳児院併設型、単独の病児保育室などである。病院の場合は病気回復期に至らなくても保育に差し支えないとしている。施設の基準は、保育室のみならず、安静室または、観察室をも設置することが定められている。職員は児童2名に対して1名を配置することとなっている。

病児保育については通常の保育と異なり、利用料が必要となる。給食を用意するところもあるが、病気によって食べるものが異なることから、保護者に用意してもらうことが多い。病児保育は季節によって利用者の変動が大きいため、施設運営的には不安定である。利用の需要は大きいことから、助成制度が整えば、そのニーズに対応できるといえる。
　　　　　　　　　　　　　　（福井）

休日保育

　親の就労形態の多様化に対応するため、日曜日や国民の祝日などに行う保育（事業）をさす。実施内容は、保育対策実施要綱「休日・夜間保育実施要綱」に記載されている。預かる児童は、休日においても保育に欠ける児童であること、担当保育士は2名以上とする。適宜、間食や給食を提供することなどが規定されており、実施場所は保育所のほか、公共施設の空き部屋などを使用できるとしている。ただし、建物が児童福祉施設の基準を満たすことが条件となっている。　　　　　　　　　　（福井）

3. 少子高齢化

　少子高齢化とは，高齢者の人口の割合が大きくなってきた一方で，同時に，年少人口が減少してきた社会のことをいう。65歳以上の人口比率が7％を超えた社会を一般に高齢化社会といい，日本では，1970（昭和45）年をそのはじめとする。高齢化と同時に少子化の進行に伴い，既存の社会システムのままでは，社会保障の負担が拡大し機能不全に陥ること，労働力と経済成長が低下すること，急激な人口減少が起こること等の問題が生じることが予測されている。わが国では，1989（平成元）年の人口動態統計で合計特殊出生率が1.57となり「1.57ショック」といわれ，1992（平成4）年度の国民生活白書により「少子化」という言葉が広く知られるようになった。2005（平成17）年の合計特殊出生率は1.26と過去最低になった。その後，漸増し，2013（平成25）年は1.41であるが，人口再生産に必要といわれる2.07には遠く及ばない。

　少子高齢化の原因としては，医療や経済の発達に伴う高齢化と同時に，ライフスタイルの多様化に伴う晩婚化や未婚化があげられる。長時間労働や派遣制度による不安定な雇用状況もその要因とされている。少子高齢化対策としては，仕事と子育ての両立支援の促進，医療制度改革，年金制度改革等が進められている。

　仕事と子育ての両立支援の促進としては，育児休業制度の整備，傷病児の看護休暇制度の普及促進，保育サービスの充実等があげられる。1994（平成6）年度には「エンゼルプラン」，1999（平成11）年度には「新エンゼルプラン」，2004（平成16）年度には「子ども・子育て応援プラン」，2009（平成21）年度には「子ども・子育てビジョン」が策定された。2003（平成15）年には，「少子化社会対策基本法」「次世代育成支援対策推進法」が成立した。2007（平成19）年には，「子どもと家族を応援する日本」重点戦略が決定されている。「結婚や出産は個人の決定に基づく」ものであるとの前提のもと，国，地方公共団体の責務を明確にしたうえで，安心して子供を生み，育てることのできる環境をつくるために，社会全体の意識改革を図り，子どもと家族を大切にする観点からの施策拡充が図られている。

　少子高齢化対策の一環として医療制度改革も続けられており，1997（平成9）年，2000（平成12）年には「健康保険法」が改正され，患者負担，高額療養費，保険料率の見直しがなされた。年金制度に関しては，2004（平成16）年に改正され，持続可能性の向上，多様な価値観への対応，制度への信頼確保を図る努力が進められている。現在，国民に信頼される持続可能で安定的な医療保険制度，年金制度の構築を目指して改革が進められている。

（北野）

合計特殊出生率

1年間の出生状況に着目したものであり，通常は年次比較，国際比較などに用いられる期間合計特殊出生率をさす。その年の15歳から49歳までの女性の年齢別出生率を合計して算出する。つまり，各年齢の女性の出生数をその年齢の女性の人口で割ったものを合計することで求められる。そのため，どの年齢の女性の年齢別出生率にも変化がなければ，1人の女性が一生の間に生む子どもの数と等しくなる。この値が人口置換水準である2.07人を下回り続けると，人口は減少していくことになる。日本では1973（昭和48）年以来，期間合計特殊出生率は2.07を割っており，1989（平成元）年には1966（昭和41）年のひのえうまの年に記録した1.58を下回る1.57にまで低下したことで「1.57ショック」として注目された。2005（平成17）年には1.26という戦後最低の値となり，2013（平成25）年の値は1.41であった。晩婚化などのライフスタイルの変化が起こりつつある場合には，この値と1人の女性が一生の間に産む子どもの数との差が大きくなる。例えば，出産の高年齢化が進行中であればこの値は実際の出生率よりも低くなる。そのほかに同一年生まれの女性の15歳から49歳までの出生率を加算して得られるコーホート合計特殊出生率がある。　　　　　　　　　　　（武内）

次世代育成支援対策

2003（平成15）年7月に成立した2014（平成26）年度までの時限立法である次世代育成支援対策推進法によって規定される対策をさす。次世代育成支援対策推進法は，少子化の流れを変えるための次世代育成支援の施策の1つであり，次世代育成支援対策を「次代の社会を担う子どもが健やかに生まれ，かつ，育成される社会の形成のための対策であり，国若しくは地方公共団体が講ずる施策又は事業主が行なう雇用環境の整備その他の取り組み」と定義している。同法では，次世代育成支援対策の推進を図るために，行動計画策定指針に基づいて国，地方公共団体，および従業員300人以上の事業主に行動計画を策定することを義務づけている。市町村と都道府県は5年ごとに行動計画を策定し，子育て支援，母性と乳幼児の健康の確保と増進，教育環境の整備，良好な居住環境の確保，職業生活と家庭生活の両立の推進，などのための達成目標および対策の内容と実施時期などを定める。事業主は，計画期間と目標，内容，実施時期を定め，行動計画を実施し，目標を達成することなどによって厚生労働大臣による認定を受けることができる。　　（武内）

少子化社会対策

1989(平成元)年の合計特殊出生率は1.57となった(「1.57ショック」)。これを1つの契機に,少子化が社会的問題と認識され,その対策が多様に展開されている。具体的には,管轄を超えた少子化対策を講じるために「エンゼルプラン」(1994)が制定された。以降,「新エンゼルプラン」(1999)「少子化対策プラスワン」(2002)が策定され,社会全体の問題として少子化社会対策が進められてきた。2003(平成15)年には「次世代育成支援対策推進法」や「少子化社会対策基本法」が成立した。2004年には「少子化社会対策大綱」が策定され,ここでは,具体的な行動計画を28も掲げ,内閣をあげた取り組みが展開している。同年には,「子ども・子育て応援プラン」も策定され,現在は2009(平成21)年から始まった「子ども・子育てビジョン」に基づいて取り組まれている。

これらの少子化社会対策にもかかわらず,2005(平成17)年の合計特殊出生率は過去最低の1.26に落ち込んだ。行政当局は,少子化社会対策の抜本的な強化を図ることとし,社会全体の意識改革と,子どもと家族を大切にする観点からの施策の拡充を試みた。さらに,2007(平成19)年には,「子どもと家族を応援する日本」重点戦略が決定され,さらなる少子化社会対策が展開されている。

内閣府では,2007(平成19)年より11月の第3日曜日を「家族の日」,その前後各1週間を「家族の週間」と定め,この期間を中心として「家族・地域のきずなを再生する国民運動」が実施されている。2006(平成18)年以降,合計特殊出生率は漸増し,2013(平成25)年に1.41になったが,人口再生産に必要とされる2.07には遠く及ばない。　　　　　　　　　　　　(北野)

一人っ子

兄弟姉妹のいない子どものことである。19世紀末以来,一人っ子は,不健康,利己的,感情的,集団生活に慣れ難い,などのさまざまな問題とされる特性を示すと考えられた。しかし,一人っ子であることそのものが特定の問題とされる子どもの特性と結びついていると結論できるような一貫した研究結果は存在しない。そのため,近年では,一人っ子であることは特定の問題とされる特性に結びつくという確証は得られていないと理解されている。一人っ子の特性を調査した研究で一定の傾向が確認できるのは,一人っ子の知能が優れていることと,一人っ子はやや健康面で劣ること,の2点である。とはいえ,一人っ子が問題とされる特質を示しやすいという懸念は払拭されていない。一人っ子であることそのものは特定の問題とされる特性と結びつくものではないとしても,過保護や過干渉といった親の不適切な養育態度や,家庭での子ども同士のかかわりといった社会的経験の欠如が一人っ子の問題とされる特性を誘発する可能性が指摘されている。　(武内)

子ども・子育てビジョン

「少子化社会対策大綱」(2004)に基づき，2014(平成26)年度までに講ずる具体的な政策内容と目標を提示したものをさす。

目指すべき社会への政策4本柱と12の主要施策が掲げられている。4本柱とは，①子どもの育ちを支え，若者が安心して成長できる社会へ，②妊娠，出産，子育ての希望が実現できる社会へ，③多様なネットワークで子育て力のある地域社会へ，④男性も女性も仕事と生活が調和する社会へ，である。①については，高校の実質無償化，奨学金の充実，非正規雇用対策の推進，若者の就労支援，等があげられている。②については，妊婦健診の公費負担，不妊治療に関する相談や経済的負担の軽減，保育所待機児童の解消，放課後児童クラブの充実，小児医療の体制の確保，生活保護の母子加算，児童虐待の防止等があげられている。③については，乳児のいる家庭の全戸訪問，ファミリー・サポート・センターの普及促進，子育てバリアフリーの推進等があげられている。④については，「仕事と生活の調査(ワーク・ライフ・バランス)憲章」および「行動指針」に基づく取組の推進，男性の育児休業の取得促進，次世代認定マーク(くるみん)の周知・取組促進等があげられている。 (松井)

ファミリー・フレンドリー企業

ファミリー・フレンドリー企業とは，仕事と育児・介護との両立を可能とする制度があり，その支援の取組を積極的に行っている企業をさす。

法を上回る基準の育児・介護休業制度(分割取得可能な育児休業制度，通算93日を超える介護休業制度等)，仕事と家庭のバランスに配慮した柔軟な働き方ができる制度(育児や介護のための短時間勤務制度，フレックスタイム制等)，仕事と家庭の両立を可能にするその他の制度(事業所内託児施設，育児・介護サービス利用料の援助措置等)，また，育児・介護休業制度等の利用がしやすい雰囲気や，経営者や管理職の理解があること等，仕事と家庭との両立がしやすい文化をもつ企業のことをいう。

厚生労働省では，1999(平成11)年から「ファミリー・フレンドリー企業表彰」を，2007(平成19)年からは「均等推進企業表彰」と統合し，「均等・両立推進企業表彰(ファミリー・フレンドリー企業部門)」を行っている。他の模範となるような取り組みを行っている企業に，厚生労働大臣優良賞，都道府県労働局長優良賞，都道府県労働局基奨励賞を授与している。仕事と育児・介護との両立を図ることが可能となるための制度の企業による主体的取り組みを推奨している。 (北野)

ワーク・ライフ・バランス

仕事と生活の調和をさす。現在の日本社会には,生活不安を抱える正社員以外の労働者が増加する一方,正社員の労働時間は高止まりしているという働き方の二極化,勤労者世帯の過半数が共働き世帯であるにもかかわらず,職場や家庭,地域には男女の固定的な役割分担意識が残っており,働き方や子育て支援の基盤も対応できていないなど,仕事と生活が両立しにくい現実がある。そこで,仕事と仕事を離れた個人生活のそれぞれをバランスよく充実させるとともに,少子化の流れを変え,人口減少下でも多様な人材が仕事に就けるようにして持続可能な社会を目指す取組みとして,2007年に「仕事と生活の調和(ワーク・ライフ・バランス)憲章」が策定された。そこでは,結婚や子育てに関する希望等が実現できるような「就労による経済的自立が可能な社会」,健康を保ちながら家族・友人などとの充実した時間や自己啓発や地域活動への参加なども可能な「健康で豊かな生活のための時間が確保できる社会」,性や年齢等にかかわらず,また子育てや親の介護が必要な時期など個人の置かれた状況に応じて「多様な働き方・生き方が選択できる社会」が目指されている。2003(平成15)年に次世代育成支援対策推進法ができて以後,ワーク・ライフ・バランスを目指す企業や社会の気運が高まり子育て支援などの支援策も整いつつあるが,十分な成果は上がっておらず,経営者のリーダーシップや職場の相互理解など意識改革が課題となっている。　　　　(青井)

DINKS(ディンクス)

Double Income No KidS の頭文字で,共働きで子どものいない夫婦を表す言葉である。

アメリカの若い世代の新しいライフスタイルとして1980年代半ば頃にわが国に紹介された。当時の日本はバブル期であり,男女雇用機会均等法が施行された時期でもあった。結婚後も仕事を続ける女性が増加する一方,出産し子育てをしながら仕事を続けることは,今日よりもはるかに難しい環境にあった。そうした時代背景のなかDINKS というライフスタイルは,大都市圏に住むキャリア志向の若い夫婦に好んで受け入れられた。夫と妻それぞれが収入を得て,子どもをもたない DINKS は,互いの自立を尊重するとともに,時間的,経済的なゆとりがあるため,仕事のいっそうの充実や,趣味や娯楽,衣食住などにおける高消費型の生活が可能である。DINKS は,結婚や出産,育児のために仕事を断念する妻,仕事に生きる夫という従来の夫婦スタイルに対して,新しい夫婦のあり方として認知されていった。

生涯 DINKS である夫婦がいる一方,近年では,結婚後早く出産することへのプレッシャーの減少,高齢出産の一般化,子育て支援体制の整備等に伴い,結婚後の何年間かを DINKS として過ごした後に子どもをもつ夫婦も増加している。こうした現状を鑑みれば,DINKS をライフステージの1つとして位置づける視点も可能である(p.180,DEWKS も参照)。　　(青井)

世代間交流

核家族が主流となり、都市化によって地域のつながりも希薄になったことなどから、子どもたちが日常生活の中で自分の親世代以外の人々とかかわる機会はきわめて少ない。世代が異なるということは、幼児期、青年期、老年期など異なる発達段階にあることを意味すると同時に、生きてきた時代や社会状況、経験してきた出来事が異なることを意味する。そのため異なる世代間には、身体的・心理的状態の違い、ものごとに対する感性や心情、行動様式、思想や価値観の違いなどが存在する。このようにさまざまな面において違いをもつ異世代の人々が互いに交流しかかわることを通して、世代間における相互理解や協調、連帯を深めたり、よりよい価値、文化を継承、創造したりなど、よい影響を及ぼし合うことが期待される。

近年、幼稚園・保育所においても、高齢者や小、中、高校生などとの交流が盛んに行われている。交流を通してお互いの存在をよりよく認識でき、豊かなかかわりが生まれるためには、一方向的な提供型の交流にとどまらせないように、近くで顔が見えたり触れ合えたりする交流が望まれる。また、長期的で相互主体的な交流につなげるために、双方が楽しめる遊びや活動を設定することも大切である。例えば、幼児が高齢者施設に訪問し、ともに遊ぶことなどが考えられる。交流体験がその後の園での生活や遊びに生きるためには、幼児の発達や園生活をベースに、今必要な体験は何かを的確にとらえ、意図や見通しをもって交流を設定することが重要である。　　（青井）

4．親子関係

　さまざまな社会集団の基本は家族であり，家族の構成員間にいろいろな人間関係が生じる。そのなかでも，親子関係は中心となる関係であり，家族の営みの中心となる子育ての基盤である。子育ての担当者は主として母親であるが，今の家族形態の中では父親がその役割を担う場合もあり，父子関係の研究も増えている。

　親子関係のありようを子育てと関連させるときの理論の1つはボウルビー(Bowlby, J.) の母子関係論から示唆される。彼の愛着理論では，誕生後の子どもが自分の世話をする特定の大人に対する結びつきを求めること（愛着）がその子どもの情緒的な，社会的な，知的な発達の基盤となると論じられている。母親であっても，父親であっても，特定の大人が応答的な関わりをすること（授乳・オムツ交換・あやしなどの乳児からのサインに適切に応じること）が重要である。

　もう1つは，従来からの養育態度の研究から示唆される，親が生活の中で子どもにどのように接するかという親子関係である。今日の少子社会では，1家族あたり子どもは1か2名であり，経済的に余裕をもって子育てが営まれていることが多い。したがって，子どもへの過保護・過干渉が起きやすい。また，より深刻な親の態度，すなわち，乳児期からの親の養育拒否や身体的暴力を呈する親子関係があることには危惧せざるをえない。親が養育拒否や身体的な暴力に至る原因は，例えば，母親が子どもを出産した後から生じるのではなく，それまでに親自身が子どもに対する肯定的な感情を育ててきたかにあると考えられる。

　まず，母親が子どもの時代に自身の母親とどのように親子関係を形成し，母親のようになりたいと感じていたかである。さらには，母親が妊娠中に胎児に愛情を感じることができたか，そして，誕生後，わが子を愛し，育児を楽しく感じているかどうかである。乳児期の養育者との関係の中で形成される認知的枠組みを愛着の内的ワーキングモデルと呼ぶ。これは，世代間伝達することが指摘されており，親自身が受けた愛着が自身の子どもにもつながっていると考えられている。このことは，虐待の世代間連鎖の解釈にもつながることであり，子育ての基盤となる親子関係の根深さを感じる。

（中島）

育児ストレス

育児に携わる者（主として母親）が育児の中で感じる心身の疲れや子どもが与えるサインに対応できず，いらいらを感じる事態をさす。育児に従事するすべての母親が育児ストレスを感じるわけではないが，今日の核家族化し密室化した家庭で，まだ残る母性信仰のもと1人で育児を担わされている状況では育児ストレスを感じている母親は多い。一般的にストレス状態が続くと身体的な病的疾患や心身症，ノイローゼなどを呈するが，育児ストレスの場合，母親が病むことによって適切な育児が行えなくなり，子どもの育ちに影響が生じる。育児では安全な生活環境が第一であり，生命の保持が最優先である。その生命の保持のために，適切な栄養を与え，健康な身体の発育を促すとともに，精神的な栄養としての愛情を与え健全な情動の発達を促すのである。ところが，母親に育児ストレスが長く続くと適切な育児が行われず，最悪の場合，母親が子どもの育児を放棄することになってしまい，子どもは発育・発達の遅れや栄養失調，脱水症状から死亡してしまうこともある。したがって，母親自身が育児ストレスの警告反応を示したときに気づくことができる社会的な支援環境を整備していくことが重要である。 (中島)

未熟な親

園や学校に対して自己中心的で理不尽な要求を繰り返す，モンスターペアレントと呼ばれる親も，子育てをめぐる未熟な親の一例である。熊本市の私立病院で，2007年5月から望まれない赤ちゃんを殺害や中絶から守ることを目的として赤ちゃんポストが設置され，実際にポストを利用する親がいることが報道された。児童相談所等に寄せられる小児虐待の相談件数も増加の一途をたどっている。

親になるプロセスには，さまざまな体験が伴う。子どもの誕生とともに急に親になるのではなく，親自身の生涯発達の様相と関係する。親自身が子ども時代にどのような親子関係を体験しているか，成長とともに直面する心理社会的発達課題をどのように達成してきたかという自己の確立が親になるための基盤である。自己が十分に発達していないままに子どもを授かると，親の思い通りにはいかないわが子に翻弄され，親自身の人格が揺らぐこととなる。

一方，少子化・核家族化に伴い，成長過程において自分よりも年少の子どもにふれあったり，世話をしたりといった体験の不足も問題視されている。子どもはかわいいだけの存在ではないという現実に直面した時，親は戸惑い，子どもを犠牲にすることとなる。親としての成熟は，わが子が誕生する以前の自己の発達を基盤とし，子育ての過程とともにある。 (片山)

ひとり親家庭

死別，離別，非婚，未婚などの理由により夫婦の相手がいない，未成年の子どもをもつ，母子あるいは父子のみの家庭をさす。厚生労働省が発表した，全国における18歳未満の児童のいる家庭を対象に行った

2009（平成21）年度全国家庭児童調査結果によると，母がおらず父と同居している世帯は1.7%，父がおらず母と同居している世帯は8.9%であった。いずれも前回の2004（平成16）年度の結果よりも増加した。

　ひとり親となった理由としては，離婚が死別を上回っている。離婚に至った経緯を子どもたちがどのように理解しているかは，離婚後の生活に影響してくる。例えば，理由が曖昧にされている場合，子どもによっては自分が悪い子だったからだと罪悪感を抱くことがある。配偶者への不満を子どもに露わにしたり，子どもにメッセンジャーの役割を負わせて相手への不満を伝えさせたりすると，子どもは両親の間で板ばさみとなり，いずれの親にも不信感を抱くこととなる。また，母子家庭では経済的な事柄が，父子家庭では家事や育児が生活上の問題となりやすい。親が社会からの偏見やプレッシャーを感じていることも少なくない。そのため，子どもが親の窮状を察して過度にいい子になろうとすることがある。子どもに心身ともに安定した暮らしが保障されるには，親への心理社会的，経済的支援の充実が課題である。　　　　　　　（片山）

国際結婚

　国籍が異なる男女が結婚することをさす。2010（平成22）年の厚生労働省人口動態統計年報によれば，結婚総数（婚姻件数）の約4.3%（30,207組）が国際結婚である。これは，日本において婚姻の手続きをした数であり，外国で手続きした場合が含まれていない。よって，その実態はさらに多いことが予測されている。相手の出身国籍は多い順に，配偶者女性では，中国，フィリピン，韓国・北朝鮮，タイ，ブラジルと続き，配偶者男性では韓国・北朝鮮，アメリカ，中国，イギリス，ブラジルと続く。日本における国際結婚の手続きは複雑で手間が多く，例えば，相手国の在日大使館・総領事館との手続きや，婚姻要件具備証明書等の準備，地方入国管理局への在留資格の変更手続きなどを要する。

　子どもと関わる国際結婚の課題としては，離婚の問題，母国語教育の問題，学校におけるいじめ等の問題が指摘されている。国際結婚家庭の子どもや子育ての支援としては，多文化共生センターや子育て支援センターにおいて，相談業務，交流機会の提供，支援ボランティアの紹介，国際結婚への理解を深めるための地域への啓蒙活動などが展開されている。　　　　　　　（北野）

ペアレンティング

　親によって行われている，子どもへの日々の世話やケアなどの養育行動をさす。親業の類義語である。従来，育児は母親が行うものとしてとらえられ，母親による育児行動を意味するマザリング（mothering）という言葉が使われてきた。しかし，母乳による授乳以外の育児行動は父親でも担うことが可能であり，子どもの育ちや親の育ちにおける父親の役割の重要性から，性を問わず，父親・母親それぞれが子どもを養育する意味として親性またはペアレンティング（parenting）という概念が使われるようになっている。その背景には，

「育児は母親のみが行うもの」という母性神話の否定や，「夫は仕事，妻は育児（家事）」という性別役割分業から，男女共同参画社会における「父親・母親ともに仕事と育児（家事）の両立」という親の生き方と家族における役割の変化，また社会全般的な傾向としての「父親も育児に参加すべき」という意識の広まりなどが関連し合い，積極的に子どもの養育に関わる父親が増加していることによる。

ペアレンティングは，母親の妊娠の時期から始まり，夫婦ともに妊娠・出産・育児の過程を通じて「親」という立場を意識し，子どもとの新たな関係を築きながら親子の絆を深める過程である。夫婦で協力し合いながら，子どもの世話などのケアをするなかで，親の意識や役割の知識を知り，育児・教育の方法や子どもへの関わり方の技術などを習得することで一人前の親として成長する。子どもの成長発達を支える喜びを覚え，子どもの気持ちや行動を共感し理解するといった人格的な成熟と子どもとのコミュニケーション・スキルの習得が求められる。　　　　　　　　　　　　　（小山）

● 親業

子どもの保護・養育を親が行う心情と行為をさす。子どもの出生により必然的に父親・母親は親となるが，実際は子育てをするなかで親としての役割を認識し，子どもへのふさわしい関わりを習得していく。生物学的な親から社会学的な親へと変化する過程が親業ともいえる。

親業はペアレンティングの類義語であるが，ペアレンティングは主に乳幼児への養育行動をさすのに対し，親業は，子どもの出生から社会人として一人前に成長するまでの親子関係の構築と改善を目的とし，親としての役割の自覚と責任感を習得し，子どもへの望ましい関わり方の理解とスキル獲得を目標としている。

親業訓練のプログラムで有名なのが，1963年にアメリカの心理学者ゴードン（Gordon, T.）が始めた親業訓練法（PET：Parent Effectiveness Training）である。日本では1980（昭和55）年に親業訓練協会が設立され，親業訓練インストラクターの養成や親業訓練講座が開催されている。講座内容は，よりよい親子関係の構築のために，日常生活における親子のコミュニケーション方法の学習である。親自身が子どもへの関わり方や対応の特性を自覚し，子どもの意見を積極的に傾聴したり親の気持ちや考えを子どもに率直に伝える姿勢，子どもの欲求と親の気持ちが対立する場合の解決方法などを実践的に習得する。親業訓練講座は，週1回3時間，計8週間かけて，ロールプレイなどを含む小集団で行われる。　　　　　　　　　　　　　（小山）

● 父親の育児

「夫は仕事，妻は家事」という近代の性別役割分業の家庭形態は，母親の育児不安や母子密着，母親への育児の過度な重責や負担をもたらすと同時に，家庭での父親の不在や家事・育児への無関心という問題を引き起こしてきた。しかし，従来の血縁や地域を基盤とした子育てネットワークが崩

壊した現在，子どもの健全育成のためには父親の存在が重要であり，育児を母親任せにせず，父親も子育てを積極的に担うことが求められるようになった。1999（平成11）年制定の男女共同参画社会基本法では，「家族を構成する男女が，相互の協力と社会の支援の下に，子の養育などの家庭生活における活動について家族の一員としての役割を果たす」ことが明示された。また，子の妊娠・出産・育児支援を行う母子保健行政でも，自治体が父親と母親を対象とした両親学級などを開催したり，父親の育児参加をうながす啓発を行っている。

　子育てを楽しみ，自分自身も成長する男性のことをイクメンと呼ぶ。父親の育児参加が子どもと家族に幸せをもたらすとともに，父親自身の人生の充実にもつながる。家庭の中で父親が，子どもの世話や教育をしながら，子どもに愛情を注ぎ受容したり，子どもの多様な興味・感心を引き出したり，一方で厳しさやけじめ，規範を子どもに理解させたり，人としての生き方のモデルを示したりすることが子どもの成長発達を促し，よりよい人間育成につながる。（小山）

母子密着化

　マーラー（Mahler, M. S.）の分離個体化理論では，生後3年間の中で，母子は共生的な密着状態から，徐々に子どもが母親から分離し，1人の人間として個を確立していくプロセスが示されている。誕生後間もない子どもは，さまざまな欲求を自己充足できないため，母親に依存することとなる。母親は，子どもの様子からその時々の欲求を察知してそれに応じる。子どもは母親によって自己の欲求を満たされる快い体験をし，さらにまた次の欲求を発信する。このような母親の応答的なかかわりを通じて，子どもは母親との緊密な「心の絆」を結ぶ。この「心の絆」が子どもの心に内在化するとともに，次第に母親から分離し，独立した自己を育んでいくことが可能となる。

　この母子の分離を円滑にする重要な役割を担うのが父親である。母子共生における最初の対象が父親である。子どもにとって，どのように父-母-子の三者関係をとるかが課題となる。しかしながら，近年，不登校やさまざまな心理社会的なつまずきを示す子どもには，過度に母親と結びついているケースが見うけられる。一因として，母子の強い結びつきを断ち切る父親の存在の希薄さがあげられている。母子密着化と父親の不在は表裏一体である。　（片山）

母性神話

　母性の概念は多義的であるが，「妊娠，出産，哺乳の潜在的可能性をもつ身体的機能」のことを母性とする。一般的には，女性がわが子に愛情を抱いたり，保護や世話をして子どもを育てようとしたりする心性を母性ということが多く，女性には生来こうした母性が備わっており，女性は育児行動や子どもへの愛情を本能としてもっているとする想定を母性神話という。母性神話は，女性を「産む」ことと「育てる」ことの双方を担う者として位置づけ，女性のアイデンティティを「産み・育てる」ことに限定する考え方に基づくものである。

女性が「産む」ことのみでなく「産み・育てる」性とされ，母性神話が受け入れられ根づくに至る重要な根拠となったものの1つとして，女性のもつ身体的機能としての母性がある。妊娠，出産，哺乳の潜在的可能性をもつ身体的機能としての母性をもっているのは生物学的に女性に限定される。このことから，女性は「産むべき」性であると考えられてきた。身体的機能としての母性はまた，育児行動の一部である「哺乳」の機能を内包している。このことから，「哺乳」という育児行動の一部をこえて，女性のもつ身体的機能としての母性は「育児全般」と結びつけてとらえられていった。

母性神話はまた，「3歳までは母の手で」という3歳児神話とも結びついてきた。今日，政策的にも研究的にも母性神話は克服される方向にあるが，今なお人々の意識から完全には払拭されていない。　　　（青井）

親教育

親または将来の親を対象とする教育やその学習機会の提供をさす。すべての教育の出発点として子どもが健康で豊かな人間性の基礎をつくる場は家庭であり，親は子どものしつけや教育の第一義的責任を負うという基本による。

近年，都市化・核家族化等により，家庭の親や地域の教育力の低下が指摘されている。政府は次世代を担う子どもを育成する家庭（親）を，社会全体で支援しようとさまざまな施策を講じている。2006（平成18）年の改定教育基本法においても，家庭教育の重要性を鑑み新たに規定をもうけている（第10条）。

わが国では家庭教育や母子保健の観点から，市町村による家庭教育学級，乳幼児学級などを開催して育児の知識・技能などの普及に努めてきた。現在も各自治体の教育委員会は，主として幼児や小中学生をもつ親を対象とする家庭教育学級を，また市部局では，社会教育や生涯学習の一環として，妊婦や夫，乳幼児をもつ親などを対象に各種講座等を開催して両親教育を進めている。親の価値観の多様化や世代間の文化継承が困難な現状では，講座型に加えてサークルやリーダーの育成，仲間づくりや交流型の親教育の必要性が高まっている。諸外国でも親を対象とする教育や支援は注目されており，多様な教育プログラムが開発されている。例えば，アメリカの「STEP」，最近はカナダの「Nobody's Perfect」（完璧な親などいない），ニュージーランドの「Parent As First Teacher」（親は最初の教師）などがある。　　　（河野）

5．子ども家庭福祉

　1947（昭和22）年に公布された児童福祉法には，「すべて国民は，児童が心身ともに健やかに生まれ，かつ育成されるよう努めなければならない。（第1条）国および地方公共団体は児童の保護者とともに，児童を心身ともに健やかに育成する責任を負う。（第2条）」とする理念が示されている。この理念に基づいて，子ども家庭福祉の施策は実施されてきた。昭和20年代には戦後の復興期における要保護児童，非行児童に対する保護活動を中心に，昭和30年代には障害児・母子家庭などへの対策が加わり，昭和40年代には，母子保健対策や，高度経済成長に伴い，すべての児童に対する健全育成活動への関心が高まっていった。昭和50年代には家庭や地域社会の児童養育機能の低下が問題意識として取り上げられ，さらに，今日に続く少子化の進行への対策，というように時代の変化に従って，児童家庭福祉施策の内容にも変遷がみられる。

　今日，厚生労働省が主管する児童家庭福祉は，年齢別に次のような施策がある。母と子の健康確保を図る母子保健施策（0～6歳）：保育に欠ける児童の福祉を図る保育施策（0～6歳）：家庭，地域における児童の健全育成および自立支援を図る児童健全育成施策（0～18歳）：母子家庭等の自立の促進および生活の安定を図る母子家庭施策（0～20歳）：障害児（者）の福祉の向上を在宅施策，施設施策両面から図る障害児施策（0～20歳）。そのほか児童手当制度，児童虐待への対応，次世代育成支援対策などが実施されている。

　子どもや家庭の置かれている状況を十分に把握し，理解して，制度を有効に活かしながら，子ども家庭福祉は進めていかなくてはならない。2003（平成15）年に制定された次世代育成支援対策推進法は，基本理念として，子育てについての第一義的責任を有するのは，父母その他の保護者である，と規定している。この原則をふまえ，家庭その他の場において，子育ての意義，喜びを実感できるように，国，地方自治体，地域，社会，が連携をとって，子ども家庭福祉を進めていくことが求められる。出生率の低下傾向が続き，少子高齢化社会を迎えようとしている今日，子ども家庭福祉，すなわち次世代の健全な育成は，わが国が社会全体で取り組まねばならない，喫緊の重要課題である。

　　　　　　　　　　　　　　　　　　　　　　　　　　　　　　　　（岡本）

里親養育

何らかの事情により、家庭での養育が困難または受け入れられなくなった子ども等に、温かい愛情と正しい理解を持ち、子どもが成長する上で極めて重要な特定の大人との愛着関係の養育を行うことをさす（厚生労働省）。児童相談所から委託された児童は、里親宅で家族として18歳到達まで育てられ、必要な最小限の費用は税金で賄われる。

里親には、①養育里親【保護者のいない児童や要保護児童を養育する】、②専門里親【要保護児童のうち、特に支援が必要な児童（児童虐待、非行、障害）を養育する里親】、③養子縁組希望里親【養子縁組によって養親となることを希望する里親】、④親族里親【両親等の死亡、行方不明、拘禁等の理由で保護の必要がある児童の扶養義務者の親族が当該児童を養育する里親】の4種類がある。

里親宅での生活が始まると、最初は比較的「よそ行きの顔」をしているが、児童期以下の児童では次第に赤ちゃん返りや試し行動が出たりし、善意で始めた里親も困惑することがあるので、事前研修や委託後の継続的な訪問支援が不可欠である。

2010（平成22）年度末の全国登録里親数は7,669、委託里親数は2,971、委託児童数は3,876である。　　　　　　　　（新宅）

親権

親権は親が未成年の子を養育し監護する上での、権利と義務であるといわれている。民法では父母を親権者とし、婚姻中は共同親権となっている。具体的には、居住指定権（821条）、懲戒権（822条）、職業許可権（823条）、財産管理権（824条）、身分上の行為の代理権（養子縁組等）などをいう。しかし、児童虐待の防止等に関する法律4条「親権を行うに当っては、できる限り児童の利益を尊重するよう努めなければならない」との規定に基づく行使ならよいのだが、親だから何をしてもよいとの、懲戒権や居住指定権の濫用が後を絶たない。例えば、手足を縛る、食事を与えないなどの折檻をしつけと主張したり、避難先から連れ戻したりしている。このように、関係者の危機介入や分離保護に親権を盾に妨害する事例は多い。

これらに対して、民法に親権喪失の規定はあるものの、親子関係が切れることを懸念して活用されにくかったが、2012（平成24）年4月から民法と児童福祉法の改正を受けて、最長2年間「親権の制限」が可能になった。また喪失の基準が具体的に提示された。これらの有効活用で、児童の適切な養育が保障されることが期待される。

（新宅）

児童手当

児童を養育する者に手当てを支給して、家庭生活の安定を図り、児童の健全育成と資質の向上を図ることを目的とした制度をさす。1971（昭和46）年わが国の社会保障制度の体系的な整備の一環として、児童手当法が制定された。発足当初は、義務教育終了前の第3子以降を対象として、手当てが給付されたが、その後、制度改正を繰り返して、支給対象や支給月額は、変更されてきた。2010（平成22）年4月1日から2012（平成24）年3月31日までは、子ども手当という名称で15歳以下の子どもを扶養する保護者等に対し、一律13,000円が支給されていた。2012（平成24）年度の児童手当の支給月額は、0～3歳未満児には一律15,000円、3～12歳の第一子と第二子は10,000円、第三子以降には15,000円、中学生は一律10,000円である。前年度の所得が一定以上ある者には支給されない。支給を受けたい場合は、住所地の市町村長に請求して、受給資格者の認定を受けなくてはならない。

これらに要する費用は、次代の社会を担う児童の健全な育成について、社会全体が責任をもつ、という考え方のもとに、国・地方公共団体・事業主が、細かく定められた割合の元に分担して拠出している。児童手当制度の下に、事業所内保育施設への助成や、児童育成事業として、児童館の整備、放課後児童育成事業、共働き家庭などの多様なニーズに応えた事業なども実施されている。　　　　　　　　　　　　（岡本）

児童委員

地域の子どもたちが元気に安心して暮らせるように、子どもたちを見守り、子育ての不安や妊娠中の心配ごとなどの相談・支援等を行う者をさす。市町村の区域に児童委員をおくことが児童福祉法第16条に規定されている。民生委員が児童委員を兼ねており（民生委員法第26条）、そのなかで児童福祉を専門に担当して活動するのが主任児童委員である。児童委員（民生委員）は市区町村の区域に置かれ、その定数は、国の基準に基づいて、都道府県知事が、市区町村長の意見をきいて定めることになっている。その市区町村の議会の議員選挙権をもつ者の中から、人格見識が高く、社会の実情に通じていて、社会福祉、児童福祉増進に熱意をもつ者が推薦されて、厚生労働大臣によって民生委員として委嘱を受ける。定められた3年の任期の中で、奉仕的に（無給で）地域の子ども・妊産婦、家庭の健全育成のために活動する。児童委員は、担当する地域内の、児童・妊産婦や家庭の実態、福祉ニーズを把握し、援助を必要とする人に対して、相談役になったり、児童家庭福祉に関連する事業を行う機関と密接に連携して、必要な情報提供を行う。また、児童委員は、担当する区域の児童や妊産婦についての必要な事項について、市町村長や児童相談所などへの連絡や通報を行い、また意見を述べることがその職務とされる。児童相談所長から委嘱されて、地域の調査を行うこともある。このように児童委員は、地域に密着して活動を行い、関係行政機関と、地域の橋渡しをする役割をもつ。　（岡本）

DV（ドメスティック・バイオレンス）

明確な定義はなく，配偶者や恋人など親密な関係にある，またはあった者からふるわれる暴力をさすことが多い。ドメスティック・バイオレンス（DV）は，「家庭内暴力」とも訳される。内閣府では，2001年10月に「配偶者からの暴力の防止及び被害者の保護に関する法律（通称：DV防止法，配偶者暴力防止法）を施行し，DVという語を正式には用いず「配偶者からの暴力」とした。

殴る蹴るといった身体的な暴力，大声で怒鳴ったり，子どもに危害を加えると言って脅すなどの精神的な暴力，性的な暴力，生活費を入れないなどの経済的な暴力，外出を妨害するなどの社会的隔離がある。加害者の職業の有無や教育レベル，職種，学歴には関係なく起こり，経済的自立の困難な女性に被害者が多いのが特徴である。DVと児童虐待とが重なっていることも少なくない。

DVが子どもに与える影響として，暴力をふるうことに対する抵抗感が乏しくなり，物事の解決手段として暴力を使うことなどがあげられる。DVのある家庭で育った子どもは，そうでない子どもに比べ，成長後に加害者になる確率が高いことや，自傷行為をするといった報告もある。

子どもが直接のDV被害者でなくとも，DVを目の当たりにするだけで，不安や緊張を強いられることとなり，その後の心理的発達に悪影響を及ぼす。　　（片山）

児童虐待

保護者による①身体的虐待，②性的虐待，③養育の拒否又は保護の怠慢（ネグレクト），④心理的虐待（DVを目撃することを含む）をさす（児童虐待の防止等に関する法律の2条）。

アメリカでは，1874年に報道された「メアリー・エレン・ウィルソン」事件で児童虐待防止協会が各地に設立される契機になった。その後，X線による古い骨折痕の発見例の発表等を経て，1962年にアメリカの小児科医ケンプ（Kempe, C. H.）が「被虐待児症候群」（The battered child syndrome：殴打された児童の症候群の意）の論文発表を行った。

わが国では，人権思想の普及・家庭の養育力の低下・虐待への認識の高まり等を背景に，1995（平成7）年頃から全国児童相談所への相談件数が増加している。児童虐待は，保護者による児童への絶対的な支配―服従関係に加えて，隠蔽性，反復性を特徴としている。加害者の約8割は実父母である。児童が依存し信頼している者からの虐待は心身に大きな傷を残す。従って，早期発見・早期対応が不可欠である。児童を守るために，児童相談所を中心に，市町村役場・福祉事務所・保健所・警察児童委員・弁護士等が協力体制をとっている。児童の受け入れ先である児童養護施設・里親等の充実を図ることで，治療と出身家族との再統合が期待されている。　　（新宅）

児童相談所（児相）

児童福祉法第15条に基づき，都道府県，政令市に義務設置（中核都市の一部を含む）されている児童相談の中核機関をさす。他の相談機関との相違点は，①管轄区域，②一時保護機能，③施設処遇の決定などである。1948（昭和23）年から全国に順次開設され，2011（平成23）年12月20日現在206か所，内一時保護所は128か所併設している。原則として0歳から18歳未満の児童に関する相談を扱うが，相談費用は無料である。相談種別は，養護相談（虐待を含む），非行相談，心身障害相談，健全育成相談である。担当者制と合議制を原則としている。担当者は，相談・調査・医学診断・心理判定・心理治療・コミュニティケア・一時保護・施設利用などのサービスメニューを利用者に提示しつつ対応する。

また，相談内容の検討・背景・メカニズムの見立てと対応プランの策定は，ケースワーク・カウンセリング・臨床心理・医療・保育などの多職種による合議で行う。60年間に戦災孤児・浮浪児対策から，非行の三波・障害児の福祉・不登校・児童虐待へと中心テーマは変化した。その間に，教育・療育・補導関係相談機関の充実や民間団体の電話相談，保育所の子育て相談，市町村での児童相談の開始などを受け，現在は児童虐待や複雑な児童問題に重点をおくことに加えて，施設や市町村窓口への側面的支援が期待されている。

（新宅）

児童館

児童福祉法第7条に規定された児童福祉施設の1つとして位置づけられる，児童厚生施設をさす。児童遊園とならんで，「児童に，健全な遊びを与えて，その健康を増進し，又は情操を豊かにすること」を目的とする（同法第40条）。満18歳未満のすべての児童を対象とした施設で，児童福祉施設最低基準により設備の基準，職員についての基準が定められている。（児童福祉施設最低基準第6章）

児童館には，小型児童館（小地域の児童を対象とし一定の要件を備えている児童館）：児童センター（小型児童館の機能に加え，体力増進を目的とした指導機能，必要に応じ中・高生などに対する育成機能を有する）：大型児童館（児童センターの機能に加えて都道府県内の小型児童館・児童センター・その他の児童館の指導，連絡調整など中枢的役割を果たす機能を有する），その他の児童館，の種別がある。

児童館は，地域児童すべての年齢を対象として，健全育成活動を展開する場である。乳幼児親子に対する育児支援，放課後児童のためのプログラム，中高生の居場所つくりなどその活動は広い範囲をカバーしている。今日，児童館職員は地域の子どものソーシャルワーカーとして，子どもが育つ地域のさまざまな課題に取り組み，環境づくりの役割を果たしており，期待が大きい。しかし児童館は設置義務のない利用施設であるために，市町村による数の偏在が大きい。

（岡本）

5．子ども家庭福祉

児童養護施設

児童福祉法第7条に規定された児童福祉施設の1つで，同41条は，その目的を乳児を除く，①保護者のない児童，②虐待されている児童，③その他環境上養護を要する児童を入所させ，あわせて退所した者に対する相談や自立への援助を行うとしている。

わが国では，明治期の孤児院，育児院が前身である。第二次世界大戦後，社会福祉が国家責任となり，戦災孤児・浮浪児対策も相まって要保護児童の重要な施設として全国に開設された。2013（平成25）年3月現在，児童養護施設は598か所，定員は34,252人，現員29,399人，総職員数は15,575人である。利用年齢は原則1歳以上18歳未満であるが，理由により20歳まで可能である。施設に入所する理由は，虐待（33.1％）が最も多く，父母の精神疾患（9.7％），父母の就労（9.7％），経済的理由（7.6％）父母の行方不明（7.0％）などである。児童は，地域の幼稚園・学校に通うのが一般的で，高校からは，学力や経済的条件によって進路が異なる。また，家庭での養育が困難になる過程で，児童は心身ともに傷つくので，施設での治療的な専門性も求められている。施設の形態は大規模から，施設内でのファミリー化，一般住宅街でのグループホーム化（分園・分散）も進行している。他方，政府は，養育者の住居で養育する事業（ファミリーホーム）も検討しており，里親制度の充実も含めて，一般家庭に近づける改革が続くもの思われる。
（新宅）

乳児院

保護の必要な1歳未満の乳児（ただし保健上，その他の理由により特に必要がある場合は幼児も含む）を入院させて養育し，退院した後の，相談援助を行う児童福祉施設をさす（児童福祉法第37条）。

保護の必要な主な理由は，親の疾病，精神疾患，家族の病気，養育困難，養育放棄，虐待，親の死亡，行方不明，服役，などである。家族や児童委員などから申し出を受けた児童相談所が調査診断を行い乳児院への入所を措置する。乳児院の養育には，乳幼児の生命の安全と健康維持への十分な配慮，特に愛着と信頼関係の形成，再形成への配慮が重要であり，乳児院の施設最低基準には，医療関係の設備，専門職員の配置が多い（児童福祉施設最低基準第19条・21条）。乳児院の役割は子どもを一時的に預かって養育することのみではない。家庭復帰に向けて，家族に子どもの養育状況を伝え，順調な家庭復帰のために，子どもと家族の関係を形成し，さらに家族が養育できるように，家庭復帰後の条件を整えることにも配慮している。また児童相談所や児童委員と相談しながら，家族への引き取りや里親委託後の地域の中での支援体制を整える，など，家族との関係を結びながら，支援することが重要な任務となっている。また，保護者の出産，出張，住み込み就労など特別の事情で養育できない者を対象とした1か月未満の「短期入所」の受け入れも行っている。
（岡本）

6章　家庭・家族

● 赤ちゃんポスト

　2007（平成19）年5月に熊本市の慈恵病院は親が育てることのできない乳幼児を匿名でも受け入れる「赤ちゃんポスト」（こうのとりのゆりかご）を開設した。捨てられて命を落とす多くの新生児の命を救いたい一心で，蓮田太二慈恵病院理事長が設置を決め，熊本市がこれを認めたものである。病院の「ポスト」に赤ちゃんが置かれると約40秒後に発見され保護される，という仕組みである。熊本市は，「ポスト」の開設に先駆けて24時間対応の「SOS赤ちゃんとお母さんの相談窓口」を設置したが，1年間で全国から，望まない妊娠，育てる自信がないなど妊娠の悩みが550件以上寄せられた。県や市の相談窓口への件数も含めて年間1,400件余の相談が寄せられている。2012（平成24）年度は9人，6年間の累計で92人であった。匿名性によって「育てられない」命を救うことができたという見方の一方で，育児放棄につながる懸念，子どもの立場からの問題性，既存の施設の活用について，事情を抱える親を孤立させないセーフティネットの必要性，妊娠の責任や「命の重さ」へ意識，など多くの論議を呼ぶきっかけともなった。赤ちゃんの命は救えたが，預け入れの背景がわからない，母が再び現れることが想定できるのかなど，子どもの今後についても課題は大きい。

　　　　　　　　　　　　　（岡本）

6．集団保育

　子どもたちを集団的に養護し，教育することをさす。家庭で子育てをする場合は家庭保育といい，保育ママ等家庭保育福祉員による保育を家庭的保育と呼び，集団保育とは区別している。集団保育の施設としては，幼稚園や保育所，(認定)こども園のほか，小学校の放課後対策の学童保育や，児童養護施設，乳児院，福祉型障害児入所施設，児童発達支援センター等の児童福祉施設がある。
　乳児院や孤児院などでの高い死亡率や子どもの情緒や言葉の発達上の問題を指摘するホスピタリズム研究や，ボウルビィ（Bowlby, J., 1907-1990）による母性剥奪の研究から，1960年代には施設のみならず保育所などでの集団保育に対する不安や否定的意見も出された。わが国の高度経済成長期による女性労働の増加とともに保育所の需要が高まってきていた時期でもあり，保育所は「必要悪」とさえいわれた。しかしながら，ホスピタリズムや母親剥奪理論は集団保育そのものを否定するものではなく，むしろ集団保育の改善をもたらしてきた。すなわち問題が指摘されたことから，集団保育の実践を検討する形で質的発展が図られてきたといえる。例えば，共同保育所での乳児保育の実践レポートは，家庭では経験できない乳児同士の模倣や関わりあいなど，乳児が生き生きと育ち合う姿をとらえ，集団のもつ教育的力とともに，乳児保育の内容，方法等の基本姿勢を示してきた。
　集団の中でこそ一人ひとりの個性も発揮でき，また個人ではできないことも協同することによって実現できる。要求のぶつかり合いやけんか，そしてその解決方法など，集団ならではの教育的意義がある。しかしながら，ただ集団で保育すればよいというものではない。子ども観や保育観，集団観に裏付けられた保育の目的や方法が問われる。集団を積極的に組織し，話し合いや協同活動などによって，個人の発達とともに集団そのものが発達していく実践も生み出されている。保育者による管理的な保育に陥らないように気をつけねばならないであろう。発達の主体は子どもであることを忘れず，一人ひとり大切にして，要求を集団的に高め，集団の中での充実感や達成感を抱くことができるような保育が必要である。
（大元）

● 園と家庭の連携

従来，園と家庭との関係は，「預かるもの」と「預けるもの」という縦型の要素が強かったが，2002（平成14）年の児童福祉法の改正では，園と家庭とが互いの主体を尊重しながら対等な関係の中で保育を行うことが提案された。つまり，横の関係でそれぞれの専門性を生かして協力していくことが求められることになった。また，園には，子育て支援という社会的な役割を担うことが期待されている。

これらの視点で園と家庭との連携を考えた場合，2種類に分けられる。1つ目は，幼児を中心とした三者関係の連携であり，主に担任と保護者の相互理解や信頼関係を築き，対象児の保育を円滑に進めていくための連携である。具体的には，連絡帳・電話相談・個人面談・家庭訪問・保育参観などがあげられる。また，保護者会・クラス懇談会・全体懇談会等，園の保育方針や活動内容についての議論や共通認識を深めることも重要である。

2つ目は，子育て支援・地域支援の中心機能を園が担い，家庭が参加・協力していく連携である。具体的には，園庭開放・子育てサロン等の保護者同士の交流の場の提供，子育て相談窓口の開設，保健師・心理士などを講師に子ども理解を深める育児講座の開催，機関紙の発行・ホームページ等育児関連の情報提供などがあげられる。

核家族化や地域社会の変化などによる保護者の孤立が懸念されているなかで，園にはそれぞれの家庭をつなぎ，地域の連携を深める役割が期待されている。　　（向井）

● 養護と教育

保育所保育指針に記されたように，保育所保育では，養護と教育が一体となって保育を展開することが求められている。養護は，保育士等が適切に行わなければならない子どもの「生命の保持」「情緒の安定」であり，教育は，幼稚園教育と同じ，健康，人間関係，環境，言葉，表現の5領域の経験や活動を通して子どもたちが心情，意欲，態度を身につけるように保育士等に指導，援助することが求められている。

保育士は日々，養護と教育の一体的保育を意識的，無意識的に行っている。例えば，おむつを交換する場合に子どもと目を合わせて，「気持ち悪かったね」「おむつ替えましょうね」と声をかけ，替えた後には「気持ちよかったね」と声をかけながら抱き上げ，あやすことが多い。この一連のかかわりで，生命の保持や情緒の安定とともに子どもと保育士との信頼関係を築き，言葉への関心を育てている。さらに，子どもは大人に支えられている安心感から意欲的に周囲の環境に働きかけたり，自分の発見や喜びを表現したりするなど，まさに総合的に発達していく。また，制作や運動遊びなどに取り組む場合，子どもが安心して活動に集中できるような環境整備や安全配慮を保育士は行っているのである。

このように養護の中に教育が内包されており，養護面に裏付けられて教育面における保育士の指導・援助が行われ，子どもの発達が促される。養護と教育の一体的な保育について，乳幼児の保育に携わるすべての保育者が意識しておく必要がある。（大元）

幼保一体化

幼稚園と保育所は歴史的に設立経緯が異なるため所管庁，設置基準，職員資格等が異なる。幼稚園は文部科学省所管で，資格は幼稚園教諭であり，保育所は厚生労働省所管で，資格は保育士である。幼稚園の入園手続き直接契約であるが，保育所は「保育に欠ける」乳幼児を保育することが行政に義務付けられ，入所手続きも市町村を通す。幼保一元化はこのように別々の制度ではなく，1つの制度の下で一本化して運営することをさす。戦前から一元化が主張されながら戦後幼保二元制度で整備されてきた。

1990年代の少子化と保育所待機児童問題を背景にした規制緩和政策から幼保一体化・一元化が政策課題となってきた。2006年に幼保の機能をもつ認定こども園が制度化されたが，現行制度を残したままである。

2009（平成21）年2月の「新たな保育の仕組み」をふまえ，政権党となった民主党が9月に「幼保一体化」をマニフェストに盛り込んだ政策を打ち出した。2010年「子ども・子育て新システム検討委員会」が設置され，2012年8月「子ども・子育て支援関連三法」が国会で可決成立した。当初幼保一体化が謳われていたが，紆余曲折の末一部修正された関連三法では現行の制度名を残しながら給付制度や利用手続き，保育の要件などが変更され，複雑な保育制度となっている。幼保一体化には，経営面や行政サイドの効率面が優先されるのでなく，子どもにとっての最善の利益保障としてどのようなシステムや内容であるべきかが第1に問われなくてはならない。　　　（大元）

無認可保育所

無認可保育所とは，都道府県知事に届出をしていない，あるいは認可を得ないで乳幼児を保育する施設をさす。無認可保育所は，乳児保育，障害児保育，長時間保育，夜間保育，病児保育などわが国の認可保育所での受け入れが十分でなかった時代から積極的にその要望にこたえ，父母の労働と子どもの発達を支えてきた。近年の待機児童の受け入れとしても重要な役割を果たしてきた。

無認可保育所は，ベビーホテルを含む認可外保育施設と，病院内保育施設を含む事業所内保育施設に大きく分けられるが，形態は多様である。個人や企業，NPO法人による運営の保育施設，利用する保護者や住民と保育所の職員との共同で運営する共同保育所や，自治体の認定で運営される家庭的保育，地方裁量型認定こども園，都道府県の独自の基準設定による認証保育所等である。

無認可保育所では，基本的に，その施設で徴収する保育料が運営資金となるために施設・設備費や保育教材費，保育者の給与等を低く抑えざるをえず，保育の質に課題を抱えていることが多い。認可外保育施設には，2001（平成13）年の児童福祉法の改正により届け出が義務付けられ，国の最低基準に準ずる認可外保育施設指導基準を達していると認定された場合，2005（平成17）年から消費税が非課税となっている。

（大元）

異年齢保育

異なる年齢の子どもでクラスを構成する保育形態をさし,「縦割り保育」とも称される。同年齢クラスを基本としながら異年齢での交流を図る「異年齢交流保育」を含むこともある。少子化に伴い,家庭ではきょうだい数の減少によりきょうだい間の関係,例えば,切磋琢磨したり,思いやったりする経験が希薄化している。また,地域では近所の異年齢の子ども集団による遊びの機会が少なくなっている。これらの課題に対応すべく,異年齢の子どもが触れ合い,育ち合う異年齢保育が,保育所や幼稚園において,近年,積極的に取り組まれている。

モデルとなり,あこがれとなる年長者と接する機会が増大すること,年少者への思いやりの心が育つこと,相手のために我慢する経験が得られること,実際に世話をする技能が身につくこと,人間関係の多様性に伴い子どもに他者を思いやる心や多様性を想像する力が育つことなどが,異年齢保育の利点としてあげられる。しかし,一方で,異年齢における力関係の固定化や,実際の体格差に伴う危険,発達差に伴う活動の制限,年長児による過度な「赤ちゃん」扱いや否定的かかわりにより,年少児の自己有能感が育ちにくい,といった問題も指摘されている。

異年齢保育は人間関係の多様な経験を促し,想像力を育て,人と接する力の育成につながるように配慮し実施されることが望まれる。
　　　　　　　　　　　　　　（黒川）

保育者の倫理

一般に倫理規定があることは,専門職の重要な要件の1つである。特に幼い子どもの教育保育に携わる保育者には高い倫理が望まれる。保育者の倫理としては,子どもの最善の利益の尊重し,子どもの発達を保障すること,守秘義務,保護者との協力,利用者の代弁と地域支援,専門職としての評価をはじめとする責務があげられる。

幼稚園教諭に関しては,教育基本法で「法律に定める学校の教員は,自己の崇高な使命を深く自覚し,絶えず研究と修養に励み,その職責の遂行に努めなければならない。」と規定されており,その他,教育関連法によって倫理規定が定められている。また,公務員については,国家公務員倫理法等が定められている。

保育士については,児童福祉法に人権の配慮や守秘義務規定が設けられている。さらに2003(平成15)年2月には「全国保育士会倫理綱領」が採択されている。それによれば,すべての子どもが豊かな愛情の中で心身ともに健やかに育てられ,自ら伸びていく無限の可能性をもっていること,保育士は子どもが現在を幸せに生活し,未来を生きる力を育てる保育の仕事に誇りと責任をもって,自らの人間性と専門性の向上に努め,一人ひとりの子どもを心から尊重すること,さらには保育士が,子どもの育ちを支え,保護者の子育てを支え,子どもと子育てにやさしい社会をつくることが求められている。
　　　　　　　　　　　　　　（北野）

保育者の専門性

　子どもの発達，子どもの人間関係，子どもを取り巻く社会に関わる専門知識と，これらをふまえた科学的根拠に基づく判断による，個および集団を対象とした教育をさす。保育とは，その専門の知識と技術と，倫理感に基づく，実践的科学であり，子守りとは異なる。保育者にはその専門要件として，理論知と実践知のいずれもが必要とされている。その実践では，あらかじめ準備できる援助と，その都度実践の最中に判断せねばならない援助とがある。

　現在，保育者には，ケア・教育・子育て支援の機能を果たすことが期待されている。少子高齢化社会の到来と家庭の機能の変化に伴い，昨今では，子育て支援，ケアワーク，ソーシャルワーク，相談業務等，保育者への期待がますます増大している。これに伴い，昨今，養成と再教育の充実，再整備が必要とされつつある。

　保育の現場では，保育者自身が決断・判断を下さねばならない場面が多々ある。その業務はきわめて自立性が高く，また他の専門職による代替が難しい。子どもの安全の保障といった生命に関わる問題もゆだねられている。よって，その専門性はきわめて責任の重いものであるといえる。

（北野）

保護者会

　保護者会は，幼稚園や保育所に在籍している子どもの保護者によってつくられる組織をさし，「父母の会」と呼ばれることもある。保護者会は，本来，子どもにとってよりよい保育環境を整えるために保護者の総意によってつくられ，自主的に運営されるべきものである。しかしながら，幼稚園や保育所の下請け機関の位置づけで，行事のときのお手伝いをするだけというところもある。また最近では，保護者会の役員のなり手がないことや，保護者会活動への参加が消極的，非協力的な保護者も多くなってきたという課題もある。

　幼稚園や保育所と家庭との連携については，この保護者会が重要な役割を果たす。保護者同士の親睦や交流，子育て学習会によって同じ子育て仲間同士の関係をつくるとともに，保育に対する保護者の要望をとりまとめて園と協議することや，行事にも企画から関わり協力していくなど園と家庭との連携に積極的役割を果たす。また，保護者の立場から幼稚園や保育所の環境や内容の改善に向けて行政に対して働きかけることもできている。このような幼稚園・保育所への理解や，保育運動を進めることによって保護者と保育者とが連携することができる。最近では「おやじの会」で，父親同士が交流し，園の行事や家事，子育てにも参加，協力するようになってきている。行事だけでなく，保育者と保護者との交流や学習会によって，お互いに理解することや協力する関係づくりの工夫が大切である。

（大元）

保護者の保育参加

近年，日常の保育に保護者が参加して，子どもたちと遊んだり，保育者の仕事の援助をしたりしながら半日，一日を過ごすという保育参加を取り入れている幼稚園や保育所が多くなってきた。子育て経験もなく，地域とのつながりのないところで子育てをしている保護者にとって，幼稚園や保育所でのわが子の生活には不安が大きい。幼稚園や保育所の保育の流れを経験したり，保育者の子どもへの関わり方に接したり，わが子だけでなく他の子どもと実際に関わったりするなかで，子どもを理解し，対応の仕方や園に対する理解を深めることができる。それにより，保護者の不安も軽減される。また，保育者にとっても保護者とゆっくり話をすることができ，保護者の心配や思いを知ることができる。保護者の保育参加によって，保護者と保育者が相互に理解し合い，信頼関係を築くことに通じるのである。

保護者の保育参加は，年度当初に新入園の保護者向けに計画する園，わが子のお誕生会に合わせて計画する園，年に複数回保護者が参加する園など取り組みはさまざまである。また，通常の保育参加は，母親が多いが，ひとり親以外の家庭では両親ともに参加を促す園もある。

最近，幼稚園や保育所では，保護者の利己的要望が増えてきたことや行事での保護者のマナーの悪さが指摘されるが，保護者の保育参加を計画することも，保護者と園との相互理解を進める手がかりとなる。

(大元)

福祉サービス第三者評価事業

社会福祉法人等の提供する福祉サービスの質を，事業者および利用者以外の公正・中立な第三者機関が専門的かつ客観的な立場から行う評価をさす。社会福祉法第78条，「社会福祉事業の経営者は自らその提供するサービスの質の評価その他の措置を講ずることにより，利用者の立場に立って良質かつ適切な福祉サービスを提供するよう努めなければならない」を根拠法としている。保育所等を対象とする第三者評価は2002（平成14）年からスタートした。個々の事業者が事業運営上の問題点を把握し，サービスの質の向上に結びつけること，また評価結果の公表が利用者の適切なサービス選択に資するための情報となることを目的としている。

厚生労働省策定の評価基準は，福祉サービス共通の評価基準項目（福祉サービスの基本方針と組織，組織の運営管理など）と保育所特性に着目した項目（子どもの発達援助，子育て支援，安全・事故防止など）の付加基準で構成されている。実際の評価は保育所による自己評価，利用者アンケート，評価調査者による実地調査，の3つの柱により総合的に評価されている。

第三者評価を受審することにより，保育所等の提供するサービス内容についての改善点が明らかになり，さらなる質の向上に向けて具体的目標が設定されること，また職員の意識向上や全職員による課題の共有化ができることが最大のメリットである。

(河野)

7章　社会文化

1．文化と教育

　文化とは何か。文化の概念を規定することは難しく，これまで数多くの定義が存在するが，ここでは文化人類学の礎を築いたタイラーの定義を紹介する。彼によれば，文化とは，特定の社会の人々によって習得され，共有され，伝達される行動様式ないし生活様式の体系や，知識，信仰，芸術，道徳，法律，慣習など，社会の成因としての人間によって獲得されたあらゆる能力や習慣の複合総体であるという。石黒と亀田は，換言すれば，文化とは人間の行動様式を発現させるための一種の「収納庫」であるととらえることができるという（2010）。

　文化をこのようにとらえるとき，私たちは，文化と教育の密接な関係についても，具体的にイメージすることができる。ときに，自らの文化においては，よいとされている行動様式や知識，道徳，慣習などが，別の文化では，適切でないと逆の意味をもつ場合がある。この点について，唐澤らの研究（2006）によれば，日本の保育所では，ある子どもが別の子どもにけんかを仕掛けたとき，保育者は自分でそれが悪いことだとわかるまで待とうとするけれども，それはアメリカや中国では，保育者が責任を果たしていないこととしてとらえられる。教育（保育）の営みも，文化によって異なった対処が示されたり，さらに異なるだけではなく，よいことが悪いことになったり，当たり前の出来事が異文化のものからすれば，当たり前でなくなったりする。つまり教育の営みは，文化性を形成する場でもあり，私たちの行動様式や，知識，道徳，慣習などは，そこに属する文化の象徴表現や意味構造に反映されているといえる。

　ところで，文化とは，既述した包括的定義に上乗せする形で，時間・時代とともに変化している。教育の営みが文化性を形成し，私たちの行動様式や，知識，道徳，慣習などを反映する場であるならば，文化の時間的変動もまた，教育の営みに反映されるはずである。文化の時間的変動の中で，教育の営みはどのように変化し，変化しなかったのかについて，文化と教育の関係に眼差しを注ぐことは，文化の中にある教育観，人間観，子ども観の変化と一貫性を検討するための重要なアプローチとなるのである。

（中坪）

7章　社会文化

子ども観

　子ども観とは子どものとらえ方のことである。1989年に国連で採択された児童の権利に関する条約（日本は1994年に批准）にみられるように，現在，子どもは独立した人格としてとらえられ，その権利が尊重されている。しかしこういった子ども観の歴史はさほど古くない。かつて子どもは，不完全で未熟な存在とみなされ，保護者の私物と考えられ，売買の対象となり，体罰は横行していた。こういった子ども観が大きく転換したのは，近代以降であるといわれている。コメニウス（Comenius, J. A., 1592-1670）やロック（Locke, J., 1652-1704）は子どもの発達と特徴を指摘しそれに応じた教育の必要性を指摘した。特にルソー（Rousseau, J. J., 1712-1778）は，子どもが独自な存在であることを世に知らしめ，子ども観の転換をもたらした代表的な人物であるといわれている。さらに，医学・心理学・衛生学等の学問の進展に伴い，子どもは可能性のある，独自の存在としてとらえられ，実際にその発達過程や特徴が明らかにされ，権利主体としてみなされるようになった。独自で尊い存在としての子ども観のもと，子どもへの教育の意義や可能性が広く浸透することともなった。

　20世紀は「児童の世紀」と唱われ，21世紀の現在では権利主体としての子ども観のもと，虐待の防止，子どもオンブズパーソン制度等，子どもの権利保障が図られている。　　　　　　　　　　　　（北野）

子ども期

　大人とは別の存在として，大人からの特別の保護と配慮の与えられる時期をさす。大人と対になる「子ども」として理解される時期であるが，「子ども」とは小さな人間やある一定年齢までを例外なくさすものではなく，歴史的文化的に構築されたものである。アリエスによると，子ども期はヨーロッパの中世には存在せず近代に再発見されたものであり，けっして普遍的に存在する時期ではないとされる。子ども期が再発見される以前には，ごく幼く言葉を話せない時期を過ぎると，「子ども」は小さな大人として大人同様に扱われており，特別の配慮は存在しなかったというのである。すなわち，子どもを無垢でか弱いと想定する大人の眼差しの成立が子どもという概念を成立させ，子どもであることに特別の価値を認めて特別の配慮を要求するのである。一方で，ポロク（Pollock, L. A.）が子どもへの特別の配慮はいつの時代にも存在していたとの見解を示している。しかし，子ども期が歴史的につくられてきたとする社会史の見解は広く認められ，近代を通じて子ども期は拡張してきたとみなされている。子ども期成立の要因には，印刷技術による文字文化の成立や法，政治，経済領域において責任主体となりえないという擬制としての未成年などの構造があるといわれている。ただし，近年ではテレビなどのニューメディアや市場社会の影響で，大人との差異によって成立していた子ども期が消滅しつつあるとの主張もある。　　　　（武内）

1．文化と教育

育児法

子ども，特に乳幼児を養育し，生育し，社会化する方法，仕方のことをさし，育児方法ともいう。子どもを育てる営みには，授乳，離乳，食事，排泄，睡眠といった子どもの生理的欲求の充足や心身の発達を促す側面と，言語習得，基本的生活習慣のしつけなど，その社会にふさわしいとされる行動様式や道徳規範の習得といった文化の伝達にかかわる社会化の側面がある。

育児の方法や様式には，子どもが育つ時代，地域の文化，社会のあり方が反映される。かつて，欧米の伝統的育児方法はキリスト教文化に根ざした禁欲的道徳観に基づいて「動物訓練的」な傾向が強く，それに対して日本の育児法は「植物的・自然受容的」特徴をもったしつけであるともいわれた。しかし，欧米でも厳格なしつけに代わって，子ども本位のゆるやかな育児法への変化が起きた。例えば，20世紀の代表的育児書『スポック博士の育児書』からは，規則授乳の推奨から，乳児の自己要求に沿った柔軟な授乳法への移行が読み取れる。

日本の育児方法は，地位統制的な「見える」しつけから，個人志向的な「見えない」しつけへと変化し，育児の責務は，性別役割分業体制の浸透の中で，母親の役割に特化されていった。特に戦後から高度経済成長期には，核家族化，都市化の進行に伴い，育児の実践的知識の世代間伝達が困難となり，育児に悩む母親たちの情報源として育児書などの育児メディアが興隆した。90年代以降は，父親の育児参加も注目されている。

（天童）

通過儀礼

人生の節目において実施されるさまざまな儀式の総称。日常から離され（分離），非日常的な場で厳しい試練が与えられるも（過渡），それを克服してまた日常に戻ってくる（統合）。これが社会的イベントとしての通過儀礼の一般的な構造である。この過程を通して人は古い自分から新しい自分へと生まれ変わることができる（死と再生）。つまり通過儀礼の役割とは教育であり，その目的は「成長」なのである。その意味では，かつての成年式や若者宿での暮らしから，現代における受験や就職活動，企業研修なども通過儀礼に含まれることになる。

しかし，実はこの通過儀礼を体験する機会は他にも多い。それは物語を読むときである。一寸法師や桃太郎などの昔話，ピノキオなどの童話，スサノオのヤマタノオロチ退治といった神話は，いずれも主人公が冒険に出発し（分離），旅の中でさまざまな試練に出会いながらも（移行），最後にはそれを解決し一人前になって帰ってくる（統合），という「成長」物語である。さらに付け加えれば，ロールプレイングゲームや「スポ根」といわれる少年漫画，そして国民的に人気の高い宮崎駿の一連のアニメ映画も，同じ構造をもっていることが多い。子どもたちはこれらの物語に絶えず触れることによって通過儀礼を擬似的に経験し，親からの自立意識を徐々に高めていくのではないだろうか。

（西原）

移行期

　移行 (transition) とは，ある状態から他の状態に移っていくことであり，移行期とは人生の各段階で，これまで体験していたものとは異なる新しい環境と出会い，そこに適応するまでの過渡期をさしている。

　人間はその発達の過程に伴い，数々の移行期に直面することになる。例えば，家庭から集団保育・就学前教育への参加は，ある社会化のための組織から，それとは異なる文化的価値をもつ組織への移行を伴う。乳幼児期に家庭で養育される子どもは，家族とのやりとりを通してコミュニケーション能力や基本的生活習慣，また家族が基盤としている文化などを学ぶが，保育所・幼稚園は同年齢集団の中での人間関係やルーティーン化された日課など，組織としての文化，学校的な文化を最初に体験する場であり，異なる生活環境に慣れていくことが求められる場である。同様に，保育所・幼稚園から小学校への入学や，学校で一定期間を過ごしたのちの職業集団への加入，さらに，引っ越しによる転校や海外滞在・移住など文化間での移動も発達上の移行期となる。これらは，発達のどの時期においても状況的に起こりうる移行である。

　移行期は，子どもにとってその後の成長・発達の道筋を方向づける期間であり，子どもを取り巻く周囲の人々の理解やケアがより重要な時期といえる。　　　(稲田)

実践

　実践とは，「理論と実践」という対比が行われているように，頭の中で組み立てられた知識や論理ではなく，何らかの目的のために実際に行われる行動をさす。一言に「実践」と言っても，保育実践，教育実践，福祉実践，医療実践などさまざまな文脈で使われており，それぞれの分野によって多種多様な形をもっている。しばしば用いられる「実践者」という言葉は，それぞれの現場で目的・意図をもって行動する者＝実践を行う者をさしている。それでは，実践とは，実践者が行う行為だと考えてよいのだろうか。このことを保育実践を例にとって考えてみよう。保育実践では，実践者である保育者が行うカリキュラムに沿った働きかけや日常場面での言葉かけ，環境構成などをはじめとするさまざまな行為が実践を形作る要素となっている。実践者が実践を形作る者であるとすれば，子どもはそれらの実践を受け取り行動する受動的な存在であるかのように思われるが，そのような考えは誤りである。実践は，そのように一方向的なものではなく，その場にいる人と人―ここでは保育者と子ども―とのあらゆる双方向的行為とコミュニケーションによって生み出される。そして子どももまた，保育者とともに実践を形成する主体なのである。すなわち，実践とは，実践者と子どもの相互的な行為によって生み出されるすべてのものを表わす言葉なのである。

(中西)

コミュニティ

　一定の物理的・空間的枠の内側を意味する「地域」や「地区」とは区別され，最近では，社会学的・心理学的な意味が強調された「地域社会」もしくは「（地域）共同体」という訳語が一般的に用いられる。

　すなわち，個人（特定の組織や国家の場合もあり得る）の人格形成や意思決定などの諸過程，その多様な側面に影響を与える「意味ある他者（significant others）」との間に存在する社会的・心理的関係の総体として認識される。それゆえ，バーチャル（仮想）空間としてのインターネットや電子メールを介した情報交換や意思交流活動を対象に，事の善悪とは別に，この語句や概念が一般的に語られることもある。

　教育の領域ではこれまで，例えば「コミュニティ・カレッジ」「コミュニティ・スクール」等の概念を通じ，また，社会教育や生涯学習に関する情報や機会の提供主体に関する議論の中で，その存在意義・可能性・今後の課題などが継続的に論じられてきた。とりわけ近年では，諸環境の劇的変化，特に，子どもの教育に第一義的責任を負うべき家庭教育力の低下問題を背景に子どもの育ち・子育て（育児）・子育て支援という観点からの精査と吟味検討がなされるようになった。

　しかし，地域社会による子育ては，十全な家庭教育の実現を前提に成立する点を忘れてはならない。
　　　　　　　　　　　　（久保田）

フィールドワーク

　広義には，ある種の問題や社会現象を解明するために質問紙調査，インタビュー，参与観察などを行う調査方法のことをさす。狭義には，研究者が調査対象地に長期間にわたって身を置き，参与観察およびインタビューを行う調査方法のことである。その成果をまとめた報告書のことを民族誌（エスノグラフィー）という。幼児教育現場を調査対象に限定した場合，子どもの生活世界を理解するための幅広い知識や新たな視点の発見が期待されるといえる。また，子どもと保育者の間で営まれる諸行為に関する民族誌的なデータを収集し，実証的な分析を行うことによって，幼児教育に関する諸理論の検討も可能となる。

　ここで留意すべき点は，フィールドワークが，研究者と調査対象者（インフォーマント）との相互作用であるため，両者間の関係性を常に意識する必要があるということである。近年，調査「する側」と「される側」との力関係や民族誌の記述方法をめぐっては，さまざまな批判的検討が行われるようになった。民族誌のような科学的報告は，研究者の主観的経験を批判的に省察するという過程を経なければならない。なぜなら，研究者がいくら科学的理論・概念・方法に基づいて参与観察を行ったとしても，自身の主観的経験の介入が避けられないからである。この省察の過程にこそ，生きた人間の営みをとらえるためのフィールドワークの意義がある。
　　　　　　　　　　　　（金）

2．子どもと文化

　就学前もしくは学齢期以降の子どもたちは，自ら独自に，あるいは保護者や保育者・教師など，大人からの示唆や指導のもとに，遊びや行事等を通してさまざまな文化を形成している。特に，遊びや行事等の中で子どもたちが用いるいろいろな道具（遊具）は，文化の形成過程において重要な意味をもつものとして位置づけることができる。
　子どもたちが用いるいろいろな道具（遊具）について，今日では，大人が子どもたちに提示し，子どもたちがそれらを取り込むことで，1つの文化が形成される傾向にある。例えば，児童文学，絵本，テレビ，アニメなどの作品は，制作者としての大人が提示し，保護者がそれらを子どもに買い与え，子どもがそれを受容し，仲間と共有することで，1つの文化が形成されるという過程をたどる。こうした傾向は，確かに商業戦略の中に保護者と子どもたちが巻き込まれるという側面を有するが，他方で，子どもたちは，それらを自律的に受容することで，自らの文化を形成するという側面も有している。
　とはいえ，昔と比べて今日では，異年齢集団による年長児から年少児への遊びの伝承などが困難な状況にあることから，大人に与えられた遊びを，子どもたちがただ遊ぶだけという現状も少なくなく，したがって，子どもたちが主体的に自らの力で遊びを創造するためには，大人の役割が重要となる。例えば，お手玉，竹馬，縄跳びなどの遊びの伝承や，山遊び，川遊び，木登り，キャンプなど，さまざまな自然体験の導入は，今日では，大人が子どもたちに用意する活動として位置づけられることが多い。しかしながら，大人の側が単にこれらの活動を用意したからといって，子どもたちが受容し，仲間との共有を通して，1つの文化の形成に至ることは，けっして容易ではない。
　本来遊びは，子どもたちの自発的活動として行われるべきものであり，そうした遊びの中で，子どもたちは仲間関係を通して，さまざまな文化を形成する担い手となることが重要である。そうして形成された文化は，子どもたちの成長・発達や人格の形成に影響を与えるものであり，子どもたちにとって大きな意味をもつものであると指摘することができる。

（中坪）

文化化／社会化

ある特定の文化や社会の新しい参入者として成員となっていくプロセスをさす。言い換えれば、そのコミュニティの言語や規範、価値などを修得していくことでもある。

子どもは出生直後から両親をはじめ周囲の大人の養護を受け、保育者など多くの社会的な他者に支えられながら成長・発達していく。また、子育てをするうえでは文化的所産は不可欠である（例えば、紙オムツなどのベビー用品）。このような意味で、子どもは生まれながらにして社会文化的な存在である。

食後には歯を磨き、寝る前にはパジャマに着替えて寝るなど、日常生活には多様な「きまり」がある。家庭の中でのしつけや、保育所・幼稚園での保育の中の「きまり」などを通して、子どもは文化的な諸作法や社会での立ちふるまいを身につけていくのである。また、保育における絵本や歌、行事などには文化的な要素が多く組み込まれており、活動を通して文化に親しむ機会がある。

文化化／社会化の過程で重要な役割を果たすのが、異なる文化との接触である。特定の文化や社会に慣れてくると、その他の文化に出会うとき戸惑いや混乱が生じることがある。例えば、家庭の引っ越しに伴う新しい幼稚園への転園、あるいは小学校への入学なども新しい文化／社会への参入を意味している。このような際、周囲の大人には子どもたちに対する適切な配慮が求められる。　　　　　　　　　（岡花）

仲間文化

特定の子ども集団の中で共有されるルールやふるまい、さらにそれらを用いた遊びなどをさす。

年中・年長クラスになると特定の仲良しグループが形成され、秘密の「合い言葉」、特定の場所やモノを命名した遊び、その仲間でしか通じないルールをみつけて楽しんでいる子どもたちの様子が観察されることがある。このような仲間内だけのルールや秘密は、その集団への帰属感を高める作用がある。仲間文化においては、仲間集団の成員間では暗黙のルールとして自明化されているが、その成員以外からすると不明な文化的な何かが存在している。仲間集団に新規に参入しようとする場合は、それらのルールやふるまいなどの文化を身につけないと仲間には入れてもらえない場合が多い。このような仲間文化は、多様なファンタジーや物語が生成・共有され豊かな遊びが展開していく土台となるものである。

保育者としては、クラス運営をするうえで、この仲間文化の中での子どもの関係性を考慮することが求められる。同様に、「仲間」を強調すればするほど、その集団から排除され仲間はずれにされる子どもがいる可能性を念頭におく必要があるだろう。特定の友達としか遊ばないという固定化した仲間関係ではなく、多様な友達とのかかわることの楽しさや、時には「気の合わない」仲間と協力することの大切さについても配慮することが必要である。　　（岡花）

友情（フレンドシップ）

親密な関係性を基盤にした，共感的な心の相互的な通わせあいをさす。一般的には，友情（friendship）とは単に漠然とした仲間意識のことではなく，相互に尊敬しあい，利害を超越した協力のように相手への利他的な感情を含む相互的な心情をさす価値志向的な概念，あるいは価値概念そのものである。また，相互的な信頼関係の維持が友情の存続には重要となる。このような意味での友情は思春期や青年期以降に特有のものであり，2者間から多くても数名程度のごく少数の対象の間に築くことのできる，限定された心情であると考えられている。一方で，愛着や敬意などの他者に対する社会性や共感性をもったかかわりを，友情としてより広義に理解する場合もあり，この場合の友情は幼児期などにも確認できる。広義の友情の形成には，活動や会話に参加するスキルや，それらを主導するスキル，仲間の手伝いをするスキルなどが有効である。また，友情を形成する基礎としてのアタッチメントの形成が幼年期の重要な課題であると考えられている。　　　　　　（武内）

公正さ（フェアネス）

利害などで対立する複数の人間を調停するために求められる基準の1つ。当事者全員の自由と権利を等しく尊重し，全員の合意が得られる明確な手続きに従って調停を行うことである。

道徳性心理学においてこの概念が注目された背景には，社会と国家に対して「公正としての正義（justice as fairness）」を要請した政治哲学者ロールズ（Rawls, J.）の思想がある。その影響からコールバーグ（Kohlberg, L.）は，道徳哲学と認知心理学を統合した3水準6段階の道徳性発達段階説を提唱し，公正をその最上位に位置づけた。またホフマン（Hoffman, H. L.）は，乳児にみられる共感や幼児の罪悪感に公正概念の芽生えを認めた。ただし公正概念の文化的差異も見のがせない。渡辺弥生による配分の公正さに関する幼児の意識調査では，アメリカよりも日本では「とにかく同じがよい」「けんかしないから同じがよい」「（配分の少ない人が）かわいそうだ」といった反応が多く，個人間の相違を避けようとする傾向がうかがえる。

文化的にも多様な公正概念とその発達を一義的にとらえることは困難であるが，子どもにかかわる保育者には，幼児の公正概念の芽生えを育むためにも，日々の保育で公正さを子どもたちに示すことが求められる。　　　　　　　　　　　　　　（白銀）

ファンタジー

サンタクロースなどの架空の存在や現象に関する信念，物語の世界や魔法の力に対する信念をさす。サンタクロースにクリスマスプレゼントのお願いをする手紙を書いたり，おもちゃの魔法のステッキを回しながらお姫さまになる呪文を唱える姿は，子どもによくみられる。子どもはしばしばファンタジーの世界の住人であり，その世界をリアルに体験している。

子どもの多くは2歳頃までにごっこ遊び

を始める。その後ファンタジー的な遊びや活動はますます活発に行われるようになり、就学前に最盛期を迎える。子どもは、「こうなったらいいな」「こんなのいたらいいな」と想像力を駆使してファンタジーの世界を楽しむ。同時に、「これって本当かな？」「本当にいるのかな？」と疑問に思う好奇心や、それを実際に確かめようとする探究心の高まりもみせる。彼らはファンタジーと現実を常に混同しているわけではない。ファンタジーを通して、想像することによって生じたワクワクドキドキといった感情体験と、それを検証しようと試みる現実の体験を同時に経験しているのである。ファンタジーは、子どもの遊びや活動をより豊かなものにしてくれる。

サンタクロースに代表されるように、ファンタジーの世界は、しばしば大人によって子どもに与えられる。したがって、子どものファンタジー的な遊びや活動は、周囲の大人のあたたかな眼差しによって支持されるものである。　　　　（大田）

ルーティン（日常的営み）

登園すると帽子と鞄を置き、連絡帳をだしてシールを貼る。外遊びから部屋に戻ったらトイレに行って手を洗って自分の席に座るなど、保育所・幼稚園において行われる決まった活動の繰り返しをさす。これらは毎日繰り返されるため無意識的に行われるようになり、子どもたちにとって「当たり前」の活動となったものである。

ルーティンには、食べる、寝る、着替える、排泄するなどの基本的生活習慣に関連することが多い。その他には、各園で日常的に取り組んでいる文化的な活動なども含まれる（食前のお祈りなど）。このようなルーティンは、社会生活を送り、基本的な生活習慣を身に付けるうえで教育的な役割を果たしているといえる。

なかには家庭での生活習慣との違いに戸惑い、保育所・幼稚園での繰り返しの活動が苦手な子どもがいる。このようなルーティンが苦手な子どもに対しては、強要するのではなくその子どもがルーティンに取り組みやすいような工夫と援助が求められる。また、保育所・幼稚園において、ルーティンはその園の文化に適応するうえで基盤となる場合が多い。入園・進級で保育者や友達との関係性がまだできていない場合でも、日常的な繰り返しの活動をこなすことで子どもの気持ちが安定し落ち着いて次の活動に移ることができる場合もある。ルーティンは日々の保育にメリハリを与え、ルーティン以外の保育における遊びや活動をより楽しくするための重要な機能を果たしているのである。　　　　（岡花）

きまり

集団を構成する人々に対して、従うことが求められるルールや規則をさす。特に言葉で表現され、意識的に学習されるルールをさす場合が多い。

幼児はおおむね3歳頃になると、きまりを自分から進んで守り、5歳になると遊びのルールを自分たちでつくり、遊びを発展させることができる。ただしチュリエル（Turiel, E.）らの領域特殊理論（社会的領

域理論）によれば，朝のあいさつや席順など，特定の集団内で通用する慣習的なきまりの場合，その否定と肯定を繰り返す長期的な段階的発達によって，きまりの意味を理解し，自律的に守ろうとする意識が深まる。また，きまりを破った子どもへの大人の対応については，日本はアメリカに比べて，直接的に規則違反を指摘したり人の迷惑を気づかせたりするよりも，間接的に望ましい行動を動機づけようとする傾向が強いともいわれる。

　2008年の中央教育審議会の答申などでは，幼児の自制心や規範意識の低下が指摘され，「規範意識の芽生え」や「きまりの大切さ」が重視されている。しかしながら，きまりを自らつくり変化させていく幼児の営みや，きまりをめぐる日本の保育文化も視野に入れながら，保育のあり方を臨床的に問うことも必要であろう。　　　　　　　　（白銀）

居場所

　子どもの問題に「居場所」という言葉が使われはじめたのは，不登校が社会問題化した1980年代後半からである。90年代に入ると文部省（のちに文部科学省）の政策文書や学校，教育・子ども関連の学会等でも頻繁に使用されるようになった。居場所とは，人々が居る場所という物理的空間をさす。近年では積極的な意味が付与され，子ども自身が自分がそこに「居るべき」だと感じられる場所であり，社会と結びついた役割をもつことで，自己の存在価値や意義を見い出し，確認することができる場をさす。さらに，そこに居ることが当たり前であり，それを自他ともに認め，普段は意識すらしないような場をさすこともある。そこでは，必ずしも何かをする必要はなく，また何をどのように語ろうとも否定されたり無視されたりすることもないので自由な発言ができる。自由な言動が保障され，しかもそのまま受け容れられるという安心感や信頼感をもてる安らぎの場である。子どもは，そうした場を基地として，外界へチャレンジしに行くことができるのであり，たとえ失敗しても，そこへ戻って他者から承認を受けることで自己肯定感を回復し，再び外界へ向かうことが可能となる。

　すなわち，居場所とは，①自己の所属する物理的空間，②自己の存在価値を確認する場，③安定感や信頼感を基底として自己承認と他者承認が行われる場であるといえる。子どもにとっての「居場所」は，他者との関わりの中で安定的な自己概念（self-concept）を維持・発達させるために重要な概念なのである。　　　　　　　（田中理）

3．社会の中の家族と教育

　近代公教育思想の祖とされるコンドルセは，子どもを教育する権利は第一義的に両親に帰属するとしたが，同時にこの権利の濫用によって家庭教育が親の恣意によって歪められる可能性を見据えていた。そのため彼は公教育を，親義務を社会の中で共同化することで，こうした偏見を正す機関として位置づけた。親の自然権を重んじる立場から，公教育はあくまで知育に限定し，徳育や体育はそこから除外すべきだと考えた。

　しかしながら，コンドルセから約1世紀を経て，国民国家の成立を受けて近代学校制度の中で実体となってあらわれた公教育は，コンドルセの理念とは大きく異なるものであった。むしろそこでは，国民国家の担い手としてふさわしい内面と身体の形成が，それぞれ徳育・体育を通して追求された。また知育の面でも，国語（共通語）教育などに明らかなように，国民国家として統合を保つための手段として学校教育が位置づけられた。また家庭の位置づけについていえば，日本の明治政府に典型的に見られるように，国家の手による教育を従順にサポートすべき，一段低い立場に家庭が位置づけられた。

　しかし，ことをいっそう複雑にしたのは，近代学校教育の機能が同質な国民の形成に尽きるのでなく，もう一方で「選別」「差異化」という重要な機能をも併せもっていた点にある。初等教育（小学校レベル）が主として「同質化」機能を担ったのに対し，中等教育（中学校・高等学校レベル）では「差異化」の機能が顕在化した。中等教育段階における諸学校は，近代社会以前の身分制秩序をひきずり，階層によって細かく分断されていた。もともとの貴族・特権層のための学校が，形式的に近代学校制度のもとでの中等教育機関として位置づけられる一方，人口の大半を占める民衆層は，満足な中等教育をほとんど受けることができない時代が20世紀半ばまでつづく。

　第二次大戦後になって，中等教育の制度的な平準化がある程度進んでいったが，「選別」「差異化」の機能が学校からなくなることはなく，さらに巧妙なかたちで遂行されることとなる。例えばフランスの社会学者ブルデューは，学校で価値あるものとされる文化とエリート層の家庭文化とが高い親和性をもつことが，不平等の再生産につながることを指摘した。このように歴史の変遷の中で学校教育は，ときに国民化のために家庭教育を従属させ，またときに敢えて家庭の「恣意」を放置して階層秩序の維持を画するなど，目的や必要に応じて異なった関与をみせながら今日に至っている。

（倉石）

複合家族

　家族社会学の定義では，親夫婦と複数の既婚の子ども夫婦，およびその子が一緒に居住する家族をさして使用されることが多い（合同家族ともいう）。また近年欧米においては，再婚の夫婦とその子どもからなる家族を混合家族（blended families）と呼んでいる。さらに，シングルマザーなどの単親家庭，離婚家庭，養子による家族，事実婚による家族，同性パートナーの家族などを含めて，従来の核家族や拡大家族（核家族とその親やきょうだいなどから構成されている家族）の概念では収まらない多様で複雑な家族のあり方を，複合的な家族としてとらえる見方もある。

　近代以降の家族は，夫婦と未婚の子からなる核家族と，夫が外で働き妻が家庭を支えるという性別役割分業を，そのあるべき家族像としてきた。一方で現実の社会では，共働き家庭の増加や，離婚の増加，上記のような多様な家族のあり方がみられるようになってきている。今日多くの国々で，固定的な性別役割分業に縛られない夫婦や子育てのあり方が模索されており，北欧・フランスなどでは法的な婚姻関係ではないが共同生活を営む異性または同性に，法律婚の夫婦と同等の権利を認める制度がある。従来の家族モデルに該当しない多様な形態の家族は，ともすれば例外としてみられがちだが，それらの家族が著しい不利益を受けないような社会の対応や，子育てにおける資源の不足をフォローするさまざまな面でのサポートが求められている。　　（稲田）

家族崩壊

　家族病理の末期形態をさし，家庭崩壊，家族解体ともいう。成員の生活・生命の維持，成長・発達，家族集団としての存続に必要な機能が，家族内外の諸条件によって低下し，そのため外的援助の介入を必要とするほど問題をきたした状態をいう。内外の諸条件とは，①家族を取り巻く経済・政治状況，②企業，③地域社会，④家族成員のパーソナリティなどを意味する。古くは欠損家族が典型とされ，非行などの病理現象との因果関係が強調されてきた。しかし，単親であっても成員間の紐帯が強く，家族役割を相互補完しあう場合は家族崩壊とはいえない。反対に構造的の解体はなくとも，成員間で激しく反目し合ったり，親役割を遂行しないといった役割放棄や機能不全がみられる場合には家族崩壊にあるといえる。このように，構造的側面よりも，むしろ機能的側面，情緒的側面の解体が重大な要因であることが近年指摘されている。社会学者のパーソンズ（Parsons, T.）は，子どもの社会化と成人のパーソナリティの安定化を家族固有の機能とした。家族の機能障害は，犯罪・非行，家出・蒸発，児童虐待，自殺などの問題行動や病理現象を引き起こし，結果的に家族を破綻に陥らせる。しかしその場合でも家族には回復能力があり，適切な外的援助があれば機能水準が上昇し，再組織化する可能性をもつ。したがって，家族崩壊（family disintegration）とは，再組織化の可能性を含みつつ，内外の諸条件によって家族機能が低下し，それによって成員に逸脱行動や病理現象を引き起こさ

せる破綻過程であるといえる。　（田中理）

公共性

　公共性とは，多様な価値観をもつ人々により構成される社会，または集団において，その構成員のすべてになんらかの利益をもたらす性質のものをさす。しかし，公共性は多義的な概念であり，論者により異なる意味づけがされている。斉藤純一『公共性』によれば公共性は次の3つの意味で使用されている。①国家に関する公的なもの（official），②特定の誰かにではなく，すべての人々に関係する共通のもの（common），③誰に対しても開かれているもの（open）。したがって，閉鎖的で共通の価値観や集団への帰属を前提とする共同体は公共性とは異なる概念とされる。

　かつての日本では公共性は国家による権力の行使であると認識され，「私」と対立する概念として批判的にとらえられることも少なくなかった。また「日本人」の均質性が前提とされており，マイノリティの人々や障害者などは不可視のものとして扱われることで，公共性には関心が払われず，むしろ日本社会は共同体であると把握される場合もあった。しかし，国家権力に対する市民社会の台頭と，ポストモダニズムやグローバリゼーションの影響により1990年代に入って公共性の概念が重視されるようになった。特に近年の個人の価値観の多様化や外国人労働者とその子どもたちの増加などにより，多様な人々が共存共生する公共性のあり方が問われている。　（山田浩）

4．グローバル化社会の教育

　今日の世界動向として，社会，経済，文化のグローバル化が進み，国際的流動性が高まっている。また，科学技術の進歩，社会の高度化・複雑化などの変化に伴い，過去に蓄積された知識や技術のみでは対処できない新たな諸課題が生じており，これらに対応していくためには，新たな知識や専門的能力をもった人材の育成が求められている。今後も，社会，経済，文化に関する地球規模の交流が進み，国際的協調，共生，競争の増大をふまえるとき，日本の教育はグローバル化社会に対応した課題を抱えているといえよう。

　第1に，個々人が生涯にわたって学び続けることができるような機会の確保である。私たちがグローバル化社会を生きるというとき，それは単に外国語や外国文化に関する知識の習得を意味するものではない。むしろ自分が今まで築いてきた習慣，観念，常識などを反省的にとらえながら，新しい視点で考えることのできる能力を身に付けることである。こうした視点を培うための生涯にわたる教育機会の充実が求められる。

　第2に，保育所，幼稚園，小学校，中学校などにおいても，これからは外国人の子どもが占める割合がますます増えてくることが想定される。外国からの移住，国際結婚などの理由から，何らかの異文化的背景を有する子女に対して，彼らが安心して園（学校）で生活し，活動に臨むことができるようにするために，保育者・教師は，従来の習慣，観念，常識とは異なる視点で支援することが重要になる。

　第3に，インターネットの急速な普及をはじめとする情報通信技術の進展，人や情報の国境を越えた交流の急速な進展という状況の中で，個々人が主体的に情報通信技術を活用し，世界の多様な国や地域との積極的な情報交流を進め，国際社会で活躍できる人材を育成していくことが課題となる。グローバル化社会の子どもたちは，拡大された社会的相互作用を有し，新たなコミュニケーションを行い，新たなコミュニティや文化，新たな自己を創造する可能性を秘めている。よりよいグローバル化社会を創るためには，次世代を担う子どもたちへの教育の充実が重要な課題となる。

（中坪）

異文化理解

自文化（自分の育った文化）と異なった文化について理解することをさす。グローバル化の進む現在，子どもたちが生きる社会には，異なる文化と接する機会が増えている。文化とは，一般的に国単位で考えられることが多いが，実際は民族・人種・宗教・ジェンダー・障がいの有無などによりさまざまに分かたれている。その点，異文化理解という言葉は，国連の提唱によって広まった国際理解とは一線を画するものである。先住民族文化の存続や民族や宗教の違い，人種による差別，職業や社会階層・地域文化というものが慣習や習俗・行動様式を左右する可能性を見なければならない。

異なった文化を背景にもつ人間同士が接触した場合，違和感をもって拒絶したり，逆に過剰に適応したりといった反応が現れ，受容と拒否との間を揺れ動きながら個々人のアイデンティティを確立していく。異文化接触による適応の過程はダイナミックなものなのである。

日本の教育において異文化理解を考える上で，次の2点が重要である。まず1つは，外国籍児童など文化背景の異なる子どもが，どのように教育の中に位置づけられるかである。主流文化の言語である日本語の習得や母語の保持，それ以上に子どもたちの集団へどのように受容されるかが課題となる。2つ目は，日本で学ぶ子どもたちがどれだけ自文化中心主義を脱し，多様性を認める姿勢をもつかである。多文化的視点を以て教育が行われることが，未来を生きる子どもたちにとって重要であろう。　（鈴木正）

国際児

これまで「ハーフ」や「混血児」などと呼ばれてきた子どもたちの新しい呼称として，国際児童年の1979（昭和54）年に提案された言葉で，国際結婚の親から生まれた子どもたちをさす。日本弁護士連合会は，国際児（intercultural children）を「人種の異なる者同士の婚姻によって両方の特色が混じって生まれた児童」（1981），また，鈴木は「国籍と民族が異なる男女の間に生まれた子ども」（2004）と定義している。国際児には，「ダブル（double）」という呼称もある。国際児のうち，両親のどちらかが日本人の子どもは「日系国際児」，アメリカ人の親とアジア人の親をもつ子どもは「アメラジアン（Amerasian）」，また，国際児とその親からなる家族は「国際家族」と呼ばれることもある。日本国内および海外における日本人の出生総数に占める日系国際児の割合は，1992（平成4）年には，1.8％だったが，年々増加し，2007（平成19）年には，3.1％，2011（平成23）年以降は3.0％弱程度である。日本国内では，父日本人・母外国人と母日本人・父外国人の国際児はほぼ同数だが，海外では，母日本人・父外国人の場合が多い。

なお，国際児をより広義にとらえ，上記の子どもだけではなく，「国籍，人種，民族などのいずれか，あるいは，複数が異なる男女の間に生まれた子ども」「海外滞在経験のある子ども」「2つ以上の文化にまたがって生活する子ども」などを国際児に含めようとする立場もある。　（鈴木一）

バイリンガル教育

　一般にバイリンガルとは，「二言語使用者」をさす。中島によれば，少数言語（例えば，日本におけるポルトガル語など）を母語とする子どもの場合，バイリンガル教育の形態は，その到達目標によって，①子どもが滞在国の学校で授業に参加できるようになるまで暫定的に母語を使用する「移行型」，②母語の会話力を育てつつ，滞在国の言語で会話力と読み書き力の育成を目指す「読み書き一言語型」，③二言語での会話力と読み書き力の育成を目指すが，読み書きは自文化保持に関係する教科だけに限る「部分的二言語使用型」，④二言語ともに年齢相応の会話力と読み書き力の育成を目指す「均衡型」の4つに分類される。

　子どもがどのようなバイリンガル教育を受けるかは，親の教育方針や二言語力，制度的な整備，少数言語の国際的・地域的な位置づけなど複数の要因が関係するが，就学前の幼児期はバイリンガル教育の土台づくりの時期であることを認識し，少なくとも1つの言語で年齢相応の会話力を育てることが大切である。幼児期の話し言葉は，単に情報伝達の手段にとどまらず，自分の感情や意思を表出し，他者との関係を築き，自他の行動を調整し，日常世界の出来事を理解する手段でもあり，思考の道具でもある。母語も滞在国の言語も十分に話せない状態が長く続くと，言語発達だけでなく社会的発達や思考の発達も停滞するおそれがある。長期的・全体的な発達という視点から，子ども期の二言語力の形成や支援を考える必要がある。　　　　　　（柴山）

乳幼児期からの外国語教育

　母語は子どもにとって，土台となる言葉である。それゆえ，母語を習得したうえで目指されるのが外国語である。外国語を習得するにはできるだけ早いほうがよいという考え方は，臨界期説による。すなわち，人間が言語を習得する適齢期（およそ10～12歳頃とされる）を過ぎると，言語を自由に操れなくなるという。しかし第二言語習得に関しては，臨界期があるという結論には至っていない。

　早期に外国語を習得させることを目的とせず，多言語に触れる機会を子どもたちに与えることで，多言語が共存していることに気づかせることをねらった幼児期からの外国語教育もある。

　しかし，乳幼児期から外国語教育を行うことの問題点も指摘される。言語を文化の一部ととらえれば，母語の習得は文化的アイデンティティの形成に重要な意味をもつ。母語を習得する時期にある乳幼児に対して，母語よりも外国語教育が優先されるなら，アイデンティティの形成に問題が起きることが懸念される。

　また，わが国では外国語教育として英語の習得が目指される傾向にある。英語を偏重する教育は，子どもたちが「英語」や「英語を公用語とする国の文化や出身者」を，英語以外を公用語とする国の文化や出身者よりも，優れているものとしてとらえてしまう可能性がある。このような先入観を子どもたちに植えつけることのない外国語教育の実践が求められる。　（吉田貴）

外国人学校

外国人学校（international school）は，多様な国籍の学習者やある特定の民族の学習者を対象とする教育機関であり，一般的には，所在国・地域の外国人を対象にしている。その形態は学校法人化されたものから私塾的なものまで幅広い。日本における外国人学校には，インターナショナルスクール，フランス人学校，ドイツ人学校，ブラジル人学校，朝鮮学校，韓国学校，中華学校等があるが，その多くは学校教育法第1条に定められた「学校」ではなく，第134条に定められた各種学校である。都道府県より認可されている学校も多いが，無認可のところもある。

多様な国籍の学習者を対象とする日本のインターナショナルスクールの多くは，英語等の欧米系言語を用いて教育を行っている。WASC（米国西部地域私立学校大学協会），ACSI（キリスト教学校国際協会）等の国際的な評価団体から認定を受けたこれらの学校の12年の課程を修了した者は，日本の大学入学資格が与えられている。

一方，特定の国や民族の学習者のために教育を行う外国人学校もある。ブラジル人学校では，日系ブラジル人の子どもを対象にポルトガル語で教育を行っている。また第二次大戦後，朝鮮語による民族教育を行うための施設として，在日朝鮮人により設置された朝鮮学校がある。現在では，朝鮮学校で12年の課程を修了した者に，高等学校卒業程度認定試験（旧大学入学資格検定（大検））を経ずに，日本の大学入学資格を認める国公私立大学が多い。　　　（塘）

多文化教育

自国内に多様な文化が存在していることを認めて，違いを認め合い，文化的違いから生じる教育的問題の解決を出発点とする，人種，民族に関わる社会問題に取り組む教育をさす。性，年齢，宗教，身体的能力の違いについて理解を深め，差別をなくす教育といった意味合いをもつまでに拡大してきた。

そのため，多文化教育（multicultural education）は少数民族の子どもに限定した教育ではなく，すべての子どものための教育といえる。多文化教育の主唱者であるバンクス（Banks, J. A.）は，主流文化の中で育つ子どもにこそ，多文化教育は必要であると指摘する。

多文化教育は，子どもたちが民主的な判断力や，社会的行動力，批判的思考力を身につけることを志向する。また，多様な文化的背景をもつ子どもたちが潜在的にもつ能力を，引き出そうとする教育である。そのためにも教師集団は多様な人種・民族で構成され，個々の教師は多様な文化的背景をもつ集団に関する知識を豊富にもつことが期待される。さらに，教師はその知識を教育実践に活かす能力や技能が求められる。また，カリキュラムには，多様な諸集団の貢献や視点，内容が含まれることが必要とされる。

個々の多様な文化的背景を尊重し，子どもたちの人権尊重の意識や多文化共生の意識を育成することによって，社会をより民主的で公正なものにすることを目指した教育が多文化教育である。　　（吉田貴）

市民（性）教育

「市民」のあり方をさす「シティズンシップ」を育成するための教育で，民主主義社会の構成員としての市民に求められる資質や技能を身につけることをさす。グローバル化の急速な進展の中で1990年代以降，シティズンシップ教育への関心は世界的に高まってきた。単一のアイデンティティに基づく国民国家への帰属として「シティズンシップ」をとらえる枠組みが揺らぎ，国家だけではなく，地域や国際社会の形成者としての市民育成のための教育とされる。

イギリスでは2002年から中等教育で教科としてシティズンシップが必修となっているが，そこでの「市民性」は，「行動的で，知識，批判的精神をもち，責任感のある市民として，効果的に社会に参加する力」ととらえられている。ユネスコでは，共生，民主的参加，人権の概念が強調され，人権教育の枠組みの中でシティズンシップ教育をとらえている。また，欧州評議会では，社会に生きるすべての個人を対象とし，人と人との関係によって成り立つコミュニティづくり，民主主義と人権を尊重する文化の促進，参加，パートナーシップ，社会的結束，アクセス，公正，説明責任，連帯を主要な目的とする生涯学習ととらえている。

日本でも，東京都品川区が，「人間（市民）としてのあり方・生き方について，教養を深め，自分を生かす能力と市民としての社会性を身に付ける」として，小学校1年生から9年間の小中一貫教育で「市民科」という科目を設けている。　　（山田千）

文化的多様性を認める保育教材

多様な人々が共に生きる社会での人間形成で大切なことは，個々人の属性である差違を「自然なもの」としてとらえ，差違に対して偏見や固定観念をもたないことであり，可塑性の大きい乳幼児期において文化的多様性を認める保育教材は重要な意味をもつ。

多民族国家のアメリカ等では，多様性を尊重する保育教材を意図的に用いる保育活動の実践も展開されている。そこでは，子どものまわりにできるだけバラエティに富んだものを用意する。多様な文化を反映する壁面装飾，地球儀（地図は，欧米ではヨーロッパ中心，日本では日本中心のものが多いので注意が必要），24色の肌色クレヨン，さまざまな民族，身体的能力（障害の有無），年齢層を反映した人形，多様な人々が協力して何かを作り上げるストーリーの絵本等である。そして絵本等の登場人物がマジョリティばかりであったり，年中行事がマジョリティの視点中心ではないか注意が払われる。

また，文化的多様性を認める心情を育むためには，人間の尊厳についての認識，自尊感情（セルフエスティーム），人間関係の基礎としてのコミュニケーション能力，アサーティブネス（相手を傷つけず尊重しながらする自己主張），協力できる仲間づくりが必要となるが，そのような能力を高める活動の実践例もあり，そのいくつかは日本にも紹介されている。　　（山田千）

5．21世紀の教育課題（人類共通の課題）

　2006（平成18）年8月，福岡市，海の中道大橋で，家族5人を乗せたRV車が，飲酒運転の車に追突され，海へ転落するという事故が起きた。母親が海中に潜り，沈んでいく車の後部座席から2人の子どもを救い出し，父親が2人の子どもを支え懸命に立ち泳ぎを続けたが，残念ながら3人の子どもは助からなかった。もしあなたがこの母親のような立場だったらどうだろうか。掛け替えの無さという点では，子どもたち，一人ひとりに応答をしなければならないし，道徳規則は，「苦しんでいる人を助けよ」であるが，この3人の内，誰を助けるべきかまでは教えてくれない。多くの他者の犠牲の下，1人の他者の訴えに応答し，手を差し伸べ得ることになる。デリダ（Derrida, J.）が「責任のパラドクス」と名づける状況がここにある。人類共通の課題として，多種多様な問題がある中，私たちは，責任のパラドクスの中で選ばねばならない。こうした感受性があって初めて，NGOに参加するなどの関与も真剣なものとなり得るからだ。あなたは何故「あの」問題ではなく，「この」問題にコミットするのだろうか。

　「現代」と区分されるこの時代にあって，人類共通の課題としてどのような問題があるのかを，概観しておこう。現代は，他の時代と違って，今まで伝統とされてきて意識化されなかった問題が反省されるようになった時代である。例えば，「女らしさ」のように，伝統ゆえに仕方ないとされ，見過ごされてきた問題が，意識的に俎上に載せられ，たまたま女性に生まれ落ちたというだけで，何故，不正義を被らねばならないのかという反省が，フェミニズムの運動を活性化し現在に至っている。

　さらに，技術がもはやわれわれの理解が追いつけないような速さで発展していく中，道徳や宗教が提供する従来の価値観ではカバーし切れないような事態が起きている。例えば，インターネットの「多対多」のコミュニケーション空間が，プライベートとパブリックの境界を破壊し，ネットにアクセスした子どもが有害情報に晒されるような事態が起きている。

　現代の特徴を成す，こうした技術文明において，自然は単なる資源の扱いを受け搾取され続け，今やそれは，ただ単に資源は有限だという話に終わらず，水資源の循環の異常，気候変動，土壌の生産性の低下など基本的な生命維持システムの崩壊を引き起こすに至った。

　また，日本では，メディア・リテラシーを含む「議論」教育がなされなかったことなどもあり，上述した人類共通の課題に関する議論が，国民レベルでなかなか起き難いという現状がある。
　　　　　　　　　　　　　　　　　　　　　　　　　　　　　　　　　（青木）

貧困問題

生活していくために必要最低限の収入がないなどに関するさまざまな問題をさす。

①外見的な貧困：第三者から見て貧しいように見えるだけで，当人たちは自足している。②相対的貧困：「金持ち階級」が生まれ，それと比較して相対的に貧困だと自覚してしまうタイプの貧困。相対的に貧困だと感じる人たちは，自分達も金持ちになりたいと思うようになり，自主的に労働者になり，市場経済の中で搾取可能な人材になる。③欲望による貧困：新しい商品を，今の自分がもっていないという欠乏感から来る貧困。消費者の立場を受け入れたがゆえの欠乏感こそ，「欲望による貧困」である。

搾取不可能な①のタイプの貧困を，搾取したり，利益を上げたりできる②と③のタイプに変換させてしまうことを，イリイチ(Illich, I.)は「貧困の近代化」と呼ぶ。これは，アメリカのトルーマン(Truman, H. S.)による「開発経済学」という世界戦略によって，第三世界のエリートが開発＝発展を受け入れるよう教育されて，アメリカの経済介入を許した時から始まる。そうしたエリート達は，自国においてアメリカなどの先進国経済の導入を進めることで利権を得て金持ち階級になっていく。こうして，「相対的貧困」への下地が用意され，貧困からも利益を上げられるようになる。まったく利益にもならない「絶対的貧困（深刻な飢餓に苦しんでいる地域）」は，市場経済の外にあるものとして放置されている。けっして搾取したり利益を上げたりできない，そんな貧困が「絶対的貧困」で，貧困問題が解消しない理由はここにある。

（青木）

「国際協力」（国際協力のための心構え）

ディズニーが映画化した作品の中には，原作がもっていたエッセンスを骨抜きにして人畜無害なハッピーエンドを謳歌するだけの作品がある。例えば，『リトル・マーメイド』がそれだ。アンデルセン原作『人魚姫』では，王子様は人魚姫以外の女性と結婚して幸福になり，人魚姫は，王子との結婚が叶わなかったがため泡になってしまう。原作の『人魚姫』を読んでもらった子どもは，幼いながらに，ある人が幸福になっても，その陰では人知れない深い悲しみの物語があるかもしれないことに思いを馳せることだろう。今の私たちは，幸福こそ一番と考えて，自分の幸福が確保されさえすれば，その幸福に安住してしまい，それ以上想像力を張り巡らせて考えることをしなくなっている。だが，私たちが一定の生活水準を享受していることが，地球上の他のところで生きている人たちの生きる権利を奪ってしまっているかもしれないのだ。例えば，私たちが最高水準の生活を享受しているがゆえに，大量に二酸化炭素が排出され温暖化が進み，自国が海に沈むという危機感を抱いている国々がある。『人魚姫』を例にあげて説明したあの感受性を思い出して欲しい。私たちの幸福は，苦しんでいる人たちの声とは無縁ではないし，苦しみの声に応答しなければならないだろう。こうした感受性があって初めて，ディズニー

映画的な幸福の外に出て，「今，私にできることは何」という自問自答が開始される。これこそが「国際協力」の第一歩となるのだ，ということを忘れないで欲しい。

(青木)

非営利団体（NPO）

Nonprofit Organization もしくは Non-for-Profit Organization の略語。非営利的な社会貢献・慈善活動を目的とした市民団体を意味する。特定非営利活動促進法（1998年3月）が根拠の法人格を取得した組織は特に，「NPO法人」と呼ばれるが，区別がなされているわけではない。

組織には，①自主性・自発性，②継続性③自己統治性，④非政府性，⑤非営利性，⑥非宗教性，⑦非政党性等が期待されるが，活動内容が急速に多様化する過程で，必ずしもそれらすべてが保証されているとは限らない。

「家庭教育力の低下」への指摘に端を発する「地域（社会）」での子育て・子育て支援」論が活発化する中，これまでの地方公共団体や物理空間的・地縁血縁的「地域（社会）」の教育的諸活動を補完し得るものとして，現在，非常に大きな期待を集めている。

「子育て支援」という抽象的で曖昧な国家政策的スローガンが内包し得る多種多様な活動，すなわち，①乳幼児の緊急的・臨時的・一時的保育，②子育て相談（電話や訪問など），③子育てに関する各種の講座・研修会の実施，④育児中の父母たちの交流機会の提供，⑤子育て情報の整理・提供等を目的とするNPO（法人）は多く，インターネットでの検索により数十万件のウェブサイトを発見できるが，玉石混交・目的曖昧の感は否めず，安易なコンタクトや利用には慎重さが必要と思われる。

(久保田)

宗教と保育

日本国憲法には，基本的人権としての信教の自由と政教分離の原則を明記している。新しい教育基本法においても，「宗教に関する寛容の態度，宗教に関する一般的な教養及び宗教の社会生活における地位は，教育上これを尊重しなければならない」また，「国及び地方公共団体が設置する学校は，特定の宗教のための宗教教育その他宗教活動をしてはならない」としている。幼児教育の現場において，経営母体が宗教法人である場合，その宗教的背景が保育内容に少なからず影響を与えてきた。宗教行事への参加や祈りの時間は，子どもの心の発達や道徳性の芽生えを促す情緒教育としてとらえられてきた。

しかし，近年の日本の幼児教育現場において，宗教は異なる「文化」の理解という文脈でもとらえられる。グローバル化の進行とともに日本の保育所・幼稚園に通う外国人の子どもの存在はけっしてめずらしくない。とりわけ，イスラム地域出身の子どもの存在は，かつて，日本の幼児教育現場が経験していない「異文化間理解」という課題を突き付けている。イスラム教を理解することは，文化的事実としてさまざまな事柄の理解を促すことである。豚肉の禁忌，

断食の慣行などへの配慮は，イスラムの子どもを取り巻く生活世界の理解へとつながっていくことになる。したがって，宗教を情緒教育にとどまらず，「異文化間理解」の問題としてとらえる視点が要求されるのである。　　　　　　　　　　　（金）

環境教育

国際環境教育会議（1975年）はベオグラード憲章において，「環境とそれに関わる諸問題に気付き，関心をもつとともに当面する問題を解決したり，新たな問題の発生を未然に防止するために，個人および社会集団として必要な知識，技能，態度，意欲，実行力などを身につけた人々を育てること」と定めた。この実現のためにわたしたち一人ひとりが人間と環境との関わりについて正しい認識にたち，持続可能な社会の構築を目指してよりよい環境の創造活動に主体的に参加し，環境への責任ある行動をとるという態度の習得が重要となってくる。

幼少期においては，子どもたちへ豊かな自然の中で五感を育む良質な体験型学習を提供することが望まれる。体験型学習を繰り返すことによって，自ら体験し，感じ，わかるというプロセスを身につけることができるようになるからである。例えば，アメリカのナチュラリストであるジョゼフ・コーネル氏が提唱したシェアリングネイチャーも参考になる。

また環境教育は地球温暖化，酸性雨，資源・エネルギー開発など環境問題を題材にして展開される場合がある。さらに，地域にある社会教育施設，団体，企業が環境保全の啓発を目的として提供する活動に，子どもやその保護者が参加する形式もある。

このようにさまざまな場において種々の内容で行われ，子どもの主体的な参加や協力，連携に基づいて展開される環境教育では今後，持続可能な社会の構築に向けた基礎的素養の育成が重視される。　（三宅）

ジェンダー・リテラシー

ジェンダー・リテラシー（gender literacy）は，社会の中のジェンダー秩序，ジェンダー・バイアスを見抜き，その現状を変革するための力と定義される。藤枝らは，「ジェンダー・システムを読み解き，それを変革する力をつけること」を，リーガル・リテラシーやメディア・リテラシーにならって「ジェンダー・リテラシー」と名づけた（2001）。

ジェンダー（gender）は，生物学的・解剖学的な性（セックス：sex）とは区別される，社会的・文化的性をさす語である。第二波フェミニズムの影響により，セクシズム（性差別）とジェンダーの問題が顕在化した。ジェンダーの視点を得ることで，社会における性役割構造，ミクロ／マクロレベルでの男性支配構造，それによる利益配分の非対称性，などの存在が可視化された。日本では，女子差別撤廃条約の批准（1985）以降，政策上の女性差別はなくなりつつあるが，今なお顕在的・潜在的にセクシズムは存在する。そこで，政策や社会システムにおけるジェンダーの問題に気づくためのジェンダー・リテラシーを身につつ

5．21世紀の教育課題（人類共通の課題）

ける機会をつくらなければならない（藤枝ら）。

　ジェンダー・リテラシーの獲得は，男女共同参画社会を目指す現代日本において重要な課題である。保育・教育の現場においても，子どもたちに日常生活の中の「常識」に潜む「ジェンダーに敏感な視点」をもたせるための取り組みが求められる。

（藤田）

● メディア・リテラシー

　メディア・リテラシー（media literacy）は，菅谷によれば「メディアが形作る『現実』を批判的に読み取るとともに，メディアを使って表現していく能力」（2000）と定義される。

　高度情報化社会に生きるわれわれは，おびただしい量のメディア情報にさらされている。近年メディアはさらに多様化し，その性質も大きく変化しつつある。コンピュータや携帯電話経由でのインターネットなどニュー・メディアの普及，テレビ放送のデジタル化は，双方向的なマス・コミュニケーションの機会を増大させた。

　情報の洪水の中で生きるために，メディア・リテラシーは不可欠である。われわれには，大量のメディア情報の内容を批判的に検討し，「本当は何が伝えられているのか」を見極める能力が求められるとともに，情報発信のルールやマナーも求められる。

　現代社会において，メディアは子どもの文化になくてはならないものである。子どもたちは，テレビ，コンピュータゲームなどさまざまなメディアに接している。また，

携帯電話所有率の高さやインターネット利用機会の増大など，ニュー・メディアは，彼らの世界に深く浸透しつつある。

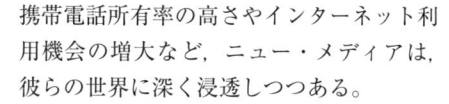

　このような状況において，子どもたちへのメディア・リテラシー教育はますます重要である。その際，ただ「有害」な情報を遮断するのではなく，情報を見分ける力，情報発信のあり方等についての学習が求められる。

（藤田）

● 仮想現実

　バーチャルリアリティ（virtual reality）の日本語訳。人間の五感（のうちのいくつか）を刺激することによって，あたかも現実の体験をしているかのように感じさせる技術およびそのシステムの総称をさす。

　仮想現実は，ゲームやアミューズメントはもちろん，さまざまな分野での応用が広がっている。仮想現実によって，現実場面では危険や困難が伴うフライトや手術などの繰り返し訓練が何度でもシミュレートできたり，遠く離れた場所にいながらにして同じ空間に存在するような臨場感をもって作業やコミュニケーションができたりする。

　しかし，ゲームやインターネットの世界は性や暴力の情報を多く含んでいることが指摘されたり，子どもたちが仮想空間で過ごす時間が多くなり現実体験が希薄になることによって，現実と虚構との区別がつかなくなったり，身体感覚の喪失や対人関係が欠如したりすることなどが心配されている。

　仮想現実の問題については，バーチャルとリアルとの比較で単純に論じられること

が多いが，仮想現実は virtual の意味どおり「表面上は違うが機能としての本質は同等の環境」の実現を追及している。本来，仮想現実と対をなすのは，拡張現実（augmented reality：現実の環境にコンピュータが生成した情報を重ね合わせる技術）の概念である。現実・仮想現実・拡張現実の境界線は曖昧なだけに，それら三者の関係の中で子どもたちの成長発達に及ぼす影響を考える必要がある。　　　　　　　（湯地）

情報公開

　当該機関のもつ情報を一般ないしは一部に公開することである。「行政機関の保有する情報の公開に関する法律」（平成11年）によって，行政機関に情報公開が義務づけられた。法律に従い，各都道府県で情報公開条例が制定され，さらに下部組織ごとに規則を決めるなどして，予算の使途や行政機関がもつ本人の個人情報の開示請求が可能となった。請求によるものだけではなく，自治体や教育機関などは積極的に情報を公開する傾向にある。

　情報公開が盛んになった背景には，説明責任（アカウンタビリティ）という考え方がある。元来，公的資金の使途とその有用性について説明を受ける納税者の権利の請求から派生し，広く会社等での情報公開まで語の用途が広げられた。一方で，「個人情報の保護に関する法律」（平成17年，通称個人情報保護法）によって，プライバシーに関する情報は守られるようになった。

　学校や保育所・幼稚園は，公的機関として積極的な情報開示とともに個人情報の保護に努めなければならない。学校運営に関しては，学校評議員や学校運営協議会の制度が整備され，地域に開かれるようになった。また園や学校の自己評価や第三者評価がなされるようになり，それらの公表を通じて教育・保育活動の内容や成果等を保護者や地域住民にわかりやすい形で伝える方法を模索する必要が出てきた。保育の理念や内容，子どもの育ちなどをどのように一般の人々に伝えることができるかを考えなくてはならない。保護者の責任遂行の支えとしても，地域の協力を仰ぐためにも，インターネットやメディアなどを通じた理解しやすい方法での情報公開が求められる。

　　　　　　　　　　　　　　（鈴木正）

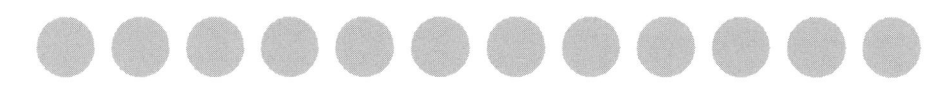

人　名（日本人／外国人）

赤沢　鐘美（あかざわ　あつとみ）（1864-1937）

日本の児童福祉事業の基盤づくりに尽力した教育者。赤沢は妻とともに，小中学校の課程を教える「新潟静修学校」を創設し，同時に付設の託児所を開設した。静修学校付設の託児所は日本初の常設保育所といわれており，学校に通う子どもが子守りから解放され勉学に集中できるよう，就学前の幼いきょうだいの預かりを目的としていた。1908（明治41）年に静修学校の保育部門は，「守狐扶独幼稚児保護会」と称して本格的な保育事業へと発展し，今日に至っている。　　　　　　　　　　　　　　　（飯野）

伊沢　修二（いざわ　しゅうじ）（1851-1917）

明治・大正にかけて活動した日本の教育学者である。1875（明治8）年にアメリカに留学し，ブリッジウォーター師範学校（マサチューセッツ州），ハーバード大学において，教育学，音楽教育だけでなく，聾唖教育や理学を学ぶなど向学心に富む。森有礼文部大臣時には，文部省編集局長として教科書の編纂にも携わっている。愛知師範学校校長，東京師範学校校長，東京音楽学校初代校長等を歴任し，晩年は楽石社を設立し，吃音矯正事業に力を入れた。　　（上村）

石井　十次（いしい　じゅうじ）（1865-1914）

日本の児童福祉事業の先駆者で「児童福祉の父」といわれる。1887（明治20）年，日本で最初の孤児院（現在の児童養護施設）である岡山孤児院を創設。小舎制，里親制，非体罰主義などからなる岡山孤児院12則を提起し，孤児無制限収容を宣言するなど孤児の処遇向上に努めた。1909（明治42）年には大阪の貧民街に愛染橋保育所を設立し，その周辺の子どもたちの教育に貢献した。また，熱心なキリスト教徒でもあった。　　　　　　　　　　　　　　　　（水津）

石井　亮一（いしい　りょういち）（1867-1937）

1891（明治24）年，日本最初の知的障害児のための社会福祉施設「滝乃川学園」を創立した。石井は大学卒業後，24歳の若さで立教女学院教頭に就任したが，その矢先に濃尾大震災が起こる。この時，不当な扱いを受けていた孤児のために孤児院を開設。この孤児の中に知的障害児がいたことをきっかけに，渡米し知的障害者教育を学ぶ。帰国後，孤児院を滝乃川学園と改称し，知的障害者教育に力を注いだ。その功績から「知的障害者福祉・教育の父」といわれている。　　　　　　　　　　　　　　　（真鍋）

人　名

糸賀　一雄（いとが　かずお）(1914-1968)

滋賀県庁の職員時代に教育者である池田太郎・田村一二からの懇願を受け、糸賀は知的障害児のための「近江学園」を1946（昭和21）年に創設し、その初代園長として活躍した。また1963（昭和38）年には、重症心身障碍児施設「びわこ学園」を創設し、重度児のより良い生活・教育の可能性を追求した。「この子らを世の光に」「『発達保障』の概念」「共に育つ」「自己実現の教育」など、糸賀が提唱した思想は、その後の障害者処遇・サービスに多大な影響を与えている。

（真鍋）

賀川　豊彦（かがわ　とよひこ）(1888-1960)

大正・昭和期に活躍した社会運動家である。幼少時に両親と死別し、親戚に育てられる。神戸神学校卒業後アメリカに留学し、帰国後は労働組合運動に注力する。1920（大正9）年出版の『死線を越えて』がベストセラーとなるが、翌年、神戸の川崎・三菱の両造船所の大争議を指導し、投獄。その後、農民運動、関東大震災の被災者支援に尽力し、晩年には日本のみならず世界的規模で伝道活動や講演活動を行う。

（田中沙）

城戸　幡太郎（きど　まんたろう）(1893-1985)

従来、幼稚園教育は家庭教育を補うものであると考えられていたが、集団保育をより積極的に位置づけ、家庭ではできない幼保独自の教育があるとした。また、戦前より「保育問題研究会」にて教育の機会均等や幼保一元化を提案した。幼児の遊びが生活技術を高め、その技術の発達が将来の社会的協力にまで発展するとした。

文部省教育研修所所長や北海道大学教育学部長などを歴任。『生活技術と教育文化』『幼児教育論』等の著書がある。

（鍛治）

倉橋　惣三（くらはし　そうぞう）(1882-1955)

東京帝国大学では心理学を修めたが、元来子どもが好きで自ら幼児教育施設に出かけて子どもとかかわった。1916年（大正5）年に東京女子高等師範学校附属幼稚園主事となり、それまでの恩物を用いた保育から「子どものさながら」を重視する保育への転換を図った。自然な生活の中で行われる自発的な遊びと幼児同士の相互交渉に教師がかかわる誘導保育法を提唱した。また、児童雑誌編集を手がけ児童文化振興に寄与した。『育ての心』『幼稚園真諦』等の著書がある。

（鍛治）

小西　信八（こにし　のぶはち）(1854-1938)

東京女子師範学校附属幼稚園の第三代監事として、日本の幼稚園創設期における幼稚園教育の基盤づくりに尽力した。附属幼稚園規則の改正に取り組むなかで、保育課目への「読ミ方」、「書キ方」の導入、幼稚園における「つなぎ組」の設置などを行い、幼小の接続を図った。諸外国の保育を研究し、フレーベルの幼稚園思想にも通じていた一方で、欧米の幼稚園とは異なる日本独自の幼稚園のあり方を示した。近代聾唖教育の父としても知られる。

（大野）

沢柳　政太郎（さわやなぎ　まさたろう）(1865-1927)

1865（慶応元）年、長野県に生まれる。東京大学予備門などを経て、東京帝国大学文科大学哲学科を卒業。その後、文部官僚、大学教員とし

て近代日本における公教育制度の設立・整備に努める。京都帝国大学総長などを務めた後，民間教育者として活躍する。1917（大正6）年，実験学校として私立成城小学校を創設し，大正自由教育運動の担い手として活躍する。欧米を視察し，ダルトン・プランなど教育の新動向を紹介した。主著として『実際的教育学』（1909）などがある。
（岡花）

関　信三（せきしんぞう）（1843-1879）

東京女子師範学校附属幼稚園の初代監事（園長）。日本の幼稚園教育の草創期に重要な役割を果たした教育者であり，浄土真宗の僧侶でもあった。海外の幼稚園書の翻訳を通して日本に幼稚園教育を導入し，なかでも，フレーベルの恩物を紹介したことは，当時の保育事業に大きな影響を与えた。1878（明治11）年には，東京女子師範学校に保姆練習科を設置し，保育者養成にも尽力した。著書に，『幼稚園記』（1876），『幼稚園法二十遊嬉』（1978）などがある。
（飯野）

留岡　幸助（とめおかこうすけ）（1864-1934）

日本における社会福祉の先駆者。同志社神学校卒業後，北海道空知監獄の教誨師となり，不良少年教化事業の必要を痛感した留岡は，1894（明治27）年に渡米し，監獄制度，感化事業を学んだ。「少年期の教育こそ犯罪抑止のために最も重要」との考えから，帰国後の1899（明治32）年には，巣鴨に不良少年感化のための家庭学校（現在の児童自立施設）を創設した。1914（大正3）年には，北海道遠軽町に家庭学校を設立し，終生，感化院教育の実践につとめた。
（大野）

野口　幽香（のぐちゆか）（1866-1950）

1890年，東京女子師範学校を卒業後，同校附属幼稚園で保母となる。その後1894年に設立された華族女学校附属幼稚園に異動になる。当時の幼稚園は，富裕層の家庭の子どもたちが通う場所であった。野口は，通勤途中でスラム街の貧しい家庭で育つ十分な保育が受けられていない子どもたちを見かけたことで，貧しい子どもたちにこそ幼児教育が必要であると感じ，森島峰と共に東京四谷に「二葉幼稚園」を開園し，1日7～8時間の長時間保育を行った。
（佐藤）

松野　クララ（まつの）（1853-1931）

日本の幼稚園教育の基礎を築いた人物である。ドイツ人であり，日本の林業教育の先駆者であった松野礀（まつのはざま）と結婚し，松野姓になった。フレーベルから直接保育方法を学んだ経験があり，東京女子師範学校附属幼稚園創設時にドイツから招かれ1876（明治9）年に来日する。幼稚園では初代園長の関信三の下で主席保母として働き，豊田芙雄（とよだふゆ）や近藤濱の2名の保母らの指導を行った。また，1878（明治11）年に東京女子師範学校に保母師範科ができた際には，フレーベルの理論なども講義した。
（佐藤）

人　名

アイザックス　Isaacs, S. (1885-1948)

フロイト派の心理学者であり，「イギリスのデューイ・スクール」とも称されたモールティングハウス実験学校の校長を務め，その成果を『幼児の知的発達』と『幼児の社会的発達』に著した。1933年よりは，ロンドン大学教育学部に設立された児童発達学科の初代学科長を務める。観察を主体とした子ども理解の方法，幼児期における遊びの重要性を強調するとともに，講演や育児相談などを通して家庭教育の向上に貢献した。
(島津)

アリエス　Ariés, P. (1914-1984)

フランス中世社会史家，アナール学派に属し，「日曜歴史家」とよばれた。特に家族，子ども，死をテーマとし，感情，生死への態度といった心性の歴史をその研究対象とした。主著『＜子供＞の誕生』では，家族意識と子ども意識が，近代化の進行に伴い発生する様子を，図像記述や日誌，書簡等豊かな資料を用いて明らかにした。特に中世以前では子ども概念が存在しなかったと指摘し，中世以降，子どもという概念が形成されたと主張した。
(北野)

イタール　Itard, J. M. (1774-1839)

1799年に南フランスのアヴェロンの森で発見された野生児（通称「アヴェロンの野生児」）に対して，約6年間の実験教育を行ったことで知られるイタールは，フランスの医師であるとともに，聾唖教育や知的障害児教育の先駆者でもある。イタールによりまとめられた野生児教育や感覚教育の手法は，その後のセガンやモンテッソーリらによる幼児教育・障害児教育の思想・方法論等に対しても，多大な影響を与えている。
(真鍋)

オーエン　Owen, R. (1771-1858)

イギリスの社会主義者である。紡績業で成功する一方で，労働者階級の子どもたちが幼少時より過酷な労働を強いられている現状に直面し，幼児の工場労働を規制した。さらに，環境により人間の性格が形成されると主張し，工場に性格形成学院と呼ばれる学校を併設した。これがイギリスの幼児学校運動の端緒となる。後に，アメリカに渡り共産主義的なコミュニティ建設を試みるも失敗したため，空想的社会主義者と揶揄されることもある。
(田中沙)

オーベルラン　Oberlin, J. F. (1740-1826)

ドイツ出身の牧師である。1769年フランスにて，制度的・内容的に確立された児童保護施設（保育所）を世界で初めて創設した。そこでは貧しい農家の子どもたちを対象として，遊び，信仰，道徳，標準的なフランス語とともに糸紡ぎや編み物を教えた。そのため，この施設は編み物学校と呼ばれるようになったが，福祉的な保護施設というだけでなく，地方の農村の子どもたちに対する積極的な教育施設という性格を持った。
(田中沙)

カイヨワ　Caillois, R. (1913-1978)

フランスの社会学者。著書『遊びと人間』において「遊び」を人間にとって本能的なものであるととらえた。また「遊び」を，「アゴン（競争）」（かけっこのような勝ち負けがある遊び），「アレア（偶然）」（じゃんけんのような偶然の

運に賭ける遊び),「ミミクリ(模倣)」(ままごとのような自分以外のものになりきる遊び),「イリンクス(眩暈)」(ブランコのような急な回転や落下運動による混乱や興奮を楽しむ遊び)の4種類に分類した。　　　　　　（水津）

ギブソン　Gibson, J. J.（1904-1979）

アメリカの心理学者。情報処理論的な知覚観とは異なる生態学的知覚論を唱え,生態心理学の領域を拓いた。これまでは動物は環境から刺激を受け,それを脳の中で処理して意味のある情報を得ると考えられていた。これに対しギブソンはアフォーダンスの概念を提唱した。ギブソンによると,動物は環境を探索することで,環境の中に実在する自分にとって価値や意味のある情報(アフォーダンス)を獲得するという。主な著書に『生態学的視覚論』がある。

（水津）

キルパトリック　Kilpatrick, W. H.（1871-1965）

アメリカの教育学者である。コロンビア大学において,デューイに師事したことにより弟子とも称されるが,後には同僚としてデューイが没するまで共同研究を行っている。その中で最も大きな功績の1つが,プロジェクト・メソッドである。彼は,デューイとともにその基礎理論の確立,実践方法の考案を精力的に行い,プロジェクト・メソッドを世界的に広げた。

（上村）

ケイ　Key, E.（1849-1926）

スウェーデンの思想家であり,フェミニストとしても活躍した。教育の分野では『児童の世紀』(1900)が有名である。ケイは,当時の学校を画一的な人間をつくる工場に喩え,子どもの個性の尊重した個別的教育の必要性を強調した。社会進化論的な思想を背景に優生学的な観点から現代では差別とも取れる考えを展開している一方で,他者の権利を侵害しない限り子どもの自由を最大限に認めるなど,子どもの権利の尊重を進める20世紀の思想を先取りした。

（武内）

コールバーグ　Kohlberg, L.（1927-1987）

道徳性発達理論を提唱したアメリカの心理学者。1958年にシカゴ大学で学位取得後,イェール大学,ハーバード大学で教鞭を取る。ハーバード大学在任時には,同大学の道徳教育発達センターの所長を担った。表層的な行動や人格特性からではなく,環境との相互作用を背景に,個人の深層部分で形成される認知構造から道徳性をとらえる道徳性発達理論は,日本でも「モラルジレンマ授業」として導入されている。

（飯野）

コメニウス　Comenius, J. A.（1592-1670）

モラヴィア生まれの牧師であり,教育思想家として知られている。近代教育学の父と称される。主著に『大教授学』(1657)などがある。コメニウスの思想はキリスト教を背景としているものの,人間の教育を0歳から6年ごとの4つの段階に区分して,わずかな労力で愉快に着実に行える教育を構想し,1度に1つのことだけを教える,普遍的なものから特殊なものに進む,などの近代的な教育の原則を示し,男女・貧富の差を問わない教育を提唱した。　　（武内）

人　名

シュタイナー　Steiner, R.（1861-1925）

シュタイナー教育の創始者。1861年，オーストリアに生まれ，哲学や自然科学などを学び，ゲーテ全集の編集にも従事した。人智学（アントロポゾフィー）を確立し，1919年にヴァルドルフ学校を設立した。シュタイナーは，人間には7年ごとに節目があると考え，0～7歳までを「第一・七年期」と呼び，最初の7年間がその後の長い年月よりも重要な意味を持っていると述べた。また，自然，他の人，自分自身について「あるがままに見る」ということを目指していた。　　　　　　　　　　　　　　（佐藤）

ソーンダイク　Thorndike, E. L.（1874-1949）

アメリカの心理学者である。「猫の問題箱」という実験では，箱の中の紐を引くことで，フタが開く構造の箱の中に猫を入れ，猫が箱の外の餌をとるまでの行動から試行錯誤説を説いた。その他にも，学習は刺激と反応の間の結合の強弱に依るとする結合の法則や，満足，不満足，強度による効果の法則等を唱えた。特に教育評価の分野で評価が高く，教育評価の父とも呼ばれる。　　　　　　　　　　　　　　（上村）

デューイ　Dewey, J.（1859-1952）

アメリカのプラグマティズムを代表する哲学者で，進歩主義教育の創始者の1人。問題解決型学習は彼の思考や経験，学習に関する理論に基づく。子どもは，実際の体験の中から経験的に学ぶものであるとし，特に幼児期の遊びの重要性を説いた。子どもの興味関心こそが教育をつくる上で中心となると考えた（児童中心主義）。主著書は『学校と社会』（1899），『民主主義と教育』（1916），『経験と教育』（1938）。（北野）

バセドウ　Basedow, J. B.（1724-1790）

ドイツの啓蒙思想家であり，ルソーの思想を実践に移す汎愛学院を1774年にデッサウに設立した。汎愛学院では，実生活に必要な知識が重視され，言語教育はこれまでの古典語や外国語の重視を排して国語教育が中心となった。また，健康増進のため体育なども重視された。教育方法としては遊びを取り入れる工夫がなされた一方で，訓育に関しては賞罰を用いて，服従の習慣を育成させようとする厳しいものであった。
　　　　　　　　　　　　　　　　　（武内）

フーコー　Foucault, M.（1926-1984）

フランスの哲学者・歴史学者。知（言説）の歴史的分析によって「知と権力の共犯関係」を批判的に描き出したことで知られる。クラスや個人を秩序化する「規律訓練型権力」，カウンセリングや心の教育にも通じる「司牧権力」，国民を管理・統制し活用する福祉的な「生－権力」など，独自の「権力」概念によって現代社会を批判的に分析する視点を提示した。現在，フーコーの問題意識を継承し，子どもを対象とする学問と「権力」との関係を批判的に分析する研究も登場している。　　　　　（白銀）

ブルーナー　Bruner, J. S.（1915-　）

アメリカの心理学者。ニューヨークに生まれ，ハーバード大学で動物心理学を学ぶ。第二次世界大戦後，欲求や動機づけが知覚に与える影響についての研究を行う。その後，1959年にはアメリカの教育改革に関わるウッズホール会議の

議長を務め『教育の過程』を出版する。1972年にイギリスに渡り，オックスフォード大学で乳幼児発達の研究を行い，援助者の役割として「足場かけ」の概念を提唱する。近年では，文化心理学やナラティヴに関する研究を発表している。　　　　　　　　　　　　　　（岡花）

ブルデュー　Bourdieu, P.（1930-2002）

フランスの社会学者。社会階層によって異なる知識・趣味・習慣など態度・性向の総体を「ハビトゥス（habitus）」とよび，階層間格差が再生産される社会構造を解明したことで知られる。ブルデューによれば経済的成功と結びつきやすい上位の階層のハビトゥス（文化資本と経済資本の相関）は，大部分が集団の中で無意図的に伝達される。また中産階級のハビトゥスをモデルとする学校は，特に下位の階層の人々を排除する社会的機能を担っているとされる。（白銀）

フレーベル　Fröbel, F. W. A.（1782-1852）

世界最初の幼稚園の創設者。ドイツに生まれる。実母とは死別，仕事で多忙な父のもと孤独な幼少期をすごした。フレーベルには，教育は命令的，規定的，干渉的であってはならず，受動的，追随的であるべきだという考えがある。また，子どもにとって「遊び」が重要であり，「遊び」の中で子どもの自己活動が実現するとした。そこで，幼児のための遊具として「恩物」を考案し，それを実践するための場所をつくり，それを「幼稚園」（kindergarten）と名づけた。
　　　　　　　　　　　　　　（佐藤）

ベイトソン　Bateson, G.（1904-1980）

アメリカで活躍した文化人類学・精神医学などの研究者。精神病棟でのフィールドワークから，統合失調症の原因は，言葉による直接的なメッセージとメタメッセージとの間に生じた矛盾であるとし，これを「ダブルバインド」と定義した。このダブルバインド理論は，現在，家族療法などに援用されている。主な著書に『精神の生態学』『精神と自然—生きた世界の認識論』がある。　　　　　　　　　　　　（水津）

ペスタロッチー　Pestalozzi, J. H.（1746-1827）

スイスの教育思想家，実践家。チューリッヒの大学に学び，ルソーその他の啓蒙思想に触れ，政治改革を求める学生組織に参加する。その後，農業経営の傍ら，シュタンツで貧児・孤児の救済教育事業を行う。1804年，イヴェルドンに国民学校を開き，教育実践研究のセンターとして多くの国々から学園の参観希望者が集まり，各地にペスタロッチー運動が広がる。主著として『隠者の夕暮』『リーンハルトとゲルトルート』などを残す。　　　　　　　　　　（岡花）

ホイジンガ　Huizinga, J.（1872-1945）

文化現象から「遊び」と「人間」の関係性をとらえた，オランダの文化史家。フローニゲン大学卒業後，アムステルダム大学講師，フローニゲン大学教授を経て，1915年にライデン大学教授に就任した。「文化は遊びに先行する」という考え方に対し，「文化こそ遊びから生まれる」という持論を提唱した。この理論をもとに，人間行動と遊びを関連づけ，遊びを原点におく人間文化論を説いた。著書に，『中世の秋』

人名

(1919),『ホモ・ルーデンス』(1938) などがある。　　　　　　　　　　　　　　　　（飯野）

マラグッティ　Malaguzzi, L.（1920-1994）

イタリアのレッジョ・エミリア市の幼児学校等で行われる保育実践を発展させた功労者である。1964年の市立の幼児学校の設立以来，多くの理論を参照し，構成主義的な思想背景から子どもの学びをアイディアの構成と考えて，大人と子どもが生活と関わりを共有しあう場所としての幼児学校を構想して実践を方向づけてきた。5人以内程度の少人数で協議しながら子どもの自由な探究活動を行うプロジェクトを中心に保育を行う方法は世界的に注目を集めた。　（武内）

ミード　Mead, G. H.（1863-1931）

アメリカの社会心理学者。教育学者デューイとの親交も厚かった。自我（self：自己とも訳される）の発生と発達のあり方を，役割取得によって形成される客我（me）と，それを能動的に変容させる主我（I）とのダイナミズムとして描き出した。幼児教育においては，身近な他者の模倣「ごっこ遊び」や，複数の他者の役割を理解しながら自己の役割を構成していく「ゲーム遊び」などの意義を明らかにした点で高く評価される。　　　　　　　　（白銀）

ミード　Mead, M.（1901-1978）

アメリカの文化人類学者。サモアやニューギニアなどでの現地調査を通して，欧米では当たり前とされてきた思春期の困難や性による特性の差異は，個々の文化や社会の中で特定の育児様式を通じて獲得されるものにすぎず，決して普遍的なものでも生物学的に決定されているものでもないことを証明しようとした。このように文化や性を多元的・相対的にとらえることに多大な貢献をしたといえる。これらの調査をまとめた『サモアの思春期』や『男性と女性』が有名である。　　　　　　　　　　（西原）

ルソー　Rousseau, J. J.（1712-1778）

スイスのジュネーブに生まれる。政治思想家として『社会契約論』（1762）などを著してフランス革命に影響を与える。教育に関しては，自らの子どもを孤児院に預けるなどしている一方で，主著『エミール』（1762）は多くの国で読み継がれる。『エミール』の中で，①自然による教育，②人間による教育，③事物による教育に分け，特に自然の法則に従って自然に育てることを理想とした。また，「むすんでひらいて」を作曲したとされる。　　　　（岡花）

ロック　Locke, J.（1652-1704）

イギリスの近代民主主義の思想家で名誉革命の理論的指導者，経験論者。子どもは白紙の状態で生まれ，それゆえに，教育が人間に与える影響が大きいとし，合理的で系統的な教育の必要性を指摘した。また，親による子どもを教育する権利を主張しつつ，過保護や甘やかしを懸念した。特に幼児教育に関しては，後の教育への影響を指摘し，幼児期からの生活習慣の形成の必要性を指摘した。主著書に『人間悟性論』（1689），『教育論』（1693）がある。　（北野）

【引用・参考文献】

Bernstein, B.（1978）. *Class, Codes and Control. Volume3, Towards a theory of educational transmissions.* 2nd edition. Routledge & Kegan Paul Ltd. through Japan UNI Agency, Inc. 萩原元昭（編訳）（1985）. バーンスティン教育伝達に社会学―開かれた学校とは― 明治図書
藤枝澪子・グループみこし（2001）. 実践事例 どう進めるか，自治体の男女共同参画政策 学陽書房 p. 20.
森　楙（1988）. 遊びの理論 安藤美紀夫・高野　陽・田村健二・野村東助・深谷昌志・森上史朗・柚木　馥（編）現代子ども大百科 中央法規出版 pp. 510–513.
森　楙（1996）. 遊びの定義と幼児教育 森　楙（監修）ちょっと変わった幼児学用語集 北大路書房 p. 7.
日本弁護士連合会沖縄問題調査委員会（1981）. 沖縄無国籍児問題調査報告書 p. 5.
斉藤純一（2000）. 公共性 岩波書店
菅谷明子（2000）. メディア・リテラシー 岩波書店 p.v.
鈴木一代（2004）「国際児」の文化的アイデンティティ形成 異文化間教育，**19**，42–53.

事項索引（五十音順）

● ● ● ● ● ● ● ● ● ● ● ● ● ● **あ** ● ● ● ● ● ● ● ● ● ● ● ● ● ●

愛着　25, 48, **50**
　　——形成　49
　　——の型　50
　　——の内的ワーキングモデル　48
アイディア　9
アイデンティティ　35, 229
アヴェロンの野生児　30, 242
赤い鳥　133
アカウンタビリティ　238
赤ちゃんポスト　195, 206
アゴン（競争）　242
アサーティブネス　232
足場かけ　245
預かり保育　25, 186
アストラル（生命）体　126
アスペルガー症候群　72, 80, 82, 83, 89
遊び　56, 60, 69, 122
　　——が育つ環境　8
　　——と社会性　8
　　——と情緒　9
　　——と人格形成　10
　　——と創造性　9
　　——と知的能力　10
　　——の古典理論　14
　　——の発達　58
アタッチメント　222
後伸びする力　18
アトピー性皮膚炎　123, 160
アニミズム　40
アニメ　133, 217, 220
アフォーダンス　243
アミューズメント　237
アメラジアン　229
アメリカ精神遅滞学会（AAMR）　70
アレア（偶然）　242

アレルギー　160
安全基地　50
安全マップ　170
アンチバイアス・カリキュラム　109
アンデルセン童話集　133
アントロポゾフィー　244

● ● ● ● ● ● ● ● ● ● ● ● ● ● **い** ● ● ● ● ● ● ● ● ● ● ● ● ● ●

イェール大学　243
生きる力の基礎　17, 18
育児
　　——・介護休業制度　191
　　——雑誌　179
　　——ストレス　179, 195
　　——ノイローゼ　179
　　——の孤立化　178
　　——不安　178, 183
　　——法　217
　　——放棄　72
　　——メディア　217
イクメン　198
移行期　218
依存　50
一時保育　186
1歳6か月児健診　91, 145
一斉保育　129
逸脱行動　226
1.57ショック　189
遺伝説　30
異年齢交流　130
異年齢集団　220
異年齢保育　210
居場所　224
異文化理解　229, 235
意味ある他者　219
イメージ　9
医療実践　218

事項索引

医療的ケア　67, 75
イリンクス（眩暈）　243
インクルーシブ保育　65
インクルージョン　67, 69
隠者の夕暮　245
インターネット　219, 237
インタビュー　138, 219
インテグレーション　67
インフォーマント　219

●●●●●●●●●う●●●●●●●●●

ヴィゴツキー理論　34
ウッズホール会議　244
運動会　154
運動能力　8

●●●●●●●●●え●●●●●●●●●

栄養教諭　160
栄養指導　160
エーテル（意思）体　126
エコラリア　81
エスノグラフィー　219
エデュケア　136
エピソード記憶　114
エポック授業　126
絵本，紙芝居　133
エミール　246
エリクソンの社会心理的段階　35
園外保育　152
園具・教具の整備　157
援助　8
燕石雑誌　133
エンゼルプラン　190
遠足　153
延滞模倣　44, 45
園長のリーダーシップ　112
延長保育　122
園と家庭の連携　208
園内研修　93
園内体制（の整備）　90, 93

●●●●●●●●●お●●●●●●●●●

オイリュトミー　127
応答性　56
応答的環境　166
近江学園　240
オープンエデュケーション　158
オープン・エンド　108
お稽古事　6
オックスフォード大学　245
お話　121
親業　197
親教育　199
親子関係　48
おやじの会　211
恩　125
音楽　121, 122
音楽リズム　117
恩物　125, 156

●●●●●●●●●か●●●●●●●●●

絵画　121
絵画製作　117
外言　34
外見的な貧困　234
外国人学校　231
外国人労働者　227
概日リズム　149
ガイドライン　137
カウプ指数　162
カウンセリングマインド　92
過干渉　190
鍵となる能力　139
可逆性　41
核家族化　123, 178, 195, 217
学習塾　6
学習障害（LD）　83, 101, 102
学習の芽生え　18, 21
覚醒水準　15
覚醒−追求としての遊び説　15
拡張現実　238

250

事項索引

学童保育　184
隠れたカリキュラム　109
家系研究　30
仮想現実　237
家族崩壊　226
かたづけ　148
楽器　134
学校
　——運営協議会　238
　——伝染病　146
　——と社会　244
　（幼稚園における）——評価　112
　——評議員　238
　——保健安全法　146
葛藤　9
家庭
　——教育　219
　——教育力の低下　235
　——・地域の教育力　178
　——的保育　184
　——内暴力（DV）　203
　——訪問　208
加配　94
過保護　190
身体を動かす遊び　4
感音性難聴　76
感覚
　——運動期　20, 34, 36, 38
　——運動機能　134
　——器の障害　75
　——教具　126
環境　108, 118
　——閾値説　31
　——教育　236
　——説　30
　——による教育　118
観察　138
観察学習　61
慣習　215
感情　9
感動体験　179

元年ショック　118
緘黙　74

●●●●●●●●●き●●●●●●●●●

キイ・アヴィリティ　139
記憶方略　43
気質　49
吃音　70, 73
気晴らし説　14
規範意識の芽生え　20
基本的な生活習慣　223
きまり　221, 223
客我　246
虐待　98, 173, 205
虐待防止　98
休日保育　187
休息　121
吸啜反射　37
休養説　13
教育実践　218
教育論　246
教科と領域　108
共感　8, 17
共感性　56, 58
共生　228
競争　228
鏡像認知　52
きょうだいへの支援　99
共通認識　93
共通の目的　4
協同する経験　4
共同注意　46
協同的な学び　17, 100
京都帝国大学　241
共鳴動作　37
共鳴反射　37
協力　17
キリスト教学校国際協会（ACSI）　231
キリスト教保育　125
「キレる」子ども　89
記録　111

251

事項索引

均衡化　29, 38
筋ジストロフィー　77
筋疾患　77

く

具体的操作期　20, 34
クラス運営　221
グリム童話集　133
クレーン現象　84
グローバリゼーション　227

け

経験と教育　244
形式的操作期　20, 34, 42
芸術　215
系統発生　29
ケーススタディ　115
ゲーム　237
劇遊び　121
見学　121
言語　31, 117, 122
健康　5, 108, 117, 118, 122
　——教育　121
　——状態の観察　121
　——診断　121
言語障害　70, 103
言語発達遅滞　72
原始反射　36, 37
鍵盤楽器　134
鍵盤打楽器　134

こ

語意学習　47
誤飲　168
行為障害　87, 88
構音障害　70
高機能自閉症　83, 89, 101
公共性　227
合計特殊出生率　189
攻撃行動　59
攻撃性　56, 59

口唇期　35
公正さ　222
構造化　80, 81
高等学校卒業程度認定試験　231
行動観察と記録　68
行動分析学　33
行動療法　33
高度経済成長期　217
広汎性発達障害　72, 74, 80, 83
肛門期　35
効用説　12
交流及び共同学習　103
交流教育　103
効力感　15
高齢者　193
コーディネーター　90, 91, 130
コーナー保育　158
刻印づけ　29, 31
国際
　——協力　234, 235
　——結婚　196
　——児　229
　——生活機能分類（ICF）　66, 80
　——的協調　228
　——的流動性　228
心の理論　43, 82
5歳児健診　91, 145
孤児院　239
孤食　162
個人情報の保護　238
誤信念課題　43
午睡　121, 150
個性化　56
子育て　219
　——サークル　183, 185
　——支援　235
個体発生　29
こだわり　82
国家公務員倫理法　210
ごっこ遊び　8, 45, 60, 121
ごっこ遊びからの発達　12

事項索引

言葉　8, 108, 118
子ども
　　——観　216
　　——期　216
　　——虐待ホットライン　173
　　——・子育てビジョン　191
　　——集団の小規模化　6
　　——の家　126, 156
　　——の意見表明権　172
　　——の権利条約　172
　　——の権利としての幼児教育　23
　　——の権利保障　216
　　——の最善の利益　173
　　——白書　174
個に応じた支援　68
個別検査　121
個別の教育支援計画　68
個別の支援計画　104
個別（の）指導計画　68, 90
コミュニケーション　12
コミュニティ　219, 221
　　——・カレッジ　219
　　——・スクール　219
コロンビア大学　243
混合家族　226
混合性難聴　76
混合保育　130
コンサータ　86
コンサルテーション　94
コンピュータ　132, 135
コンピュータゲーム　237

● ● ● ● ● ● ● ● ● さ ● ● ● ● ● ● ● ●

サーカディアンリズム　149
差異化　225
再認　40
サヴァン症候群　84
作業記憶　40
里親養育　201
サポートファイル　104
サポートブック　96

サモアの思春期　246
三項関係　44, 46
3歳児健診　91, 145
3歳児神話　199
三色食品群　160
サンタクロース　222
三間の減少　166
参与観察　219

● ● ● ● ● ● ● ● ● し ● ● ● ● ● ● ● ●

シェマ　34, 36, 38
支援シート　91
ジェンダー　229
ジェンダー・リテラシー　236
支援チーム　94
自我　52, 59, 126, 246
視覚障害　76
視覚的断崖　57
シカゴ大学　243
自我同一性　35, 52
自我の発達　55
自我の芽生え　54
自己　52
　　——意識　53-55
　　——概念　224
　　——実現　54
　　——主張　12, 52, 54, 56, 59
　　——制御　52, 54, 59
　　——制御能力　12
　　——中心性　42, 47
　　——中心的　34
　　——中心的言語　47
　　——調整　29
　　——評価　112, 238
　　——抑制　12, 54, 59
思考力の芽生え　20
自主性　54
次世代育成支援対策　189
自然　117, 122
自然観察　121
自然体験　179, 220

253

事項索引

死線を越えて　240
自尊感情　89, 232
肢体不自由　79, 103
しつけ　54, 178
失語症　70
実践　218
質問紙調査　219
シティズンシップ　232
児童
　――委員　202
　――館　204
　――虐待　123, 203
　――虐待の防止等に関する法律　201
　――憲章　174
　――相談所　204
　――手当　202
　――の世紀　216
　――発達センター　137
　――福祉施設最低基準　121
　――文学　133, 220
　――養護施設　205, 239
自発性　17, 54
慈悲　125
自閉症　71, 80
自閉スペクトラム症　72, 83
死への準備教育　164
市民（性）教育　232
社会　217, 122
　――化　56, 178
　――観察　121
　――契約論　246
　――生活　223
　――的学習理論　56, 61
　――的参照　56, 57
　――的スキル　56
　――的微笑　57
　――文化的アプローチ　139
弱視　76, 103
自由遊び　121
自由ヴァルドルフ学校　126

就学
　――指導（委員会）　101
　――相談　101
　――前準備としての幼児教育　23
　――連絡協議会　102
宗教　229, 231
宗教と保育　235
就巣性　31
集団遊び　121
集団生活　17
重度重複障害　79
自由保育　129
守狐扶独幼稚児保護会　239
主体性　17
シュタイナー教育（保育）　126
出産　189
出席停止となる病気　146
馴化・脱馴化　36, 39
循環反応　38
準備説　14
小一プロブレム　24, 100, 104
障害　66
　――児保育　122
　――者　227
　――者白書　79
　――受容　97
　――のある子どもと遊び　69
　――理解教育　69
省察　111
少子化　123
少子化社会対策　190
象徴遊び　44, 45, 58
象徴機能　41, 44
情緒障害　103
衝動性　86
情動と感情　53
情動表出　53
生得的　30
小児崩壊性障害　83
少年漫画　217
情報開示　238

事項索引

情報公開　238
情報交換　219
消防法　170
所記　44, 46
食育基本法　161
食中毒　169
食品衛生法　161
食品添加物　161
事例研究　115
シングルマザー　226
親権　201
信仰　215
人工論　40
神社保育　125
人種　229
新生児　56
　──期　36
　──スクリーニング検査　97
　──微笑　56, 57
　──模倣　36, 37
身体
　──活動量　150
　──障害　75
　──的能力　231
　──発達　12
人智学　244
人的環境としての保育者　165
進歩主義教育　126, 244
信頼関係　134
神話　217

す

スキナーの新行動主義　33
スキル　222
ストーリー　8, 232
ストレス　14
ストレンジ・シチュエーション法　48, 50
砂場　165
刷り込み　29, 31

せ

性　231
生活
　──・遊び　122
　──技術と教育文化　240
　──の連続性　5
　──発表会　153
　──リズム　148
性器期　35
製作　121
性差別　236
成熟　30
精神医学　115
精神的胎児　126
精神分析　35
生態学的視覚論　243
精緻化　43
制約　44, 47
性役割　52, 55
生理的早産　29, 31
責任のパラドクス　233
セクシズム　236
セサミストリート　137
世代間交流　193
絶対的貧困　234
説明責任　238
セルフエスティーム　232
セルフマネジメント　88
前概念的思考　41
選好注視（法）　36, 39
全国保育士会倫理綱領　210
潜在期　35
前操作期　20, 34, 41
選択性緘黙症　74
先天性代謝異常　73
全米乳幼児教育協会（NAEYC）　136
選別　225
全盲　76
専門機関連携　65, 97

255

事項索引

● ● ● ● ● ● ● ● ● ● ● そ ● ● ● ● ● ● ● ● ● ● ●

早期教育　**179**
早期対応　65
早期発見　65
早期療育　75, 78
造形　122
相互作用説　31
双生児　30
創造活動　9
創造的思考　9
想像力　9
想像力による学び　21
相対的貧困　234
創発的カリキュラム　**108**
双方向的行為　218
相補性　41
ソーシャルスキルトレーニング　85-87, 88
ソーシャルワーカー　204
ソーシャルワーク　115
育ての心　240
ソフトウェア　135
ソフトサイン　85
祖父母の育児　**180**
素朴心理学　47
素朴生物学　47
素朴物理学　47

● ● ● ● ● ● ● ● ● ● ● た ● ● ● ● ● ● ● ● ● ● ●

第一反抗期　**54**
大教授学　13, 243
体験の多様性と関連性　5
第三者評価　212, 238
対象の永続性　38, 39
体制化　43
体内時計　149
体内リズム　**149**
ダウン症候群　71, 72
ダウン症児の保育　**72**
滝乃川学園　239
多元知能理論（MI理論）　139

多相性睡眠　150
脱中心化　42
縦割り保育　130, 210
多動性　86
多動な子ども　85
ダブル　229
ダブルバインド　245
多文化教育　**231**
探求　108
男根-エディプス期　35
探索活動　50
男女共同参画社会　197
男性と女性　246
単相性睡眠　150

● ● ● ● ● ● ● ● ● ● ● ち ● ● ● ● ● ● ● ● ● ● ●

地域　219
　（——）共同体　219
　——子育て支援センター事業　**183**
　——社会　219
チーム・アプローチ　**94**
智慧　125
地区　219
知識　215
父親の育児　**197**
知的障害（について）　70, 71
知的能力　10
知的発達　12
知能（検査）　71
知能指数（IQ）　71, 82
注意欠如・多動症（AD/HD）　83, 86, 87, 89, 100-103
中心化　47
中世の秋　245
聴覚障害　76
長時間保育　**186**
調節　36
（超）早期教育　66
重複障害者の指導　68
直立姿勢　31
直感的思考　41

事項索引

●●●●●●● つ ●●●●●●●

通過儀礼　217
通級指導教室　103
通級による指導　101
つどいの広場　183
積み木　10, 157

●●●●●●● て ●●●●●●●

手遊び　134
ティーチング・マシン　33
ティーム保育　130
定期健康診断　91
ディズニー映画　133, 234
適応行動　71
デス・エデュケーション　164
テ・ファリキ　139
デュシャンヌ型　77
テレビ（ゲーム）　135, 166, 180, 220, 237
伝音性難聴　76
てんかん　74
電子メール　219

●●●●●●● と ●●●●●●●

トイレトレーニング　149
同一性　41
登園　223
同化　36
同化と調節　38
動機づけ　15
東京女子（高等）師範学校附属幼稚園　125, 156, 240
東京帝国大学　240
同質化　225
統制　9
道徳　215
道徳規則　233
道徳教育　178
道徳性　56, 60
童話　133, 217
トータルコミュニケーション　78

ドキュメンテーション　114
特別支援
　——学級　102
　——学校　102, 103
　——教育　101
　——教育コーディネーター　102
特別な教育的ニーズ　66
都市化　6, 217
ドメスティック・バイオレンス（DV）　203
ともに生きる体験　125
共働き夫婦　180
トラブル　16

●●●●●●● な ●●●●●●●

内言　34
内的ワーキングモデル　51
内容の取扱い　118
仲間　221
　——関係　20, 220
　——集団　56, 60, 221
　——文化　221
眺める学び　21
仲良しグループ　221
習い事　6
難聴　103

●●●●●●● に ●●●●●●●

新潟静修学校　239
二次障害の予防　88
二次的問題　89
二足歩行　30
日常的営み　223
入園式・卒園式　152
乳児院　51, 205
乳児期　36
ニュー・メディア　237
乳幼児期からの外国語教育　230
乳幼児健康診査　144
乳幼児突然死症候群（SIDS）　123, 168
人形しばい　121
人魚姫　234

事項索引

人間関係　5, 108, 118
人間悟性論　246
認知的制約　**47**
認定こども園　78, 209
認定ベビーシッター　185

● ● ● ● ● ● ● ● ● ● ● ● ね ● ● ● ● ● ● ● ● ● ● ● ● ●

ネグレクト　72
猫の問題箱　244
年中行事　121
年齢　231
年齢区分　122

● ● ● ● ● ● ● ● ● ● ● ● の ● ● ● ● ● ● ● ● ● ● ● ● ●

能記（と所記）　44, **46**
脳性まひ　71, **77**
能力 - 効力説　**15**
ノーマライゼーション　65
望ましい経験や活動　118
ノロウィルス　169

● ● ● ● ● ● ● ● ● ● ● ● は ● ● ● ● ● ● ● ● ● ● ● ● ●

把握反射　36, 37
パーセンタイル曲線　146
パーソナリティ　10, 226
バーチャル空間　219
バーチャルリアリティ　237
ハードウェア　135
ハートビル法　75
ハーバード大学　243, 244
バーバリズム　76
入り込む学び　21
バイリンガル教育　230
ハインリッヒの法則　169
発育測定　144
発散　9
発達
　――課題　33
　――過程　122
　――障害　97
　――障害者支援センター　97

――障害者支援法　78
――段階　110
――に即した指導　**67**
――にふさわしい教育実践（DAP）　136, 137
――の最近接領域　34
――や学びの連続性　17
パニック　85, 89
ハビトゥス　245
パブリック　233
早寝早起き朝ごはん　148
バリアフリー　75, 79
反抗挑戦性障害　87-89
ハンドリガード　53
反復説　14

● ● ● ● ● ● ● ● ● ● ● ● ひ ● ● ● ● ● ● ● ● ● ● ● ● ●

ピアサポート　97
ピアジェ理論　34
非営利団体（NPO）　**235**
ビオトープ　164
微細脳機能障害（MBD）　86
人見知り（と分離不安）　48, 49
ひとり遊び　58, 60
ひとり親家庭　**195**
ひとりごと　47
一人っ子　**190**
肥満度　**162**
ヒヤリハット　169
評価　**111**
表現　21, 108, 118
表現力の芽生え　**21**
表示規則　53
病児・病後児保育　**186**
病児保育　144
病弱・身体虚弱　103
表象　38, 44, 45
病理現象　226
敏感期　31
貧困問題　**234**

ふ

ファミリー・サポート・センター　183
ファミリー・フレンドリー企業　191
ファンタジー　222
フィールドワーク　138, 219
フェアネス　222
フェニルケトン尿症　73
フェミニズム　236
フォルメン　126
不確実性　8
複合家族　226
福祉サービス第三者評価事業　212
福祉実践　218
輻輳説　29, 30
二葉幼稚園　241
不注意　86
仏教保育　125
物質体　126
父母の会　211
プライベート　233
プラグマティズム　244
ふり遊び　41, 45
フレーベル主義　125
プレゼンテーション　138
フレンドシップ　222
フロイト理論　35
プログラム学習　33
プロジェクト・アプローチ　138
プロジェクト・スペクトラム　139
プロジェクト・ゼロ　139
文化化／社会化　221
文化的アイデンティティ　230
文化の多様性を認める保育教材　232
文化−歴史的アプローチ　34
分離個体化理論　198
分離不安　48

へ

ペアレンティング　196
ペアレントトレーニング　85-87, 88

平行遊び　58, 60
米国精神医学会（DSM）　70
米国西部地域私立学校大学協会（WASC）　231
壁面構成　157
ヘッド・スタート　137
ベビーシッター　184, 185
ベビーホテル　209
ペロー童話集　133

ほ

保育
　──カウンセラー　92
　──環境評価スケール（ECERS）　113
　──カンファレンス　92, 94, 112
　──サービス　25
　──参観　208
　──実践　218
　──者の専門性　123, 211
　──者の専門性形成　111
　──者の倫理　210
　──所運営要領　121
　（1965年以前の）──所の保育内容　121
　──所保育指針　91
　　1965年──　122
　　1990年──　122
　　1999年──　123
　　2008年──　123
　──に欠ける児童　121
　──の長時間化　25
　──ママ　184
　「──要領」時代の保育内容　117
ボイタ法　77
放課後児童クラブ　184
防災マニュアル　170
法律　215
ポートフォリオ　113
母語　230
歩行反射　37
保護者　17
　──会　211
　──参観　153

259

事項索引

　　——との連携　95
　　——の会　96
　　——の精神的課題　99
　　——の保育参加　212
母子
　　——カプセル　178
　　——関係　25, 48
　　——健康手帳　145
　　——分離　50
　　——保健法　145
　　——密着化　198
ポストモダニズム　227
ホスピタリズム　48, 51
母性神話　197, 198
母性剥奪　48, 51
保存　41
ボディパーカッション　134
ボバース法　77
保母　121
ホモ・ルーデンス　246
保幼小連携　104
本能説　14

● ● ● ● ● ● ● ● ● ま ● ● ● ● ● ● ● ● ●

マイノリティ　227
マインド・ブラインドネス　82
マオリ　139
マジョリティ　232
学びの物語　139
マルチメディア　132

● ● ● ● ● ● ● ● ● み ● ● ● ● ● ● ● ● ●

見えない教育方法　110
未熟な親　195
見立て遊び　41, 45
3つの山問題　42
見守り　8
ミミクリ（模倣）　243
宮沢賢治の童話集　133
民主主義と教育　244
民生委員　202

民族　229
民族誌　219

● ● ● ● ● ● ● ● ● む ● ● ● ● ● ● ● ● ●

無意識　35
昔話　217
無認可保育所　209

● ● ● ● ● ● ● ● ● め ● ● ● ● ● ● ● ● ●

メタ認知　40, 43
メチルフェニデート　86
メディア　132
メディア環境　180
メディア・リテラシー　135, 180, 233, 237
目と手の協応　38
メロディ　134

● ● ● ● ● ● ● ● ● も ● ● ● ● ● ● ● ● ●

モデリング　56, 87
模倣　44, 52, 60
モラルジレンマ授業　243
森（鎮守の森）　125
モロー反射　37
モンスターペアレント　195
モンテッソーリ教具　126, 156
モンテッソーリ・メソッド　126, 156
文部省　117

● ● ● ● ● ● ● ● ● や ● ● ● ● ● ● ● ● ●

夜間保育　122
薬物療法　86
役割取得　56, 58
夜尿症　145

● ● ● ● ● ● ● ● ● ゆ ● ● ● ● ● ● ● ● ●

友情　222
ユニバーサルデザイン　75
ユネスコ　232
指さし　44, 46

よ

養育態度 48, 55
養護と教育 208
幼児
　──期 35
　──教育の義務化 24
　──教育の無償化 24
　──教育論 240
　──の社会的発達 242
　──の知的発達 242
幼稚園
　──記 241
　──教育要領 91
　　1956年── 117
　　1964年── 117
　　1989年── 118
　　1998年── 118
　　2008年── 119
　──真諦 240
　──設置基準 157, 165
　──と保育所との関係について（通達） 121
　──・保育所等でのバリアフリー 79
　──法二十遊嬉 241
　──令 117
幼保一体化 209
欲望による貧困 234
余剰エネルギー説 13
欲求不満 59

ら

ラーニング・ストーリー 139
ライフサイクル論 35
ラジオ 132

り

離婚 196
リズム 121, 134
リズム楽器 134
リズム感 134
離巣性 31

リーダー 8
リトル・マーメイド 234
リハーサル 43
リビドー 35
領域一般性 42
領域固有性 42
リラクセーション 14
臨界期 31
臨床心理学 115
リーンハルトとゲルトルート 245
倫理規定 210

る

ルーティン 223
ルール 8, 221
ルールのある遊び 58, 60

れ

レインマン 84
レクリエーション 13
レッジョ・エミリア 108, 114, 246
レッジョ・エミリア・アプローチ 138
レディネス 110
連絡帳（・園だより） 98, 208, 223

ろ

ロールプレイングゲーム 217
ローレル指数 162
ロンドン大学 242

わ

ワーキングメモリ 40
ワーク・ライフ・バランス 192
わらべうた 134

アルファベット

AAMR 70
ACSI 231
AD/HD 83, 85, 86, 89, 100-103
AD/HDの薬物療法 86
DAP 136, 137

事項索引

DEWKS **180**, 192
DINKS 180, **192**
DSM 70
DSM-5 83
DV **203**
ECERS **113**
GHQ 117
ICF 66, 79
IQ 71
LD 103
MBD 85
MI 理論 139
NAEYC 137

NEWS WEEK 138
Nobody's Perfect 199
NPO **235**
O-157 169
OECD 22
Parent As First Teacher 199
PDCA サイクル **93**, 112
SIDS 123, **168**
STEP 199
TEACCH 自閉症プログラム **81**
WASC 231
WISC 71
WPPSI 71

人名索引（五十音順）

あ

アイザックス（Isaacs, S.） 242
赤沢鐘美 239
アリエス（Ariés, P.） 216, 242
アリストテレス（Aristotelēs） 13

い

伊沢修二 239
石井十次 239
石井亮一 239
イタール（Itard, J. M.） 242
糸賀一雄 240

う

ヴィゴツキー（Vygotsky, L. S.） 32, 34, 47
ウェクスラー（Wechsler, D.） 71

え

エインズワース（Ainsworth, M. D. S.） 48, 50
エリクソン（Erikson, E. H.） 35
エリス（Ellis, M. J.） 12

お

オーエン（Owen, R.） 242
オーベルラン（Oberlin, J. F.） 242

か

ガードナー（Gardner, H.） 139
カイヨワ（Caillois, R.） 242
賀川豊彦 240
カッツ（Katz, L. G.） 138

き

城戸幡太郎 240
ギブソン（Gibson, J. J.） 243
ギューリック（Gulick, L.） 14
キルパトリック（Kilpatrick, W. H.） 126, 243
ギルフォード（Guilford, J. P.） 9

く

鯨岡峻 114
倉橋惣三 121, 126, 156, 240
クリフォード（Clifford, R. M.） 113
クレア（Cryer, D.） 113
クレッチマー（Kretschmer, E.） 49
グロース（Groos, K.） 14

け

ケイ（Key, E.） 243
ケイガン（Kagan, J.） 48
ゲゼル（Gesell, A.） 30
ケンプ（Kempe, C. H.） 203

こ

ゴードン（Gordon, T.） 197
コールバーグ（Kohlberg, L.） 222, 243
小西信八 240
コメニウス（Comenius, J. A.） 13, 218, 243
近藤濱 241
コンドルセ（marquis de Condorcet） 225

さ

サイモンズ（Symonds, P. M.） 55
沢柳政太郎 240

し

ジェンセン（Jensen, A. R.） 31
ジャクソン（Jackson, P. W.） 109
シュタイナー（Steiner, R.） 126, 244
シュテルン（Stern, W.） 30
シラー（Schiller, F.） 13

人名索引

す
スキナー（Skinner, B. F.） 33
スピッツ（Spitz, R. A.） 48, 49, 51
スペンサー（Spencer, H.） 13

せ
関信三 156, 241

そ
ソーンダイク（Thorndike, E. L.） 244
ソシュール（Saussure, F.） 46

た
ダーウィン（Darwin, C.） 14, 32
ダーマン＝スパークス（Derman-Sparks, L.） 109

ち
チャード（Chard, S. C.） 138
チュリエル（Turiel, E.） 223

て
デューイ（Dewey, J.） 126, 244
デリダ（Derrida, J.） 233
テルマ・ハームス（Thelma Harms） 113

と
トーランス（Torrance, E. P.） 9
留岡幸助 241
豊田芙雄 241
ドローター（Droter, D.） 97

の
野口幽香 241

は
パーソンズ（Parsons, T） 226
パーテン（Parten, M. B.） 11, 58
パーナー（Perner, J.） 43
バーライン（Berlyne, D.） 15

ハ
ハーロー（Harlow, H. F.） 48
バーンスティン（Bernstein, B.） 110
ハヴィガースト（Havighurst, R. J.） 33
バセドウ（Basedow, J. B.） 244
パトリック（Patrick, G. T. W.） 14
バンクス（Banks, J. A.） 231
バンデューラ（Bandura, A.） 61

ひ
ピアジェ（Piaget, J.） 11, 12, 20, 32, 34, 36, 38, 41, 42, 44, 45, 47, 58, 60
ビネー（Binet, A.） 71
ビューラー（Buhler, C.） 11

ふ
ファンツ（Fantz, R. L.） 39
フーコー（Foucault, M.） 244
フェルドマン（Feldman, D. H.） 139
プライヤー（Preyer, W.） 32
プラトン（Platōn） 13
フラベル（Flavell, J. H.） 43
ブルーナー（Bruner, J. S.） 244
ブルデュー（Pierre, B.） 225, 245
フレーベル（Fröbel, F. W. A.） 116, 125, 156, 245
プレマック（Premack, D.） 43
フロイト（Freud, S.） 32, 35

へ
ベイトソン（Bateson, G.） 245
ペスタロッチー（Pestalozzi, J. H.） 245
ヘッケル（Haeckel, E.） 14

ほ
ホイジンガ（Huizinga, J.） 12, 245
ボウルビィ（Bowlby, J.） 48, 49, 50, 51
ホール（Hall, G. S.） 14, 32
ホフマン（Hoffman, M. L.） 222
ポルトマン（Portmann, A.） 31
ポロク（Pollock, L. A.） 216
ホワイト（White, R. W.） 15

人名索引

●●●●●●●●●● ま ●●●●●●●●●●

マーラー（Mahler, M. S.） 198
マクドゥーガル（McDougall, W.） 14
松野クララ **241**
松野礀 241
マラグッティ（Mlaguzzi, L.） 138, **246**

●●●●●●●●●● み ●●●●●●●●●●

ミード（Mead, G. H.） **246**
ミード（Mead, M.） **246**

●●●●●●●●●● め ●●●●●●●●●●

メルツォフ（Meltzoff, A. N.） 37, 45

●●●●●●●●●● も ●●●●●●●●●●

森有礼 239
森上史朗 112

森楙 8, 12
モンテッソーリ（Montessori, M.） 126, 156

●●●●●●●●●● ら ●●●●●●●●●●

ラツァルス（Lazarus, M.） 14

●●●●●●●●●● る ●●●●●●●●●●

ルソー（Rousseau, J. J.） 216, **246**

●●●●●●●●●● ろ ●●●●●●●●●●

ロールズ（Rawls, J.） 222
ローレンツ（Lorenz, K.） 31
ロック（Lock, J.） 216, **246**
ロンブローゾ（Lombroso, C.） 126

●●●●●●●●●● わ ●●●●●●●●●●

ワトソン（Watson, J. B.） 30, 33

【監修者紹介】

小田　豊（おだ　ゆたか）
　　広島大学教育学部教育専攻科修了
　　前国立特別支援教育総合研究所理事長，
　　現在：聖徳大学児童学部児童学科教授
　　　　　文部科学省視学委員，広島大学幼年教育研究施設客員研究員
　　主著：新しい時代を拓く幼児教育学入門　東洋館出版
　　　　　子どもの遊びの世界を知り，学び，考える　ひかりのくに
　　　　　新保育ライブラリ（全37巻監修）　北大路書房

山崎　晃（やまざき　あきら）
　　広島大学大学院教育学研究科博士後期課程退学，博士（心理学）
　　広島大学名誉教授
　　現在：広島文化学園大学大学院教育学研究科長・学芸学部長
　　主著：衝動型－熟慮型認知スタイルの操作方略に関する研究　北大路書房
　　　　　心理支援論　心理学教育の新スタンダード構築をめざして（編著）　風間書房
　　　　　保育のなかでの臨床発達支援（臨床発達心理学・理論と実践③）（編著）　ミネルヴァ書房

幼児学用語集

2013年8月20日	初版第1刷発行
2017年2月20日	初版第2刷発行

定価はカバーに表示
してあります。

監修者　小田　　豊
　　　　山崎　　晃

発行所　㈱北大路書房
　　〒603-8303　京都市北区紫野十二坊町12-8
　　　　電　話　（075）431-0361㈹
　　　　ＦＡＸ　（075）431-9393
　　　　振　替　01050-4-2083

Ⓒ 2013

企画／あたご出版企画プロダクション　印刷・製本／亜細亜印刷㈱
検印省略　落丁・乱丁本はお取り替えいたします。
ISBN978-4-7628-2811-9　　Printed in Japan

・ JCOPY 〈㈳出版者著作権管理機構 委託出版物〉
本書の無断複写は著作権法上での例外を除き禁じられています。
複写される場合は，そのつど事前に，㈳出版者著作権管理機構
（電話 03-3513-6969,FAX 03-3513-6979,e-mail: info@jcopy.or.jp）
の許諾を得てください。